50
IDEIAS DE
PSICOLOGIA
QUE VOCÊ PRECISA CONHECER

7ª reimpressão

ADRIAN FURNHAM

50
IDEIAS DE
PSICOLOGIA
QUE VOCÊ PRECISA CONHECER

Tradução de
Cristina Yamagami

Copyright © Adrian Furnham, 2008
Copyright © Editora Planeta do Brasil Ltda., 2015
Todos os direitos reservados
Título original: *50 psychology ideas you really need to know*

Preparação: Arlete Zebber
Revisão: Elisa Martins
Diagramação: Balão Editorial
Imagem de capa: © Dwight Eschliman / GettyImages
Capa: Compañía

CIP-BRASIL. CATALOGAÇÃO NA FONTE
SINDICATO NACIONAL DOS EDITORES DE LIVROS, RJ

F985c
    Furnham, Adrian, 1953
    50 ideias de psicologia que você precisa conhecer / Adrian Furnham; [tradução Cristina Yamagami]. – 1. ed. - São Paulo: Planeta, 2015.

    Tradução de: 50 psychology ideas you really need to know
    ISBN 978-85-422-0467-4

    1. Psicologia I. Título.

14-18369   CDD: 150
                                                                                        CDU: 159.9

2020
Todos os direitos desta edição reservados à
EDITORA PLANETA DO BRASIL LTDA.
Rua Bela Cintra, 986 – 4º andar
01411-000 – Consolação
São Paulo – SP
www.planetadelivros.com.br
faleconosco@editoraplaneta.com.br

Sumário

Introdução 7

UMA MENTE DOENTE
01 Comportamento anormal 8
02 O efeito placebo 12
03 Em guerra contra o vício 16
04 Fora da real 20
05 Neurótico não, só diferente 24
06 Lobo em pele de cordeiro 28
07 Estresse 32

ILUSÃO E REALIDADE
08 Ilusões visuais 36
09 Psicofísica 40
10 Alucinações 44
11 Delírios 48
12 A consciência 52

CORAÇÕES E MENTES
13 Psicologia positiva 56
14 Inteligência emocional 60
15 Para que servem as emoções? 64
16 Terapia cognitiva 68

DIFERENÇAS INDIVIDUAIS
17 O QI e você 72
18 O efeito Flynn 76
19 Inteligências múltiplas 80
20 Diferenças cognitivas 84

PERSONALIDADE E SOCIEDADE
21 O teste da mancha de tinta de Rorschach 88
22 Detecção de mentiras 92
23 Personalidade autoritária 96
24 Obediência à autoridade 100
25 Conformidade e aceitação 104
26 Abnegação ou egoísmo 108
27 Dissonância cognitiva 112
28 A falácia do apostador 116

RACIONALIDADE E RESOLUÇÃO DE PROBLEMAS
29 Capacidade de julgamento e resolução de problemas 120
30 Quando você já investiu demais para desistir 124
31 Decisões racionais 128
32 Lembranças do passado 132

COGNIÇÃO
33 O que a testemunha viu 136
34 Inteligência artificial 140
35 No mundo dos sonhos 144
36 Memórias reprimidas 148
37 Na ponta da língua 152

DESENVOLVIMENTO
38 Estágios psicossexuais 156
39 Estágios cognitivos 160
40 Animais com crise de identidade 164
41 *Tabula rasa* 168

APRENDIZAGEM
42 O poder do condicionamento 172
43 Behaviorismo 176
44 Esquemas de reforço 180
45 Dominando a complexidade 184

O CÉREBRO
46 Frenologia 188
47 O cérebro dividido 192
48 Afasia 196
49 Dislexia 200
50 Quem é essa pessoa? 204

Glossário 208
Índice remissivo 211
Dedicatória 215

Introdução

A psicologia tem seus defensores e seus críticos. Alguns a consideram a "rainha das ciências sociais", cujos avanços, *insights* e aplicações nos possibilitam conquistar a saúde, a felicidade e o progresso. Os críticos, por sua vez, alegam que os psicólogos não passam de pessoas iludidas e até perigosas, cometendo crimes contra o bom senso ao disseminar ideias e práticas equivocadas.

A psicologia nasceu oficialmente na década de 1870. Na época, os psicólogos eram extremamente respeitados e influentes no mundo todo. Seria até possível argumentar que, ao lado de Darwin e Marx, Freud foi o pensador mais influente do século XIX. Watson, Skinner, Milgram e outros tiveram um enorme impacto sobre o modo como as pessoas fazem de tudo, desde criar e educar os filhos até selecionar e gerenciar as pessoas no trabalho. E, no século XXI, um psicólogo, pela segunda vez, ganhou o Prêmio Nobel de Economia.

A psicologia está por toda parte na sociedade de hoje. Nenhum romance policial, documentário, *talk show* ou consulta médica estaria completo sem incluir um ângulo psicológico. O design do nosso carro, a nossa casa, as nossas preferências por roupas, bens de consumo e parceiros, o modo como educamos os nossos filhos... tudo isso já foi objeto de pesquisas psicológicas e foi influenciado por elas. A psicologia também tem um lugar garantido na administração de empresas, nos esportes e no marketing de consumo.

A psicologia é uma ciência ao mesmo tempo pura e aplicada. Seu objetivo é desvendar o comportamento e os processos e mecanismos básicos que afetam as ideias, os sentimentos e os pensamentos. A psicologia também tenta resolver os problemas dos seres humanos. É um campo multidisciplinar e mantém vínculos estreitos com muitas outras áreas, inclusive anatomia, medicina, psiquiatria e sociologia, bem como economia, matemática e zoologia.

Os recém-chegados à psicologia costumam se surpreender com a variedade dos objetos de estudo dos psicólogos, incluindo tópicos tão variados quanto sonhos e delírios de grandeza; fobia de computadores e as causas do câncer; memória e mobilidade social; formação de atitudes e alcoolismo. Outro aspecto importante e valioso da psicologia é a elaboração de um rico vocabulário para descrever e explicar o comportamento. Em outras palavras, a psicologia ensina aos estudantes uma linguagem voltada à descrição e explicação comportamental.

Algumas teorias psicológicas podem até soar como contrassensos, enquanto outras parecem pautadas pelo bom senso. Espero, neste livro, explicar as primeiras e esclarecer as últimas.

01 Comportamento anormal

A psicologia anormal, também conhecida como psicologia clínica, é o estudo dos comportamentos anormais. Essa área analisa as origens, as manifestações e os tratamentos de distúrbios envolvendo hábitos, pensamentos ou motivações. Esses distúrbios podem ser causados por fatores ambientais, cognitivos, genéticos ou neurológicos.

Os psicólogos que atuam nessa área se voltam à avaliação, ao diagnóstico e ao tratamento de problemas psicológicos. Eles podem ser pesquisadores ou clínicos, muitas vezes especializados no tratamento de vários distúrbios, como os transtornos de ansiedade (ansiedade, pânico, fobias, transtornos por estresse pós-traumático); transtornos do humor (depressão, transtorno bipolar, suicídio); transtornos por uso de substâncias (álcool, estimulantes, alucinógenos etc.); ou problemas extremamente complexos, como a esquizofrenia. A psicologia clínica é uma parte, mas não necessariamente a parte central da psicologia, apesar de ser considerada pela maioria dos leigos a especialidade mais interessante e importante da psicologia aplicada.

Definição da anormalidade Embora seja relativamente fácil identificar pessoas aflitas ou com um comportamento bizarro, é muito mais difícil definir a anormalidade. "Anormal" é algo que se desvia da norma. Assim, pessoas muito altas e muito baixas são anormais, bem como pessoas extremamente atrasadas ou extremamente talentosas. Assim, é possível afirmar que, a rigor, Einstein e Michelangelo foram anormais, assim como Bach e Shakespeare.

Para a psicologia clínica, a questão não é tanto se o comportamento é anormal, mas sim se ele é *desajustado*, provocando angústia e distúrbios sociais. Se o comportamento de uma pessoa nos parece irracional ou potencialmente prejudicial para ela mesma e para os outros, tendemos a pensar que esse comportamento é anormal. Os psicólogos chamam isso de psicopatologia, enquanto os leigos rotulam esse tipo de comportamento de loucura ou insanidade.

Seria ótimo poder traçar, com certeza e clareza, um limite preciso entre o normal e o anormal. No entanto, como sabemos, o que é considerado anor-

linha do tempo

1600
A prática da bruxaria é contestada

1773
Primeiro manicômio criado em Williamsburg, Estados Unidos

mal varia no decorrer da história e de acordo com a cultura. Os livros-texto de psiquiatria refletem bem esse fato. Até pouco tempo atrás, o homossexualismo era considerado uma doença mental. No século XIX, a masturbação era vista como um comportamento anormal.

Status socioeconômico, sexo e raça são todos fatores relacionados à anormalidade. As mulheres são mais propensas a sofrer de anorexia, bulimia ou ansiedade do que os homens, que, por sua vez, têm mais chances de ser toxicodependentes. Os pobres têm mais probabilidade de ser diagnosticados com esquizofrenia do que os ricos. As crianças americanas apresentam alta incidência de distúrbios de pouco controle (*under-control*) em comparação ao controle excessivo (*over-control*), ao passo que nas Índias Ocidentais acontece o contrário.

> **"Os anos acumularam sobre esse termo ('anormal') muitos juízos de valor, e quaisquer outros sinônimos são preferíveis: inadaptado, desajustado, desviante etc."**
> A. Reber, 1985

As primeiras abordagens à anormalidade consideravam o comportamento bizarro casos de possessão espiritual. As pessoas acreditavam no animalismo – a crença de que somos similares aos animais – e que a loucura resultava de uma regressão descontrolada. Os gregos antigos achavam que a anormalidade e o mal-estar eram, em geral, causados por fluidos corporais ou "humores". Em consequência, os primeiros tratamentos para os loucos envolviam, em sua maioria, segregá-los e puni-los. O tratamento compassivo só surgiu no século XIX.

Critérios geralmente aceitos Hoje em dia, as definições psicológicas de anormalidade tendem a se concentrar em quatro critérios geralmente aceitos. São eles: angústia, desvio, disfunção e perigo. A anormalidade envolve, em geral, *dor* e *sofrimento*, inclusive um sofrimento pessoal agudo e crônico. Um dos critérios da anormalidade é a má adaptação ou, em outras palavras, a incapacidade de dar conta de atividades da vida cotidiana, como manter o emprego, cultivar bons relacionamentos interpessoais ou planejar o futuro.

Um critério bastante comum é a *irracionalidade*, envolvendo crenças ilógicas e bizarras sobre o mundo físico ou social e, em muitos casos, o mundo espiritual.

O comportamento das pessoas anormais costuma ser incompreensível para os outros. Essas pessoas, não raro, são imprevisíveis e podem ser muito voláteis, passando de um extremo ao outro. Elas muitas vezes são incapazes de controlar seu comportamento, que pode ser bastante inapropriado.

Anos 1890	**Anos 1940**	**1952**
Advento da hipnose e da psicanálise	Terapias comportamentais são utilizadas	Publicação do primeiro bom manual de diagnóstico

Normalidade ou anormalidade

Subjetiva: Essa provavelmente é a abordagem mais primitiva, usando, como critérios de normalidade, nós mesmos, o nosso comportamento e os nossos valores. É daí que vêm muitas expressões idiomáticas e provérbios, como "Uma vez ladrão, sempre ladrão" ou "O ser humano é o bicho mais estranho". Pensando nessa linha, as pessoas semelhantes a nós são normais, enquanto as diferentes não são. Essa abordagem também tende a raciocinar em termos de categorias simples ou tipos bastante distintos entre si, como normal, anormal ou muito anormal.

Normativa: É a ideia de que existe uma maneira ideal e desejável de pensar e se comportar. Muitos religiosos e políticos concebem uma visão como essa, de um mundo perfeito. Normalidade é perfeição e, quanto mais distante da normalidade a pessoa estiver, mais anormal ela é. O foco se concentra "no que deveria ser", em detrimento do "razoavelmente possível". Nada é normal, já que ninguém é perfeito.

Clínica: Cientistas sociais e médicos tentam avaliar a eficácia, a organização e a adaptabilidade da pessoa. Muito depende da dimensão avaliada. Os médicos também admitem que as distinções entre normal e anormal são nebulosas e um tanto quanto subjetivas, apesar de suas tentativas de chegar a um diagnóstico confiável. A anormalidade costuma ser associada a adaptações inadequadas, dor ou comportamentos bizarros.

Cultural: A cultura dita tendências em todas as áreas: o modo como nos vestimos, nos comportamos, nos expressamos e até amamos. A cultura prescreve e condena comportamentos. Certas coisas são tabu, enquanto outras são ilegais. Também, neste caso, quanto mais distante ou diferente uma pessoa parece ser das normas culturais, mais ela é considerada anormal. No entanto, como as crenças e as práticas culturais mudam, as definições de normalidade também são mutáveis. Um bom exemplo disso é o comportamento homossexual.

Estatística: Todos os estatísticos conhecem o conceito de curva de distribuição normal, ou curva de sino. A distribuição normal tem propriedades específicas e é mais conhecida no âmbito da inteligência. Nas medidas de inteligência, uma pontuação de 100 é considerada média. Assim, 66% da população tem uma pontuação entre 85 e 115, e cerca de 97%, entre 70 e 130. Dessa forma, se tiver uma pontuação abaixo de 70 e acima de 130, você será considerado incomum, embora a palavra "anormal" não seja utilizada. A desvantagem desse modelo é que o comportamento mais frequente não é necessariamente o mais saudável ou desejável. Além disso, apesar de o modelo ser eficaz para habilidades relativamente fáceis de ser mensuradas, não é tão fácil aplicá-lo a questões mais sutis e multidimensionais, como a personalidade ou as doenças mentais.

Quase por definição, a anormalidade é caracterizada por comportamentos anticonvencionais, em geral raros e indesejáveis. Além disso, a anormalidade também tem uma dimensão moral, sendo associada a uma tendência a quebrar regras, violar padrões morais e ignorar normas sociais. Um comportamento ilegal, imoral e indesejável é anormal.

Um critério bastante interessante da anormalidade é o constrangimento causado nas pessoas expostas ao comportamento anormal. Os observadores costumam se sentir pouco à vontade diante de sinais claros de anormalidade.

Os problemas do conceito Não é difícil constatar os problemas de qualquer definição de anormalidade. Em primeiro lugar, uma pessoa saudável em uma sociedade doentia costuma ser rotulada de anormal. Não faltam exemplos de sociedades profundamente intolerantes com as pessoas que se recusam a acatar suas regras tacanhas (pouco saudáveis ou mal-adaptadas) de crenças e comportamentos. Em segundo lugar, como seria de se esperar, os especialistas não conseguem chegar a um consenso no que se refere à categorização do que exatamente é considerado normal ou anormal. Mesmo quando vários critérios de anormalidade são especificados, ainda não se sabe ao certo se a pessoa pode ser considerada de alguma forma anormal. Em terceiro lugar, não podemos ignorar a diferença entre ator e observador: a quem cabe decidir se a pessoa é normal ou anormal? Os atores raramente se consideram anormais: a maioria de nós é razoavelmente positiva em relação a si mesmo, além de ter acesso a muitas informações que os outros não têm como saber. No entanto, o autodiagnóstico implica algumas armadilhas e perigos já conhecidos. É mais fácil ser um observador e rotular os outros de anormais, especialmente quando observamos pessoas diferentes de nós ou que consideramos como ameaças.

> **Ela sempre diz que antipatiza com o anormal, que é tão óbvio. Ela diz que o normal é tão mais complicado e interessante.**
> G. Stein, 1935

Autodiagnóstico O maior objetivo do aconselhamento, do treinamento e da terapia é ajudar as pessoas a se tornarem mais autoconscientes. Fica claro que algumas pessoas mentalmente doentes, e outras supostamente normais, são muito pouco cientes dos próprios problemas. Elas parecem se iludir. De maneira similar, estudantes da psicologia anormal alegam reconhecer em si mesmos certas doenças mentais quando leem livros-texto de psicologia. Isso acontece porque muitos de nós acreditamos, exageradamente, sermos especiais no que se refere a alguns pensamentos ou comportamentos privados, não revelados ou até "proibidos" ou censurados. Todos nós ocultamos determinados aspectos de nós mesmos e podemos encontrar alguma alusão em livros que relacionam todo tipo de comportamento anormal.

A ideia condensada: o que é um comportamento "normal"?

02 O efeito placebo

Alguns médicos costumam aconselhar: "Tome dois comprimidos e me ligue amanhã". Apesar de conhecerem e reconhecerem a ideia de que todos os tratamentos (físicos) possuem ingredientes ativos ou procedimentos que levam a alterações físicas em um paciente, eles também estão cientes do poder dos fatores psicológicos para curar todo tipo de problema. Há séculos se conhece o conceito da mente sobre a matéria no âmbito da saúde.

Definição "Placebo" vem da palavra latina que significa "agradar". Um placebo pode ser definido simplesmente como um preparado sem qualquer valor medicinal e sem quaisquer efeitos farmacológicos. Um placebo ativo imita os efeitos colaterais da droga sendo investigada sem simular seu efeito terapêutico presumido específico.

> "O som da flauta curará a epilepsia e a gota ciática."
> Teofrasto, 300 a.C.

Alguns acreditam que os efeitos de um placebo são mais eficazes para doenças psicológicas que para doenças físicas. Um importante estudo recente revelou que quase 60% dos pacientes tratados com um placebo apresentaram mais melhorias que a média dos pacientes do controle, que ficaram na lista de espera, demonstrando o poder do placebo.

História O advento das pesquisas modernas na área geralmente é atribuído a um artigo publicado no *American Dental Association Journal* mais de cinquenta anos atrás. Henry Beecher chocou o mundo médico ao afirmar que meros procedimentos de placebo, como dar pílulas de açúcar ou até fazer um exame físico meticuloso no paciente pode levar a melhorias de até 30%. Hoje, essa estimativa subiu para a metade ou até três quartos dos pacientes com todos os tipos de problemas, desde asma até a doença de Parkinson, que se beneficiam das melhorias concretas e duradouras resultantes de uma variedade de tratamentos.

Os diferentes tipos de placebo Uma questão que costuma ser levantada é: qual tipo de placebo é mais eficaz? Foram realizados repetidos experimentos manipulando a cor e o tamanho das cápsulas e pílulas, mas sem levar a consideráveis alterações nos resultados. Esses fatores não parecem fazer

linha do tempo

1500 a 1900	Até o século XX
Propriedades terapêuticas atribuídas a todos os tipos de substâncias	Toda a medicina até os tempos modernos constitui a história do placebo

> ### Será que o placebo cura tudo?
>
> Foi demonstrado que os placebos ministrados em um contexto médico ortodoxo levam ao alívio dos sintomas de uma variedade impressionante de doenças, incluindo alergias, angina, asma, câncer, infarto cerebral, depressão, diabetes, incontinência urinária, epilepsia, insônia, síndrome de Ménière, enxaqueca, esclerose múltipla, neuroses, patologias oculares, mal de Parkinson, hiperplasia prostática, esquizofrenia, doenças de pele, úlceras e verrugas.

muita diferença. Um cientista reportou que, para maximizar os efeitos do placebo, a cápsula ou pílula deveria ser muito grande e marrom ou roxa, ou muito pequena e amarela ou de um vermelho vivo.

Já os procedimentos de grande porte ou invasivos parecem resultar em efeitos placebo mais intensos. As injeções aparentam ter um resultado melhor que as pílulas, e até cirurgias placebo (nas quais é feita uma incisão que é fechada sem qualquer outra intervenção ou com uma intervenção mínima) têm gerado taxas de resposta bastante positivas.

O modo como o tratamento é ministrado e outros atributos do terapeuta parecem contribuir consideravelmente para a eficácia do tratamento propriamente dito. Os terapeutas que também se mostram mais interessados pelos pacientes, que aparentam ter mais confiança nos tratamentos prescritos e um status profissional mais elevado parecem levar a efeitos placebo mais intensos em seus pacientes.

Como os placebos funcionam? O fascínio com o efeito placebo levou a muitas ideias e teorias para explicar como os placebos efetivamente funcionam. Hipóteses de todo tipo têm sido propostas, inclusive condicionamento operante, condicionamento clássico, redução da culpa, transferência, sugestão, persuasão, determinação de papéis, fé, esperança, estabelecimento de rótulos, monitoramento seletivo de sintomas, falhas de atribuição, redução da dissonância cognitiva, teoria do controle, redução da ansiedade, efeitos de expectativa e liberação de endorfina.

> "**A afinidade é a cura: somos médicos uns dos outros.**"
>
> Oliver Sacks, 1973

Anos 1950
Primeiras pesquisas para investigar o efeito placebo

Anos 1960
Experiências controladas com placebos

Anos 1980
80% dos médicos ainda admitem usar placebos

Estudos randomizados, duplo-cegos e controlados O efeito placebo é ao mesmo tempo uma bênção e uma maldição. O fenômeno é uma bênção para todos os terapeutas, não importa qual seja o tratamento prescrito. E é uma maldição para os cientistas que tentam avaliar o verdadeiro efeito das intervenções. O estudo controlado, duplo-cego e randomizado dos placebos foi adotado como o padrão ouro das pesquisas científicas para avaliar os resultados de uma terapia e "descontar" qualquer possível efeito placebo que poderia afetar os resultados.

> **Quem nos absolve é a confissão, não o padre.**
>
> Oscar Wilde, 1890

A ideia é alocar os participantes aleatoriamente a grupos diferentes, inclusive a um grupo de controle que não recebe qualquer tratamento e a um grupo que recebe tratamento alternativo ou tratamento com o placebo. Além disso, nem o médico/cientista/terapeuta nem o cliente/paciente sabe qual tratamento está sendo aplicado.

O primeiro estudo randomizado e controlado foi conduzido logo após a Segunda Guerra Mundial. Os estudos "cegos", por sua vez, só foram criados vinte anos atrás. Como os fatores psicológicos podem afetar a resposta ao tratamento, constatou-se que o paciente deve ser mantido "cego" à natureza do tratamento recebido. Quando tanto o paciente e o médico desconhecem a natureza do tratamento (medicamento ou placebo, por exemplo), o experimento é chamado de duplo-cego. Quando o médico conhece a natureza do tratamento, mas o paciente não, o estudo é chamado de simples-cego.

Problemas Mesmo assim, o estudo de placebo controlado, randomizado e duplo-cego também tem suas dificuldades. Em primeiro lugar, nada impede que os pacientes alocados aleatoriamente (alocação randomizada) a diferentes grupos de tratamento se encontrem e conversem sobre o tratamento, o que pode levar a problemas. Desse modo, a alocação a grupos naturais (por exemplo, comparando duas escolas ou duas regiões geográficas diferentes) pode ser preferível à randomização. Em seguida, os experimentos cegos podem não ser viáveis para alguns tratamentos. Embora nem o médico nem o paciente possam ser capazes de distinguir, por exemplo, uma pílula de verdade e uma pílula placebo de açúcar, os placebos não têm qualquer equivalente claro no caso de determinados tratamentos. Em terceiro lugar, a mera participação em um estudo pode afetar o comportamento dos participantes. O simples fato de os pacientes serem monitorados e avaliados regularmente pode, por si só, apresentar um efeito benéfico.

Em quarto lugar, as pessoas que concordam em participar de um estudo podem não ser os melhores representantes da população geral de pacientes com o problema específico sendo estudado. Os critérios de participação em um estudo devem ser rigorosos para assegurar a comparabilidade entre os grupos e aumentar as chances de demonstrar os benefícios de um tratamento. Outro problema é a adesão reduzida ao tratamento devido à possibilidade de receber o tratamento com placebo. Se os pacientes forem informados da possibilidade de estarem recebendo um placebo, eles podem ser mais propensos a abandonar o tratamento caso não sentirem efeitos imediatos.

Em sexto lugar, a aplicação do tratamento padrão no estudo pode ser artificial e de pouca relevância para a prática médica. Isso pode inibir uma abordagem mais flexível e centrada no paciente. Desse modo, o estudo pode não ser muito preciso na avaliação do tratamento utilizado na prática médica, e as necessidades do paciente podem entrar em conflito com os requisitos da pesquisa. Além disso, as variações individuais nas respostas costumam ser ignoradas em uma análise que só leva em consideração a média das respostas do grupo. Os pacientes que pioram com o tratamento podem não receber atenção suficiente nos relatórios, a menos que tenham sofrido com efeitos colaterais especialmente evidentes.

> **"Rir é o melhor remédio."**
> Píndaro, 500 a.C.

> **"O remédio cura o homem que está destinado a não morrer."**
> Provérbio

Em oitavo lugar, problemas éticos podem surgir em uma variedade de contextos, especialmente quando tratamentos com placebo são envolvidos ou quando o paciente ou o médico tem uma acentuada preferência por uma opção de tratamento em detrimento de outra. Em nono lugar, a principal medida dos resultados, baseada na avaliação clínica e em testes objetivos, pode não refletir a perspectiva dos pacientes em relação ao que constitui uma mudança importante e benéfica. Por exemplo, os pacientes podem estar mais preocupados com a qualidade de vida, o que pode não ter uma relação direta com as alterações dos parâmetros bioquímicos ou outros indicadores da doença sendo estudada. Por fim, a preocupação em eliminar o efeito placebo ao avaliar um tratamento em comparação com um placebo pode levar os pesquisadores a negligenciar importantes variáveis psicológicas. As características do terapeuta e a atitude do paciente em relação ao tratamento raramente são examinadas em um contexto médico, mas podem ser importantes fatores determinantes da adesão do paciente ao tratamento e de sua atitude em relação à doença.

A ideia condensada: a suscetibilidade afeta os resultados do tratamento

03 Em guerra contra o vício

"Toda forma de vício é ruim, não importa se o narcótico é o álcool, a morfina ou o idealismo."

Carl Jung, 1960

A maioria das pessoas pensa nos vícios principalmente em relação às drogas. No entanto, é longa a lista de substâncias nas quais as pessoas podem se viciar. Elas incluem bebidas alcoólicas, estimulantes (como a cocaína), opiáceos, alucinógenos, maconha, tabaco e barbitúricos.

A dependência envolve a exposição a algo e, em seguida, o comportamento de buscar repetir a experiência com frequência. Com o tempo, a dependência vai criando raízes. O consumo se torna regular e crescente mesmo quando os dependentes sabem que o hábito é caro, insalubre e possivelmente ilegal. No entanto, eles são aparentemente incapazes de abandoná-lo. Trata-se de um processo complexo que envolve fatores biológicos, psicológicos e sociais.

> **"Bebemos à saúde uns dos outros enquanto estragamos a nossa própria saúde."**
> Jerome K. Jerome, 1920

Alguns pesquisadores do vício buscam desvendar por que algumas drogas ou atividades específicas têm essa propensão a se tornar viciantes. Outros são fascinados em descobrir as razões pelas quais algumas pessoas parecem mais suscetíveis à dependência que as outras. Alguns cientistas se voltam às condições, aos aspectos e às características ambientais e sociais que aumentam ou diminuem a probabilidade do vício, enquanto outros se dedicam a analisar as tentativas de recuperação e as recaídas no vício.

Dependência ou abuso? No que diz respeito às drogas, a literatura psiquiátrica faz uma distinção entre dependência química e abuso de substâncias, sendo que os dois termos têm um significado técnico. A *dependência* apresenta características bastante específicas, como a tolerância (as pessoas usam cada vez mais com um efeito limitado); sintomas de abstinência (resultantes de não usar a substância); obsessão em tentar se apossar da droga; deterioração de todas as relações sociais, profissionais e recreativas; e o uso continuado apesar da plena consciência de todos os danos causados.

linha do tempo

1875
A cidade americana de São Francisco proíbe o ópio

1919 a 1933
Lei Seca nos Estados Unidos

Tabagismo

Os dois vícios mais discutidos são o tabagismo e o consumo de álcool. Na maioria dos países ocidentais, cerca de um quarto a um terço das pessoas ainda fumam e acredita-se que o tabagismo é responsável por um terço de todos os tipos de câncer. Hoje, o tabagismo é um "hábito estigmatizado" que tem muitas causas. Os fatores que levam uma pessoa a começar a fumar (pressão social, modelos exemplares) muitas vezes diferem dos fatores que levam a pessoa a continuar fumando. A nicotina é um estimulante potente: a substância aumenta a frequência cardíaca e a pressão arterial; reduz a temperatura do corpo; altera os hormônios liberados pela glândula pituitária; e libera adrenalina. A liberação de dopamina no cérebro reforça ainda mais o poder viciante da substância. E, ainda mais importante, as pessoas mantêm o vício devido aos sintomas desagradáveis da abstinência, como ansiedade, dor de cabeça, irritabilidade e insônia. Parar de fumar leva a efeitos imediatos e de longo prazo.

Muitas pessoas tentam reduzir o consumo de cigarros com o objetivo de abandonar o hábito. Os governos proíbem a publicidade, restringem a venda e os locais de consumo permitido e aumentam os preços com efeitos inexpressivos, além de promover campanhas educativas e de saúde. As pessoas tentam de tudo, como goma de mascar e adesivos de reposição de nicotina; psicoterapia e hipnose; e apenas a força de vontade. Considerando que vários fatores – visuais, olfativos, fisiológicos e sociais – desencadeiam a necessidade de fumar, muitos fumantes consideram impossível se livrar do hábito.

Já o *abuso* implica no consumo da droga, apesar da necessidade de cumprir várias obrigações em casa, na escola e no trabalho; o uso em situações perigosas (dirigindo um carro, no trabalho); o consumo da substância, apesar de ser ilegal; o uso, apesar dos persistentes efeitos colaterais negativos.

A personalidade viciante No início, acreditava-se que as pessoas tinham algum perfil, defeito ou vulnerabilidade específica que as tornava propensas a determinados vícios ou a todos eles. No entanto, essa ideia não foi comprovada. Alguns psiquiatras consideram o vício como sendo uma consequência de alguma doença mental, como a depressão ou o transtorno de personalidade antissocial. A ideia é que as pessoas mais propensas a correr riscos ou doentes mentais são vulneráveis a usar as drogas como uma muleta. Elas têm mais chances de experimentar as drogas e ignorar ou subestimar quaisquer consequências potencialmente adversas.

Os terapeutas também observam que os viciados e os dependentes usam as drogas para compensar problemas ou lidar com as situações. As drogas são usadas para entorpecer os sentimentos, amenizar estados emocionais dolorosos ou reduzir o conflito interno. Elas podem ajudar a enfrentar a solidão ou

1935	**Anos 1960**	**Anos 2000**
Fundação dos Alcoólicos Anônimos	A contracultura promove as drogas psicoativas	Ampla proibição do tabagismo em locais públicos

Critérios psiquiátricos para o diagnóstico da dependência química

Um desajuste no uso da substância, causando danos ou sofrimento, com as manifestações a seguir ocorrendo em qualquer momento em um período de doze meses.

1. Tolerância ou, em outras palavras, a necessidade de quantidades progressivamente maiores da substância para atingir a intoxicação ou o efeito desejado e/ou um efeito acentuadamente reduzido com o uso continuado da mesma quantidade da substância.

2. Abstinência manifesta na forma da síndrome de abstinência da substância específica ou em casos nos quais a substância (ou uma substância estreitamente relacionada) é consumida para aliviar ou evitar os sintomas da abstinência.

3. A substância em geral é consumida em quantidades maiores ou por mais tempo do que se pretendia originalmente.

4. Um desejo persistente ou tentativas infrutíferas de reduzir ou controlar o uso da substância.

5. Grande parte do tempo é gasta na tentativa de obter a substância ou se recuperar de seus efeitos.

6. Importantes atividades sociais, familiares, profissionais ou de lazer são abandonadas ou reduzidas em decorrência do uso da substância.

7. O uso da substância é mantido embora o dependente esteja ciente de ter um problema físico ou psicológico persistente ou recorrente provavelmente causado ou exacerbado pela substância.

---

a compensar a falta de relacionamentos gratificantes. Os usuários de drogas acreditam que só podem se expressar e agir de determinadas maneiras quando estão sob a influência das drogas e, por isso, com o tempo, eles se tornam dependentes de drogas específicas para manter comportamentos sociais eficazes.

Vulnerabilidade genética   Os vícios são hereditários. Assim, os filhos de alcoólatras têm quatro vezes mais chances de serem alcoólatras do que os filhos de não alcoólatras. Estudos com gêmeos indicam claramente que o abuso de substâncias possui fatores determinantes genéticos. É provável que complexos fatores genéticos levem a uma resposta biológica às drogas específica para cada pessoa, talvez afetando especificamente os sistemas de neurotransmissores. Dessa forma, as pessoas podem estar se automedicando com as drogas "certas" para o desequilíbrio bioquímico cerebral que herdaram.

A teoria dos processos oponentes   De acordo com essa teoria, os sistemas reagem e se adaptam a estímulos opondo-se a seus efeitos iniciais. Um desejo seguido da ânsia, por algo que não existia antes de qualquer experiência com a droga, aumenta com a exposição a ela. Uma série de fenômenos está associada com todos os tipos de vício e dependência. O primeiro é o *prazer afetivo*, um estado hedônico físico e emocional que se segue ao consumo da droga. A sensação pode ser de relaxamento, de liberação do estresse ou apenas um

> **"A embriaguez não passa de uma insanidade voluntária."**
> Sêneca, 60 a.C.

súbito rompante de energia. Em seguida, há a *tolerância afetiva*, quando a pessoa precisa de uma quantidade cada vez maior da substância para obter o mesmo efeito. O terceiro fenômeno é a *abstinência afetiva*, que ocorre se a droga não for consumida.

Desse modo, a droga causa um processo que desencadeia uma reação oposta que, por sua vez, se intensifica com a exposição repetida. Trata-se do *contraste afetivo*. Com a maior utilização, a reação dominante é negativa. Em consequência, o usuário passa a precisar da droga para atingir um estado neutro, e pouco prazer é obtido do consumo da droga.

A teoria do reforço positivo As drogas podem fazer a pessoa se sentir bem, até eufórica. Na década de 1960, psicólogos permitiram que macacos se "autoministrassem" morfina e os animais apresentaram todos os sinais de vício. Os psicólogos estão cada vez mais interessados nos mecanismos cerebrais de recompensa da droga, particularmente nas regiões cerebrais e nos neurotransmissores que podem estar envolvidos em "recompensas naturais", como comida e sexo em comparação com estimulantes artificiais como drogas e estimulação elétrica do cérebro. Sabemos que drogas como a cocaína e as anfetaminas aumentam a dopamina sináptica na região cerebral chamada de núcleo *accumbens*. Assim, muitas drogas nos proporcionam verdadeiros "baratos" que desejamos repetir.

Teorias de aprendizagem O consumo de drogas e seus prazeres acabam sendo associados a situações, imagens e sons bastante específicos. Assim, as pessoas associam as drogas, desde as bebidas alcoólicas até as anfetaminas, com sinais ou lembretes bem definidos. Coloque os dependentes em ambientes específicos e eles vão querer consumir a droga. Desse modo, bares para alcoólatras ou o cheiro de fumaça para viciados em nicotina podem levar à ânsia pela droga. Indícios de acessibilidade iminente da droga podem induzir a um intenso desejo que "precisa" ser satisfeito. Em muitos sentidos, isso não passa de uma constatação do bom e velho behaviorismo e da teoria do condicionamento.

> **"A cocaína não provoca a dependência. Eu sei muito bem disso, porque passei anos usando cocaína."**
>
> Tallulah Bankhead, 1960

A ideia condensada: a mente causa e cura o vício.

04 Fora da real

A maioria das pessoas se aterroriza com a possibilidade de encontrar um esquizofrênico. Os esquizofrênicos são vistos como pessoas enlouquecidas, perigosas e dementes, além de desequilibradas, imprevisíveis e incontroláveis. Filmes e livros provavelmente mais ajudaram a perpetuar mitos sobre essa doença do que a explicaram. A esquizofrenia é uma doença psicótica caracterizada por um distúrbio dos pensamentos e percepções, comportamentos e estados de espírito.

Incidência A esquizofrenia afeta uma em cada cem pessoas e é o mais grave dos transtornos mentais. Cerca de um terço dos esquizofrênicos requer institucionalização de longa permanência; um terço apresenta remissão e pode ser considerado curado; enquanto um terço tem fases sintomáticas seguidas de fases de "normalidade". Eles são diferentes devido aos sintomas que apresentam (positivos) e não apresentam (negativos) em comparação às pessoas normais. Eles tendem a apresentar várias manifestações de transtornos do pensamento (pensamento desorganizado, irracional), delírios e alucinações. Os esquizofrênicos também tendem a ter pouca energia, iniciativa e contato social. Eles apresentam pouca variação emocional, têm poucos prazeres e são retraídos.

A esquizofrenia costuma ter enormes consequências sociais e profissionais. Os "episódios" podem durar um bom tempo e reincidir. Para muitos, mas não para todos, é um problema debilitante e duradouro.

> **"Não é possível entender a esquizofrenia sem entender o desespero."**
> R. D. Laing, 1955

História e mitos Vários mitos giram ao redor da esquizofrenia. O primeiro mito é que os esquizofrênicos são perigosos, incontroláveis e imprevisíveis, enquanto a realidade é que a maioria é bastante tímida, retraída e preocupada com os seus problemas. O segundo mito é que eles têm uma espécie de dupla personalidade, do tipo "o Médico e o Monstro", mas na verdade é o aspecto emocional (afetivo) e cognitivo (pensamento) que é dividido. Em terceiro lugar, muitos acreditam que eles são irrecuperáveis e que, uma vez esquizofrênico, sempre esquizofrênico.

Foi só na virada do século XX que Emil Kraepelin, um psiquiatra alemão, tentou elaborar o primeiro sistema de classificação psiquiátrica. Um dos

linha do tempo

1893	1908
Kraepelin descreve a esquizofrenia	Bleuler usa pela primeira vez o termo "esquizofrenia"

distúrbios nomeados por ele foi a *dementia praecox*, significando "deterioração preditiva", e ele descreveu uma série de indícios comportamentais que hoje chamaríamos de esquizofrenia. Ele influenciou muitos psiquiatras com a sua crença de que a causa e, portanto, a "cura" poderiam ser encontradas na biomedicina. Outro alemão, Adolph Meyer, argumentou no início do século XX que a doença não tinha qualquer base fisiológica e que suas origens poderiam ser encontradas em problemas de aprendizagem na infância e processos interpessoais pouco desenvolvidos.

Classificação A classificação da esquizofrenia é complexa devido à diversidade de sintomas. Estes incluem delírios; alucinações; discurso desorganizado (incoerência, associação livre, uso de palavras sem sentido); comportamento desorganizado (vestuário, postura corporal, higiene pessoal); emoções negativas e invariáveis; pouca consciência dos próprios problemas; e depressão.

Controvérsias conceituais

O termo diagnóstico "esquizofrenia" é um grande tema de controvérsias e debates entre psiquiatras, grupos de pacientes e o público leigo. A objeção mais comum é que o termo é considerado por muitos genérico demais e inútil, abrangendo uma ampla gama de distúrbios com diferentes sintomas e causas. Em consequência, o diagnóstico não é confiável. Alguns defendem o termo *esquizotipia*, que se refere a uma escala progressiva de experiências e características de personalidade relacionadas com as psicoses, particularmente, a esquizofrenia. Esse conceito difere da visão absoluta de que a pessoa tem ou não tem o problema.

Em virtude das complicações do diagnóstico, vários subtipos foram propostos. Dessa forma, temos, por exemplo, a esquizofrenia *paranoide* e a esquizofrenia *catatônica*. Os catatônicos (da palavra grega para "retesar ou tensionar") muitas vezes adotam posturas estranhas e estacionárias por um longo tempo. Já os esquizofrênicos paranoides têm delírios de controle, grandeza e perseguição e costumam desconfiar de tudo e de todos. Os esquizofrênicos *desorganizados* manifestam linguagem e pensamentos bizarros, com súbitas e inadequadas explosões emocionais. Alguns psiquiatras mencionam a esquizofrenia *simples* ou *indiferenciada*. Outros traçam uma distinção entre a esquizofrenia *aguda* (um início súbito e grave) e a esquizofrenia *crônica* (prolongada, de início gradual). Outra distinção é traçada entre o Tipo I (em sua maioria sintomas positivos) e o Tipo II (principalmente sintomas negativos).

Ainda não se chegou a um consenso no que se refere aos subtipos ou aos "déficits" exatos de funcionamento, embora em geral os esquizofrênicos sejam classificados em quatro categorias: cognitivos ou de pensamento; perceptuais ou de visão; motores ou de movimento; emocionais ou de sentimento. Os pesquisadores continuam procurando as origens ou as causas de

---

1933
T. S. Eliot fala de "dupla personalidade"

1946
Fundação da Mind, uma entidade filantrópica britânica voltada à saúde mental

Anos 1950
Desenvolvimento de medicamentos antipsicóticos eficazes

> **"Psicofrenia: uma tentativa vitoriosa de não se adaptar a realidades pseudossociais."**
>
> R. D. Laing, 1958

áreas de "vulnerabilidade" que levam algumas pessoas a desenvolver a esquizofrenia. Dessa forma, estão sendo realizados estudos genéticos cada vez mais sofisticados e estudos voltados em especial a complicações na gravidez e experiências traumáticas na infância, ao funcionamento do cérebro e a influências familiares e culturais.

Os pesquisadores, os médicos e os leigos tendem a acreditar em diferentes abordagens que descrevem a causa e a cura da esquizofrenia e, portanto, a adotar diferentes posturas em relação à doença. Essas abordagens podem ser classificadas basicamente em dois tipos de modelos: os modelos biológicos, que enfatizam as causas genéticas, bioquímicas ou de estrutura cerebral; e o modelo sociopsicológico, com foco em problemas de comunicação e de punição na primeira infância. Os avanços da genética comportamental e da ciência do cérebro têm levado a um maior interesse na abordagem biológica para determinar as causas e a cura.

O modelo médico   De acordo com esse modelo, as pessoas com esquizofrenia, na maioria dos casos, são chamadas de "pacientes", vivem em "hospitais" e são "diagnosticadas", recebem um "prognóstico" e são "tratadas". O modelo médico considera que o mau funcionamento mental, como o encontrado em pacientes esquizofrênicos, resulta em grande parte de alterações físicas e químicas, principalmente no cérebro. Estudos com gêmeos e pessoas adotadas convenceram a maioria dos pesquisadores de que há um fator genético envolvido. Outros pesquisadores se concentram na bioquímica do cérebro. Alguns propõem a hipótese da existência de anomalias cerebrais nos esquizofrênicos, possivelmente causadas por um vírus. O tratamento consiste basicamente em procedimentos médicos e até cirúrgicos, mas principalmente na utilização de medicamentos neurolépticos (antipsicóticos).

O modelo moral-comportamental   Esse modelo considera que os esquizofrênicos sofrem devido a seu comportamento "pecaminoso" ou problemático no passado. Muitos comportamentos esquizofrênicos violam princípios morais ou legais, o que seria a chave tanto para entender quanto para curar a doença. O tratamento é, de longe, o aspecto mais importante do modelo moral-comportamental, que raramente é utilizado nos países desenvolvidos hoje em dia. Independentemente do comportamento ser visto como pecaminoso, irresponsável, simplesmente desajustado ou socialmente desviante, o ponto crucial seria alterar esse comportamento de modo a torná-lo socialmente aceitável. Os métodos utilizados variam de simples exortações morais a complexas técnicas comportamentais, como economias de fichas (*token economies*) – uma forma de modificação comportamental, controle verbal do comportamento e treinamento de habilidades sociais.

O modelo psicanalítico   O modelo psicanalítico difere dos outros por ser interpretativo, tratando o paciente como um agente capaz de agir para mudar sua situação. Em vez de considerar os esquizofrênicos como "produtos" da atuação de várias forças (tanto biológicas quanto ambientais) que os levam a se comportar de determinadas maneiras, a visão psicanalítica se volta às intenções, motivações e razões dos pacientes. Esse modelo sugere que experiências incomuns ou traumáticas na infância ou a incapacidade de passar por algum estágio crucial de desenvolvimento emocional são as principais causas da esquizofrenia. O comportamento do esquizofrênico deve ser interpretado simbolicamente, cabendo ao terapeuta decodificá-lo. Uma terapia prolongada e presencial com um psicanalista treinado é o principal tratamento oferecido por esse modelo.

O modelo social Nesse modelo, a doença mental é vista, em parte, como um sintoma de uma sociedade "doente" (outros sintomas incluem alta taxa de divórcio, pressão no trabalho, delinquência juvenil, prevalência do vício em drogas). As pressões do mundo moderno são sentidas com maior intensidade pelos pobres e destituídos, que parecem sofrer mais do que costuma ser descrito como "doenças". O modelo social não prescreve qualquer tratamento individual, mas defende uma ampla mudança social para reduzir as tensões e pressões sobre as pessoas e, em consequência, a incidência de doenças mentais.

> **"Foi proposta a hipótese de que uma pessoa que se vê em uma situação de duplo vínculo [comportamentos contraditórios simultâneos em um relacionamento] pode desenvolver sintomas de esquizofrenia."**
> G. Bateson, 1956

O modelo conspiratório A teoria conspiratória provavelmente é o modelo conceitual mais radical da esquizofrenia, por negar a existência de doenças mentais (como um transtorno físico) e se colocar em oposição direta ao modelo médico. Uma doença mental não é "algo que alguém tem", mas "algo que alguém faz ou é". De acordo com esse modelo, os diagnósticos psiquiátricos não passam de rótulos estigmatizantes aplicados a pessoas cujo comportamento ofende ou incomoda os outros e são utilizados para controlar atividades excêntricas, radicais ou politicamente danosas.

A ideia condensada: o conceito de esquizofrenia evoluiu

05 Neurótico não, só diferente

"A nossa vida inteira é tomada de ansiedade por garantir a segurança pessoal, em preparativos para viver, de modo que nunca realmente chegamos a viver."

Leon Tolstoy, 1900

Desde muito tempo, algumas pessoas questionam o poder, as práticas e as pretensões dos psiquiatras. Críticos, dissidentes e reformadores em épocas diferentes e em países diferentes promoveram ataques pungentes à psiquiatria biológica e acadêmica convencional.

A política e a psiquiatria Inevitavelmente, à medida que a psiquiatria se consolidava e se institucionalizava como uma prática médica, o campo foi atraindo críticos que desgostavam tanto do poder dos psiquiatras quanto dos rótulos psiquiátricos. Podem ser encontrados vários relatos de artistas e escritores, bem como grupos de pacientes, que se opunham com veemência a determinados tratamentos (medicamentos, eletrochoque e cirurgias) para várias doenças "mentais". Casos famosos da Alemanha nazista e da Rússia soviética ilustram a utilização da psiquiatria como uma força política opressiva. Em algumas situações, os psiquiatras parecem atuar como uma parte do braço repressivo do Estado.

Os críticos da psiquiatria questionavam três fatores: o tratamento da loucura com medicamentos; a existência de doenças mentais; e o poder dos psiquiatras de diagnosticar e tratar certas pessoas acometidas de compulsão. A antipsiquiatria criticava o tratamento sob custódia, e muitas vezes também se colocava contra o Estado, assumindo um posicionamento quase anárquico. O movimento acreditava que muitas instituições públicas, especialmente os hospícios, atuavam para distorcer e reprimir o potencial e o espírito humano de vários grupos.

Foi só nos anos 1960 que o termo "antipsiquiatria" entrou em uso. Várias diferentes vertentes de diversos grupos se congregaram sob esse termo genérico. E pode até ser um paradoxo, mas os maiores críticos foram psiquiatras.

A história do movimento O movimento teve três principais origens. O primeiro ímpeto começou no início dos anos 1950 e resultou da guerra

linha do tempo

1960	1961
Szasz, *O mito da doença mental*	Goffman, *Manicômios, prisões e conventos*

entre psiquiatras psicanalíticos de inspiração freudiana e os novos psiquiatras de vertente biológica e física. O primeiro grupo, que vinha perdendo poder e favorecia prolongadas e dinâmicas terapias pela fala, foi contestado pelo segundo grupo, que considerava essa abordagem não apenas dispendiosa e ineficaz como também profundamente não científica. Os tratamentos psicológicos biológicos eram cirúrgicos e farmacológicos, e contaram com alguns importantes sucessos iniciais. E, então, a velha guarda se pôs a questionar a nova guarda.

O segundo ataque teve início na década de 1960, com proponentes do calibre de David Cooper, R. D. Laing e Thomas Szasz em diferentes países, contestando com cada vez mais eloquência o uso da psiquiatria para controlar as pessoas que se desviavam das normas sociais. Assim, pessoas consideradas sexual, política ou moralmente desviantes ou diferentes eram submetidas ao controle e ao tratamento psiquiátrico. Um famoso livro de Szasz, O mito da doença mental, explica bem esse posicionamento.

Mantendo a sanidade em um ambiente insano

Um dos mais famosos estudos da antipsiquiatria foi conduzido no início de 1970. Oito pesquisadores "normais", mentalmente sãos, tentaram ser diagnosticados com alguma doença mental e admitidos em vários hospícios americanos. O único sintoma relatado por eles foi ouvir vozes. Sete foram diagnosticados como esquizofrênicos e admitidos em um hospital psiquiátrico. Uma vez no hospício, eles passaram a se comportar normalmente e eram ignorados quando pediam informações educadamente. Posteriormente, eles relataram que o rótulo do diagnóstico de esquizofrenia os levou a ter um baixo status e pouco poder no hospital.

Com o tempo, eles "confessaram tudo" e admitiram que não tinham quaisquer sintomas e que se sentiam bem. Mas levou quase três semanas antes de eles receberem alta, muitas vezes com o diagnóstico de "esquizofrenia em remissão". Dessa forma, o estudo constatou que pessoas normais e saudáveis podiam facilmente ser diagnosticadas como "anormais". Mas será que o contrário também pode acontecer? Os mesmos pesquisadores disseram aos funcionários de hospitais psiquiátricos que falsos pacientes se passando por esquizofrênicos poderiam tentar obter acesso ao hospital. Depois, eles descobriram que 19 pacientes verdadeiros foram suspeitos de fraude por dois ou mais funcionários, inclusive um psiquiatra.

Os pesquisadores concluíram que é impossível distinguir os mentalmente sãos dos insanos em hospitais psiquiátricos. Embora esse estudo famoso tenha sido muito criticado por razões éticas e experimentais, ele deu um grande ímpeto ao movimento da antipsiquiatria.

1967
Cooper, *Psiquiatria e antipsiquiatria*

Anos 1980 em diante
Fechamento sistemático de hospícios

2000
Críticas generalizadas a companhias farmacêuticas

A terceira onda de críticas foi encabeçada por sociólogos americanos e europeus, com destaque para Erving Goffman e Michel Foucault, que viram um poder diabólico na psiquiatria e em seus efeitos, como a rotulagem, a estigmatização e a hospitalização de pessoas.

O ponto alto do movimento ocorreu no *zeitgeist* contracultural e questionador dos anos 1960. Surgiram filmes de grande sucesso (como *Um estranho no ninho*) e revistas radicais contestando os psiquiatras biológicos, os serviços públicos e suas práticas.

O movimento da antipsiquiatria sempre foi uma coalizão frouxa entre grupos de ação social que tendiam a se concentrar em problemas bastante específicos, como a esquizofrenia ou os distúrbios sexuais. Eles falavam de autenticidade e libertação, de *empowerment* e administração pessoal no lugar da intervenção farmacêutica. Muitos se puseram a atacar a indústria farmacêutica e as instituições consolidadas, como os hospitais psiquiátricos vitorianos.

Crenças fundamentais   O movimento tinha em comum alguns interesses e crenças fundamentais. A primeira premissa era que as famílias, as instituições e o Estado são causas da doença tanto quanto o funcionamento biológico ou a composição genética da pessoa. Em segundo lugar, eles se opunham ao modelo médico de doença e tratamento. Eles acreditavam que as pessoas que seguiam diferentes códigos de conduta eram equivocada e perigosamente rotuladas de delirantes. Em terceiro lugar, eles acreditavam que certos grupos religiosos e étnicos eram oprimidos por serem, em algum aspecto, anormais. Eles eram rotulados como doentes e, em consequência, levados a acreditar que precisavam de tratamento.

O movimento se preocupava muito com o poder dos rótulos diagnósticos. Os proponentes da antipsiquiatria acreditavam que esses rótulos davam uma falsa impressão de precisão e imutabilidade. Os manuais e rótulos diagnósticos são rejeitados porque as pessoas podem corresponder a mais de um critério (ou nenhum) e há pouco consenso entre os especialistas.

Ataques à terapia   O movimento também concentrou sua oposição em terapias bastante específicas, em especial as que utilizavam medicamentos voltados a tratar principalmente de problemas na infância (TDAH, ou transtorno de déficit de atenção com hiperatividade) e depressão. O ataque se fundamentou nos custos e nos efeitos colaterais desses medicamentos e também no argumento de que os pacientes não eram informados da verdade sobre eles. Os ativistas da antipsiquiatria se concentraram em todos os aspectos do comportamento da indústria farmacêutica, argumentando que a indústria manipula os dados e cobra preços excessivos pelos medicamentos. Isso, por sua vez, levou a indústria a ser monitorada com atenção e policiada por ações legislativas.

> **"A neurose é sempre um substituto do sofrimento legítimo."**
> Carl Jung, 1951

Outros alvos de crítica foram a eletroconvulsoterapia (ECT) e procedimentos específicos, como cirurgias cerebrais (lobotomias pré-frontais). Apesar de algumas evidências de sucesso, os críticos argumentam que esses procedimentos são "impostos" a pacientes crédulos, levando a enormes e permanentes efeitos colaterais.

O poder de psiquiatras de operar ou internar involuntariamente os pacientes também é atacado pelo movimento. Muitos críticos veem os psiquiatras clínicos como um braço do Estado, comparáveis com policiais, juízes e júris.

Os defensores da antipsiquiatria exigem uma psiquiatria mais compassiva. Também questionam a terminologia psiquiátrica e a ilusão de uma psiquiatria biomédica e científica que busca explicações biológicas e genéticas. Desse modo, por exemplo, eles sustentam que a pobreza é a principal causa da depressão, e não a disfunção de neurotransmissores.

> **A nova psiquiatria**
>
> Muitos psiquiatras tentaram reagir às críticas da antipsiquiatria adotando determinados princípios ou diretrizes. Assim, eles podem tentar instituir as premissas a seguir.
>
> Em primeiro lugar, o tratamento deve ter como objetivo a melhoria do paciente e não apenas desenvolver a introspecção ou o autoconhecimento. Em segundo lugar, o tratamento deve ser fundamentado em evidências, e só tratamentos comprovados devem ser utilizados. Em terceiro lugar, os psiquiatras devem reconhecer que os pacientes têm o direito de acesso a seus arquivos, conhecer seu diagnóstico e ser informados dos tratamentos disponíveis e dos riscos associados. Os pacientes e os psiquiatras devem ter expectativas realistas no que se refere às possibilidades e às limitações do tratamento e da terapia. Todos os pacientes com doenças psiquiátricas merecem atenção, compaixão e respeito.

Os movimentos originais eram ideologicamente embasados e intensamente politizados e antirreducionistas. Os proponentes da antipsiquiatria tentaram exorcizar e reabilitar a psiquiatria, opondo-se ao "sistema". E em muitos aspectos eles saíram vitoriosos: muitos tratamentos foram interrompidos e muitos hospitais psiquiátricos foram fechados. Os rótulos psiquiátricos foram alterados, e hoje são usados com muito mais cautela.

O movimento da antipsiquiatria se transformou em um movimento de consumidores voltado a proteger os pacientes. O objetivo não é tanto derrubar a psiquiatria organizada, mas sim defender os direitos dos pacientes.

A ideia condensada: a psiquiatria tem seus críticos

06 Lobo em pele de cordeiro

"Os psicopatas não têm consciência e são incapazes de empatia, culpa ou lealdade a qualquer pessoa além de si mesmos."

Paul Babiak e Robert Hare, 2006

Diferenças sutis O conceito da psicopatia ("personalidade psicopata" e "sociopata" são termos por vezes utilizados como sinônimos) é cercado de polêmica. A psicopatia é um transtorno de personalidade caracterizado por pessoas que não têm consciência e são incapazes de empatia, culpa ou lealdade a qualquer pessoa a não ser elas mesmas. Já a sociopatia é um distúrbio não psiquiátrico e se refere a pessoas antissociais e criminosas que seguem as normas de uma determinada subcultura. O termo "transtorno de personalidade antissocial", por sua vez, se refere a uma categoria ampla que inclui os dois distúrbios.

Alguns acreditam que o termo "psicopata" para diagnosticar ou se referir a uma pessoa é vago, contraditório e utilizado pelos psiquiatras como uma categoria genérica para enquadrar pacientes de diagnóstico problemático ou perigoso. No entanto, o problema se tornou conhecido ao público geral com a publicação do livro de H. Cleckley (1941), *The Mask of Sanity*.

> **"Os psicopatas não dão a mínima para os sentimentos alheios ou as regras da sociedade. Enquanto os outros buscam construir, eles destroem."**
> Oldham e Morris, 1995

Egocentrismo e mentiras Ser um psicopata afeta todos os aspectos da vida de uma pessoa. Os psicopatas em geral tendem a ser impulsivos e irresponsáveis, com poucos objetivos claros. Eles têm um histórico de problemas com a autoridade e pouco controle comportamental. São incapazes de sentir empatia e remorso e jamais admitem ser responsáveis por suas ações.

Eles podem ser considerados pessoas "vazias", com relacionamentos superficiais e sem qualquer lealdade a ninguém, exceto a si mesmos. Têm uma noção distorcida de quem são e não seguem qualquer sistema de valores ou metas para o futuro. E, o mais importante, são incapazes de "dar tempo ao tempo". Os psicopatas gostam do aqui e do agora e, além

linha do tempo

Anos 1900	1941
Surge a ideia de insano e mau, não apenas mau	Cleckley, *The Mask of Sanity* [A máscara da sanidade]

Critérios para o diagnóstico

1. Os psicopatas desprezam e violam os direitos dos outros. Costumam ter um histórico de comportamento problemático, delinquente ou perigoso.

2. Eles não se conformam às normas sociais no que se refere a comportamentos lícitos (envolvendo-se repetidamente em atividades que constituem motivo de detenção, aprisionamento e encarceramento). Essas atividades incluem mentir, roubar e trapacear.

3. Eles nunca são sinceros, mentindo repetidamente, usando pseudônimos ou dando golpes nas pessoas visando ao lucro pessoal ou ao prazer. São maldosos, agressivos, vigaristas, o tipo de pessoa que tende a se envolver em crimes corporativos.

4. Eles são incrivelmente impulsivos e incapazes de planejar com antecedência. Vivem apenas no presente e para o presente.

5. Eles são irritáveis e agressivos, como demonstram as repetidas brigas ou agressões físicas. Não conseguem ficar parados... nunca.

6. Eles demonstram um desrespeito negligente pela segurança física e psicológica dos outros.

7. Eles são repetidamente irresponsáveis. A característica distintiva desse grupo é sua incapacidade de manter qualquer comportamento regular no trabalho ou cumprir obrigações financeiras.

8. Eles não demonstram qualquer remorso. São indiferentes a magoar, ferir, maltratar ou roubar os outros ou racionalizam esses comportamentos. Eles nunca aprendem com os próprios erros. Pode parecer que classificá-los de antissociais não passa de um grande e sério eufemismo.

disso, buscam um aqui e agora empolgante. Desse modo, eles evitam a estabilidade e a rotina. Além disso, eles costumam parecer imunes à ansiedade social ou física.

Os psicopatas quase sempre têm problemas com a lei e com figuras de autoridade devido à sua impulsividade. Não são bons planejadores e não levam muito em consideração as vítimas de seus crimes nem as consequências de suas ações para si mesmos. Seus crimes muitas vezes são pequenos furtos fraudulentos, mas em sua maioria envolvem fraudes, falsificações e inadimplência.

A primeira reação dos psicopatas quando são pegos é fugir, deixando colegas, família ou devedores para lidar com o prejuízo. Eles fazem isso sem o menor escrúpulo. A próxima reação é mentir aparentando franqueza e sinceridade mesmo sob juramento e até para os pais e entes queridos. Eles se comportam como se as regras e os regulamentos sociais não se aplicassem a eles. Não têm qualquer respeito a autoridades e instituições, família e tradições.

Anos 1960	1964	2006
Desenvolvimento do primeiro checklist/lista de critérios para o diagnóstico	McCord, *The Psychopath: An Essay on the Criminal Mind* [O psicopata: um ensaio sobre a mente criminosa]	Babiak e Hare, *Snakes in Suits: When the Psychopath Goes To Work* [Cobras engravatadas: os psicopatas no trabalho]

Os psicopatas estão à mercê de seus impulsos. Enquanto os neuróticos tendem a ser excessivamente controlados, os psicopatas apresentam um controle inadequado. São infantis ao exigir uma gratificação completa e imediata. E também buscam emoções, muitas vezes associadas a álcool, drogas, jogos de azar e sexo.

Superficialidade Os psicopatas inteligentes e atraentes esbanjam charme, mas um charme superficial. Eles não podem ficar muito tempo no mesmo lugar porque precisam evitar ganhar fama na comunidade. Com efeito, sua mobilidade geográfica e profissional é um bom indicador de sua patologia. Eles precisam inventar histórias sobre o passado.

Curiosamente, diante de perguntas abstratas sobre justiça e moralidade, eles tendem a dar respostas convencionais e "corretas". Eles apenas não aplicam esse conhecimento do certo e do errado a si mesmos. Isso acontece especialmente quando sua capacidade de julgamento entra em conflito com as suas demandas pessoais de gratificação imediata.

Ausência de empatia Os psicopatas têm inevitavelmente relações problemáticas. Parecem incapazes de amar e desenvolver amizades profundas por uma série de razões. Manifestam uma ausência quase completa de empatia, gratidão e altruísmo. São egoístas, sem qualquer senso de abnegação. E, o mais importante, parecem não compreender as emoções alheias. Mostram-se absolutamente ingratos pela ajuda e pelo carinho recebidos dos outros. Os outros são vistos como uma fonte de lucro e prazer, e os psicopatas não se importam em lhes causar desconforto, decepção ou dor. As necessidades alheias são triviais demais para eles.

Em virtude de sua vaidade e falta de empatia, o psicopata tem dificuldade de prever o comportamento dos outros e saber quais de seus próprios comportamentos poderão levar a uma punição. Os psicopatas são, basicamente, completamente amorais. Eles não assumem qualquer responsabilidade por suas ações e, portanto, não sentem qualquer culpa, vergonha ou remorso. São capazes de elaborar desculpas e racionalizações, de modo que muitas vezes apresentam uma fachada convincente de competência e maturidade. Podem parecer atenciosos, charmosos, maduros e confiáveis, mas têm dificuldade de manter a máscara. Eles são capazes de manter as aparências por tempo suficiente para conseguir um emprego ou até se casar, mas não conseguem sustentar o emprego ou o casamento.

Os psicopatas no trabalho No que se refere ao trabalho, a primeira questão a ser levantada é por que eles são atraídos a determinados cargos e por que alguns cargos são mais adequados a eles. Os psicopatas parecem se

> **"Os psicopatas geralmente não se dão bem uns com os outros. A última coisa que uma pessoa egocêntrica, egoísta, exigente e insensível quer é alguém como ela."**
>
> Robert Hare, 1999

atrair a empresas jovens empreendedoras ou a empresas em processo de mudanças radicais, como uma onda de demissões. Eles costumam mostrar seu melhor desempenho quando as empresas estão em meio ao caos.

Os psicopatas no trabalho muitas vezes são chamados de psicopatas "normais", produtivos ou até "bem-sucedidos" por aparentarem ser relativamente normais e eficazes no trabalho. O sucesso deles se dá por várias razões, mas eles tendem a adotar estratégias que os levam a vencer. Eles desenvolvem uma rede de relacionamentos isolados com pessoas poderosas, valiosas e influentes. Descobrem como podem se beneficiar das várias pessoas, as exploram e as descartam desconsiderando quaisquer promessas feitas.

Eles evitam encontros em grupo ou reuniões de comitês, dizem coisas muito diferentes para pessoas distintas e não conseguem apresentar uma única fachada coerente. Colegas de trabalho, associados e subordinados muitas vezes são abandonados quando não têm mais utilidade. Os psicopatas causam deliberadamente conflitos entre as pessoas para impedir que elas conversem entre si. Todos os oponentes são "neutralizados" não tanto pela violência ou por ameaças, mas com o psicopata levantando dúvidas sobre sua integridade, lealdade e competência. Os psicopatas procuram empresas em processo de mudança e organizações com sistemas de monitoramento ineficazes, de modo que eles raramente são ameaçados ou questionados.

Tratamento Os especialistas não chegaram a um consenso sobre o tipo de tratamento a ser oferecido e se o tratamento é eficaz para ensinar compaixão, planejamento e honestidade. Alguns falam em administrar o problema e não em curá-lo. Outros argumentam a favor da terapia cognitivo-comportamental, enquanto outros defendem o confinamento dos psicopatas mais perigosos em hospitais psiquiátricos de segurança máxima.

Vários livros foram escritos recomendando usar de cautela, documentar os problemas e se conscientizar dos vários truques usados pelos psicopatas. Essas pessoas são claramente mais perigosas se forem atraentes, inteligentes e instruídas. Não é de se admirar que os diretores de cinema pareçam preferir esse transtorno mental a todos os outros em filmes de suspense.

A ideia condensada: os psicopatas usam uma máscara de sanidade

07 Estresse

A palavra "estresse" vem do latim *stringere*, que significa "comprimir, apertar". As definições variam: alguns acreditam que o estresse pode e deve ser subjetivamente definido (o que eu digo sobre o que sinto); outros acham que é preciso usar uma definição objetiva (talvez medidas físicas de saliva, sangue ou frequência cardíaca). Alguns pesquisadores acreditam que é mais apropriado usar uma definição global (um conceito geral que chamamos de estresse); outros observam que o estresse é multidimensional (composto de muitos aspectos diferentes).

Será que o estresse deve ser definido pelos fatores estimulantes externos que o causam ou pelo modo como as pessoas reagem a esses fatores? Em outras palavras, se a pessoa não considera uma situação estressante, será que realmente podemos considerar a situação como um fator estressante?

Tendências históricas

Até o século XVIII, a palavra "estresse", no linguajar coloquial, implicava dificuldade, adversidade ou aflição (tipos específicos de estresse). Posteriormente, o termo "tensão" (*stress*, em inglês) passou a ser utilizado por físicos para descrever uma força exercida sobre um objeto. Como podemos ver, estresse e tensão são termos estreitamente relacionados.

No século XIX, a busca e a tentativa de manter um estado interno constante eram vistas como a essência da "vida livre e independente". Esse ideal de equilíbrio era chamado de "homeostase", termo derivado das palavras gregas *homoios*, que significa "similar", e *stasis*, que significa "estado". O estresse era considerado uma ameaça à homeostase, um fator desestabilizador.

Em meados da década de 1950, os pesquisadores aparentemente chegaram a um consenso, concordando com a definição de estresse baseada na resposta aos estímulos ou, mais especificamente, "a soma de todas as alterações não específicas causadas por funções ou danos". A definição foi posteriormente reformulada nos seguintes termos: "a resposta não específica do organismo a qualquer demanda", tornando-a ainda mais inclusiva.

linha do tempo

1946
Primeira definição de estresse, proposta por Han Selye

1964
Tipo A, estresse e doenças cardíacas

Demandas e controle Vários modelos ou teorias tentam descrever e desvendar o estresse. O mais simples é o modelo demanda-controle, que analisa as diversas demandas psicológicas e físicas para a pessoa se comportar de determinada maneira e o poder de decisão ou controle que a pessoa tem à sua disposição. As situações de alta demanda e baixo controle são as piores. Outra maneira de descrever isso é em termos de desafios e apoio (veja o quadro ao lado).

Três componentes Em primeiro lugar, o estresse pode ser uma função da composição da pessoa, particularmente sua personalidade, capacidade e histórico de vida. Em segundo lugar, existem alguns fatores do ambiente (trabalho, família, organização), em geral, mas não exclusivamente, considerados em termos do ambiente de trabalho. Em terceiro lugar, temos o modo como a pessoa e o ambiente interpretam, definem e, o mais importante, tentam lidar com o estresse, as tensões e as pressões.

O indivíduo Para começar, temos os preocupados ansiosos (também chamados de neuróticos). As pessoas que sofrem de "afetividade negativa" — uma mistura de ansiedade, irritabilidade, neuroticismo e autodepreciação — tendem a ser menos produtivas, menos satisfeitas com o trabalho e mais propensas ao absentismo.

Em segundo lugar, temos os fatalistas. As pessoas que acreditam que os acontecimentos da vida resultam de seu próprio comportamento e/ou capacidade, personalidade e empenho são menos vulneráveis ao estresse do que as pessoas que acreditam que os eventos da vida são uma função da sorte,

---

Desafios e apoio no trabalho

Muito apoio, poucos desafios: As pessoas nessa situação têm a sorte de contar com um bom suporte técnico e social, mas o fato de não terem muitos desafios provavelmente as levará a um desempenho abaixo do esperado. Elas podem até ficar estressadas devido ao tédio e à monotonia.

Muito apoio, muitos desafios: Essa combinação tende a obter o máximo desempenho das pessoas, que são incentivadas pelos superiores, subordinados, acionistas e clientes a "trabalhar com mais inteligência" e ao mesmo tempo recebem o apoio necessário para ter sucesso.

Pouco apoio, muitos desafios: Essa situação deplorável, porém muito comum, é uma das principais causas de estresse para qualquer gestor, que é obrigado a se empenhar repetidamente e só recebe o mínimo de apoio emocional, de informação (*feedback*) e físico (equipamentos).

Pouco apoio, poucos desafios: As pessoas em alguns cargos burocráticos levam uma vida profissional tranquila e livre de estresse por não serem desafiadas nem receberem apoio, o que em geral não beneficia essas pessoas nem a organização.

1980 Advento do conceito de estafa

1990 O transtorno por estresse pós-traumático é extensamente pesquisado

Anos 2000 O estresse no trabalho é amplamente mencionado em processos judiciais

> **"O estresse se tornou um conceito trivial sem um conjunto claro de sintomas físicos."**
>
> R. Briner, 2001

acaso, destino, vontade de Deus, pessoas poderosas ou forças fora de seu controle.

Em terceiro lugar, temos as pessoas frenéticas e altamente competitivas, com um senso de urgência desproporcional. Essas pessoas têm um intenso e continuado desejo de conquistar realizações, uma grande vontade de competir, uma persistente motivação para serem reconhecidas, um envolvimento contínuo em atividades com um prazo estabelecido, uma tendência natural a acelerar as funções físicas e mentais e uma vigilância constante.

O ambiente de trabalho (organização) ou social Alguns empregos são mais estressantes que outros. Quanto mais o cargo envolve tomada de decisões, monitoramento constante de equipamentos ou materiais, troca contínua de informações com os outros, condições físicas desagradáveis e execução de tarefas não estruturadas, mais estressante o trabalho tende a ser.

Algumas pessoas precisam fazer um verdadeiro malabarismo de funções, passando rapidamente de uma função e tipo de atividade a outra (de chefe a amigo, mentor a colega, advogado do diabo a confessor). A ambiguidade de papéis pode ocorrer quando as pessoas não sabem ao certo a extensão de suas responsabilidades, o que se espera delas e como dividir seu tempo entre as várias tarefas.

O estresse da sobrecarga e da subcarga resultam de ter muito a fazer ou muito pouco a fazer, respectivamente. Além disso, muitas pessoas são (ou deveriam ser) responsáveis por subordinados: elas precisam motivá-los, recompensá-los e puni-los, se comunicar com eles, ouvir o que eles têm a dizer e assim por diante. Outra fonte de estresse é ser socialmente isolado ou ignorado. Poder contar com amigos e colegas em momentos de dificuldade ajuda os gestores a ver os eventos estressantes como sendo menos ameaçadores e mais controláveis do que se esses gestores tivessem pouco ou nenhum apoio. Além disso, o gestor que não pode participar da tomada de decisões é deixado com uma sensação de impotência e alienação.

Estratégias de enfrentamento Uma distinção que tem sido feita é entre o modo de *enfrentamento focado no problema* (que tem como objetivo resolver o problema ou fazer alguma coisa para alterar a fonte de estresse) e o modo de *enfrentamento focado na emoção* (que visa a reduzir ou administrar o sofrimento emocional associado a um conjunto específico de circunstâncias ou despertado por essas circunstâncias). As respostas focadas na emoção podem envolver negação, reinterpretação positiva dos acontecimentos ou ainda o desenvolvimento de uma rede social de apoio. De modo similar, o enfrentamento focado no problema pode envolver várias atividades distintas, como planejar, tomar alguma ação direta, buscar ajuda, excluir atividades específicas e, por vezes, até deixar de agir por um período prolongado.

O otimismo: um escudo contra o estresse Os otimistas veem a vida com esperança, interpretam uma ampla gama de situações de maneira positiva e tendem a esperar resultados e consequências favoráveis. Os pessimistas, por outro lado, interpretam muitas situações de forma negativa e esperam resultados e consequências desfavoráveis. Os otimistas se concentram no enfrentamento focado no problema, fazendo planos específicos e colocando esses planos em prática para combater as fontes de estresse. Além disso, eles buscam apoio social, como o aconselhamento e a ajuda de amigos, e se abstêm de se envolver em outras atividades até os problemas serem resolvidos e o estresse ser reduzido.

Ousadia: o estresse visto como um desafio As pessoas ousadas parecem diferir das demais em três aspectos. Elas demonstram um maior grau de comprometimento (como um envolvimento mais profundo no trabalho e em outras atividades); controle (a crença de que elas podem efetivamente influenciar os acontecimentos importantes de sua vida e as consequências de suas ações); e desafio (elas veem as mudanças como um desafio e uma oportunidade de crescer e não como uma ameaça à sua segurança).

As consequências do estresse As consequências do estresse incluem uma deterioração visível da aparência física; fadiga e cansaço crônicos; infecções frequentes, especialmente infecções respiratórias; problemas de saúde, tais como dor de cabeça, dor nas costas, dor de estômago e problemas dermatológicos; sinais de depressão; variação no peso ou alteração dos hábitos alimentares.

Os sintomas emocionais incluem tédio ou apatia; desesperança; ceticismo e ressentimento; aparência deprimida, expressões tristes, postura curvada; expressões de ansiedade, frustração e tendência ao choro.

Os sintomas comportamentais incluem o absentismo; acidentes; aumento no consumo de álcool ou cafeína; aumento do tabagismo; exercícios físicos obsessivos; comportamento irracional e irritabilidade; produtividade reduzida; incapacidade de se concentrar ou concluir uma tarefa.

A ideia condensada: o estresse varia dependendo da pessoa

08 Ilusões visuais

Os artistas sempre se interessaram em ilusões visuais e ópticas. Alguns deles, como o artista gráfico holandês Maurits Cornelis Escher, são famosos por utilizar imagens ambíguas e impossíveis. Escolas artísticas inteiras, como a "op art", ou arte óptica, se dedicaram a explorar a natureza das ilusões visuais e ópticas tanto da arte "estacionária" quanto da arte em movimento.

As ilusões podem envolver brilho e cor, bem como conteúdo e forma. Algumas ilusões fisiológicas nos "desconsertam" por razões físicas, mas a maioria das ilusões é cognitiva. Muitas são bastante conhecidas e batizadas em homenagem a seus descobridores, como o cubo de Necker ou a ilusão de Poggendorf. Alguns sites na internet foram criados para demonstrar as ilusões mais famosas.

> **"É praticamente uma regra que um homem que desconhece o que as coisas deveriam ser não enxerga essas coisas."**
> Jonathan Richardson, 1715

Foi sugerido que todas as ilusões podem ser classificadas em quatro grupos: ambiguidades, distorções, paradoxos e ficções. Como seria de se esperar, as ilusões são de particular interesse para os cientistas visuais e os psicólogos cognitivos por nos revelarem importantes informações sobre o processo da percepção.

Os mecanismos A percepção é o processo pelo qual reconhecemos o que é representado pelas informações transmitidas ao cérebro pelos nossos órgãos dos sentidos. É um processo rápido, automático e inconsciente. O processo não é deliberado e normalmente só nos conscientizamos do processo de percepção visual quando ele é concluído. Em outras palavras, somos cientes do produto acabado e não dos pormenores do processo.

Como isso funciona? O que de fato acontece a partir do momento em que recebemos as informações por meio dos nossos sentidos e percebemos essas informações? Não é fácil responder essa pergunta e uma das maneiras mais eficazes que os psicólogos encontraram para explicar o processo é estudando as ilusões visuais para descobrir o que elas significam.

Figura e fundo O que vemos pode ser classificado como o objeto que estamos olhando (figura) ou o (plano de) fundo. A classificação de um ele-

linha do tempo

1637
Descartes escreve sobre a constância de tamanho

1704
Newton descreve a ilusão do arco-íris

mento como uma figura ou o fundo não representa uma propriedade intrínseca do objeto, mas depende do observador. Sempre conseguimos separá-los um do outro, embora às vezes recebamos sinais ambíguos sobre qual é o objeto e qual é o plano de fundo. Veja o objeto apresentado na figura 1. O que você vê? Um vaso ou dois rostos? A figura e o fundo podem ser revertidos, revelando duas imagens diferentes. Você consegue ver o saxofonista e rosto da mulher na figura 2? Qual deles você vê primeiro e por quê?

Limites Um dos aspectos mais importantes da percepção da forma é a existência de um limite. Se o campo de visão contiver uma alteração nítida e distinta do brilho, cor ou textura, uma borda é percebida. As figuras 3 e 4 mostram, como podemos "ver", contornos ilusórios (linhas inexistentes). No meio das duas imagens, triângulos parecem ser mais claros que o resto da imagem. Isso segue o princípio gestáltico do *fechamento*, já que tendemos a completar formatos incompletos e preencher as lacunas.

Os princípios da Gestalt Os psicólogos se interessam por todos os aspectos do modo como vemos o nosso mundo: como vemos as cores, o movimento e a profundidade, como reconhecemos objetos e pessoas e se a percepção subliminar realmente ocorre. No nível mais abstrato, é possível distinguir três processos: a *recepção* das ondas de luz pela córnea e pela íris; a *tradução*, processo no qual essa energia física (luz) é codificada em mensagens neuroquímicas enviadas ao cérebro; e a *decodificação*, ou tradução dessas mensagens.

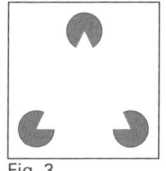

Um aspecto importante desse estudo é o modo como "juntamos" ou formamos imagens completas dos objetos a partir das informações distintas que recebemos. Entre a Primeira e a Segunda Guerra Mundial, os psicólogos da Gestalt se voltaram a analisar o que chamamos de organização perceptual. Esses psicólogos especificaram várias "leis" – as leis da proximidade e da boa continuidade, por meio das quais eles tentaram explicar como conseguimos enxergar padrões em formas abstratas. Essas leis são conhecidas como as leis do agrupamento e continuam sendo descrições precisas do modo como vemos as coisas.

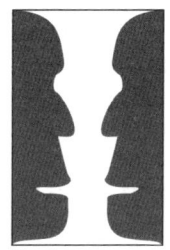

Fig. 1

Fig. 2

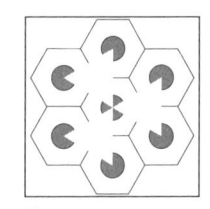

Fig. 3

Fig. 4

1860
Helmholtz escreve sobre "o olho inteligente"

1884
A ilusão de Müller--Lyer é publicada

1973
Gregory e Gombrich, *Illusions in Nature And Art* [Ilusões na natureza e na arte]

> "O comprimento percebido de uma linha depende do formato e da posição das outras linhas que a delimitam."
>
> A. Reber, 1985

Fig. 5

Fig. 6

Os gestaltistas também se interessaram em especial no estudo da precisão do que vemos. No final do século XIX, um grupo de psicólogos alemães criou a psicologia da Gestalt, uma teoria da percepção da forma com "leis de *pragnanz*" (que significa "boa forma") explicando o modo como percebemos as formas. A *similaridade* (figura 5) é quando partes similares de uma forma tendem a parecer agrupadas. Isso pode depender das relações de forma, cor, tamanho ou brilho. Já o princípio da *proximidade* (figura 6) sustenta que as superfícies ou bordas próximas umas às outras têm mais chances de fazer parte do mesmo objeto que as superfícies ou bordas distantes umas das outras. Outros princípios incluem continuidade, destino comum e simetria.

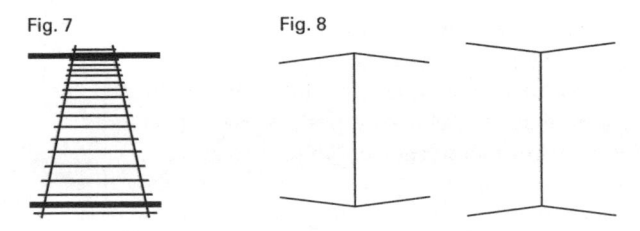

Fig. 7

Fig. 8

A ilusão de Ponzo e a ilusão de Müller-Lyer Alguns teóricos argumentam que essas ilusões podem ser explicadas com base na premissa de que o nosso conhecimento prévio de objetos tridimensionais é erroneamente aplicado a esses padrões bidimensionais.

Na ilusão de Ponzo (figura 7), as duas linhas horizontais têm exatamente o mesmo comprimento, embora a linha inferior pareça ser muito mais curta. Isso acontece porque a perspectiva linear criada pelas linhas convergentes dos trilhos de trem sugere que a linha superior está mais distante. Se essa linha tem o mesmo tamanho retinal, mas está mais distante, ela deve ser mais comprida. Em outras palavras, o nosso sistema perceptivo leva equivocadamente à distância em consideração.

A ilusão de Müller-Lyer (figura 8) tem uma explicação similar. A linha à esquerda se parece com os cantos externos de um edifício, ao passo que a linha à direita se parece com os cantos internos. Esses cantos internos estão, em certo sentido, mais distantes que os cantos externos, de modo que a linha à direita é vista como se estivesse mais distante e, seguindo a mesma lógica que a ilusão de Ponzo, é vista como mais comprida por ter o mesmo tamanho retinal. Essas ilusões demonstram que a percepção é influenciada por outros fatores além do estímulo – no caso, a distância percebida e a experiência prévia.

Constâncias   Quando os objetos se aproximam ou se distanciam, sob luzes diferentes, ou se viram, tendemos a não vê-los como objetos diferentes ou em mudança, mas como o mesmo objeto. Os diferentes tipos de processos de constância – forma, tamanho, cor, brilho – podem ajudar a explicar as ilusões visuais.

Pegue este livro, por exemplo. Segure-o na posição vertical e voltado para você. O livro é um retângulo. Agora vire o livro, primeiro no plano vertical e, depois, horizontal. O formato muda, mas a sua percepção é que o livro continua igual. Essa é a constância de forma. De maneira similar, quando vemos um elefante se distanciando de nós, ele não parece estar diminuindo, embora a imagem do elefante na nossa retina claramente está ficando menor.

A cultura e o mundo em linhas retas   Imagine que você cresceu em um ambiente no qual as linhas retas inexistiam: não existiam casas quadradas, ruas retas, postes altos nem mesas retangulares tradicionais. As casas eram redondas, bem como os campos. As estradas eram serpenteantes e cheias de curvas. Será que mesmo assim você seria "enganado" por ilusões visuais? Se você nunca viu uma estrada reta ou um trilho de trem, será que você "cairia" na ilusão de Ponzo? Ou se você nunca viu o canto de um cômodo ou de uma casa, será que você seria "ludibriado" pela ilusão de Müller-Lyer?

Vários estudos foram realizados com grupos rurais africanos e aborígenes para testar hipóteses sobre como a aprendizagem e a experiência influenciam a nossa interpretação das ilusões. Por exemplo, um estudo comparou africanos urbanos e rurais que eram solicitados a ver com um olho só uma forma trapezoidal, chamada janela de Ames, em um movimento giratório. Como os pesquisadores previram, o grupo rural não enxergou a ilusão. Outro estudo revelou que os zulus da África do Sul eram mais capazes de enxergar a ilusão de Ponzo do que os sul-africanos brancos, talvez em virtude da maior experiência com grandes espaços abertos. Desse modo, as nossas experiências pessoais e culturais podem aumentar ou diminuir as nossas chances de enxergar as ilusões visuais.

> **"A percepção da forma depende totalmente da experiência de quem a vê."**
> John Ruskin, 1890

A ideia condensada: por que os nossos olhos nos pregam peças?

09 Psicofísica

A psicofísica (a física da mente) é o estudo sistemático da relação entre os aspectos físicos dos estímulos e as sensações produzidas por eles. A descrição é funcional, ou orientada ao processo, porque o interesse se volta aos processos dos sistemas sensoriais e não à estrutura (fisiologia) desses sistemas.

A física das sensações   Uma simples questão psicofísica pode ser elaborada nos seguintes termos: "qual é a cadeia de eventos que começa com um estímulo e leva a relatos como 'um vermelho vivo' ou 'um ruído alto'?" Como seria de se esperar, os detalhes dessa sequência variam de acordo com o sentido envolvido (visão, audição, olfato, paladar ou tato), mas sempre incluem três etapas básicas: um estímulo em um receptor sensorial; uma cadeia neural de eventos provocados por esse estímulo, que é transformado em um sinal elétrico e, em seguida, em um impulso nervoso; e uma resposta psicológica à mensagem (sensação).

Limiares   Para estudar os fenômenos perceptivos, os primeiros psicólogos tiveram de encontrar maneiras confiáveis de mensurar as sensações. Um dos conceitos fundamentais da psicofísica é o conceito de *limiar*, o nível de intensidade de um estímulo necessário para levar a uma resposta. O limiar absoluto especifica a energia mínima necessária para obter uma resposta. Assim, seria possível determinar o ruído mais baixo ou a luz mais fraca necessária para alguém detectar o som ou a luz. Já o limiar diferencial é a menor alteração necessária para uma pessoa detectar uma alteração no estímulo.

> **"A grandeza de uma sensação é proporcional ao logaritmo da intensidade do estímulo que a desencadeia."**
> Lei de Fechner, 1860

A diferença minimamente perceptível   A diferença minimamente perceptível [ou JND, do inglês *just-noticeable difference*], ou limiar diferencial, é definida como a menor diferença entre dois estímulos similares que podem ser distinguidos. Isso depende tanto do tamanho quanto da intensidade da resposta.

Gustav Fechner foi o primeiro a utilizar a medida da diferença minimamente perceptível para mensurar as sensações em um famoso experimento conduzido na década de

linha do tempo

1834	1860
Lei de Weber	Lei de Fechner

1850 para investigar a resposta das pessoas à luminosidade. Os pesquisadores mostraram a cada participante dois discos luminosos com brilho ajustável. O brilho de um dos discos era intensificado até o participante só conseguir detectar uma diferença de 1 JND. Feito isso, os ajustes dos discos eram restaurados e o brilho de um deles era aumentado até a diferença de 1 JND ser detectada. Esse processo era repetido para mensurar a amplitude da sensibilidade de uma pessoa ao estímulo do brilho.

Fechner foi responsável pela concepção de uma das leis fundamentais da psicofísica: a sensação aumenta como uma função logarítmica da intensidade do estímulo. Isso significa que a intensidade relatada de uma determinada sensação aumenta em um grau muito menor que a intensidade do estímulo que provoca a sensação. Desse modo, para uma pessoa relatar que uma luz é duas vezes mais brilhante que a outra, a luz de comparação deve ter mais que o dobro do brilho.

> **Lei psicofísica: qualquer explicação, usando fórmulas, da relação entre o estímulo físico e o processo sensorial.**
>
> J. Drever, 1966

Ernst Heinrich Weber foi responsável por outra famosa lei da psicofísica. Ele descobriu que o limiar diferencial se relaciona à razão entre a intensidade de um estímulo e a intensidade de outro estímulo. Vamos supor que você exponha uma pessoa a um som de 50 decibéis (dB) e a pessoa consiga detectar que um som de 55 dB é mais alto, mas não um som de 54 dB; se o som for de 70 dB, ele terá de ser aumentado para 77 dB para que a pessoa consiga detectar a diferença; se for de 30 dB, ele deve ser aumentado para 33 dB; se for de 100 dB, ele deve subir para 110 dB. Em todos os casos, a razão fica constante em 1:10. Estudos conduzidos na década de 1940 descobriram a razão para o brilho (uma diferença de 1,2%) e para o sabor salgado (20%).

Métodos Os primeiros psicofísicos e aqueles que ainda trabalham na área criaram vários métodos de estudo testados e confiáveis. Um deles é o método do ajuste (ou método do erro médio), no qual se ajusta o estímulo (como um som, uma luz ou um aroma) de modo que, na opinião dos participantes, ele continue idêntico ao anterior. Já no método dos limites, o participante deve julgar se um segundo estímulo tem uma intensidade maior, menor ou igual a um estímulo anterior. No método dos estímulos constantes, por sua vez, os participantes são solicitados a tentar reconhecer um estímulo em uma série de testes diferentes.

Escalas psicofísicas A mensuração é indispensável no mundo preciso da psicofísica e, portanto, é fundamental ter boas escalas para medir os fenô-

---

Anos 1870
A psicofísica prenuncia o advento da pesquisa científica

1961
Lei de Stevens

1966
Desenvolvimento da teoria de detecção de sinais

> **"O olho não tem escolha a não ser ver. Não podemos comandar o ouvido a não ouvir. O nosso corpo sente, seja pela nossa vontade ou contra a nossa vontade."**
> W. Wordsworth, 1847

menos. Todas as escalas devem ter quatro propriedades básicas: em primeiro lugar, elas mostram diferenças (masculino ou feminino, quente ou frio); em segundo lugar, elas são medidas de grandeza (os dálmatas são maiores que os chihuahuas); em terceiro lugar, elas devem ter intervalos iguais (a diferença entre as escalas é idêntica, de modo que a diferença entre 5 e 8 kg é a mesma que a diferença entre 22 e 25 kg). A última propriedade é a presença de um ponto zero verdadeiro, indicando o ponto no qual o elemento mensurado não existe.

Os psicólogos distinguem entre quatro tipos de escalas: *nominal* (mostra diferenças), *ordinal* (mostra diferenças e grandeza), *de intervalo* (também chamada de *intervalar*, mostra diferenças, grandeza e intervalos iguais) e *razão* (também chamada de *proporcional*, inclui todos os três componentes). Desse modo, as notas tiradas em uma prova são ordinais, embora aparentem ser uma intervalar, e medimos a temperatura, o peso e a visão usando escalas de razão.

Teoria de detecção de sinais A teoria de detecção de sinais é utilizada quando os psicólogos querem mensurar o modo como tomamos decisões em condições de incerteza. As pessoas precisam decidir se detectaram ou não um estímulo, o que depende dos órgãos dos sentidos, das expectativas em relação ao estímulo e da motivação das pessoas para serem precisas.

A teoria de detecção de sinais continua sendo bastante utilizada nas pesquisas e talvez seja o maior legado da psicofísica. Um limiar não é um valor fixo, já que dois fatores humanos afetam sua detecção. Um deles é a *sensibilidade*: em que extensão a pessoa consegue ver/ouvir o estímulo. O outro é o *viés de resposta*: em que extensão as pessoas tendem a dizer "sim" a um estímulo quando estão incertas. A teoria de detecção de sinais parte do pressuposto de que a pessoa que toma a decisão em relação ao estímulo não é um receptor passivo de informações, mas faz ativamente avaliações difíceis de percepção em condições de incerteza, de modo que a detecção do sinal se torna mais sistemática.

Para fazer isso, os pesquisadores incluem no experimento estímulos iguais (*catch trials*) que, na realidade, não apresentam qualquer mudança no estímulo (ruído) e a resposta é verificada (veja a matriz de evento/resposta). Na terminologia da teoria de detecção de sinais, um *acerto* signifi-

		Evento	
		Sinal	Ruído
Resposta	Sim	Acerto	Alarme falso
	Não	Erro	Rejeição correta

> ### Um estudo da acupuntura fundamentado na teoria de detecção de sinais
>
> Uma importante questão na acupuntura é descobrir se as agulhas de fato reduzem a dor ou se os pacientes meramente reagem a sugestões. Os críticos questionam se os relatos resultam de uma ação analgésica real das agulhas ou de uma elevação dos limiares de dor subjetivos do paciente. Em outras palavras, os pacientes podem se sentir melhor só porque seu limiar de dor foi elevado durante o tratamento. Um estudo preliminar analisou a hipótese do limiar de dor na acupuntura. Os participantes receberam um estímulo quente no antebraço e foram solicitados a avaliar a intensidade em uma escala de 1 a 12 (de "nada" a "insuportável"). As avaliações foram feitas antes, durante e depois de uma sessão de acupuntura. O tratamento de fato reduziu a dor, mas os dados demonstraram que os pacientes tiveram seu limiar elevado pela acupuntura.

ca dizer "sim" a um estímulo, um *erro* envolve dizer "não" a um estímulo; um *alarme falso* equivale a dizer "sim" a uma mudança inexistente; e uma *rejeição correta* implica responder "não" corretamente. Se a pessoa estiver motivada a encontrar todas as alterações de estímulo, ela arriscará incorrer em mais alarmes falsos para garantir mais acertos. Por outro lado, as pessoas podem temer os alarmes falsos, o que as levaria a cometer erros, dizendo "não" a um estímulo. O viés de resposta dos participantes pode ter repercussões claras nos testes de limiar de detecção. Para corrigir esse problema, os psicólogos deliberadamente manipulam o viés de resposta dos participantes e observam os resultados dessas manipulações sobre as decisões. Em um gráfico, esses efeitos são expressos em uma curva chamada de curva de característica de operação do receptor.

A teoria de detecção de sinais é a melhor maneira de verificar a sensibilidade de uma pessoa a uma alteração de percepção. A própria pessoa decide se um estímulo ocorre ou não, de modo que outros fatores são envolvidos, inclusive a motivação da pessoa e sua experiência prévia.

A ideia condensada: é possível mensurar percepções e sensações subjetivas

10 Alucinações

"Não és, visão ominosa, perceptível ao sentido como para a visão? Ou és apenas uma adaga da mente, uma falsa criação, procedendo do cérebro que arde em febre?"

Shakespeare, *Macbeth*, 1606

Definição A origem da palavra "alucinação" inclui dois aspectos: "sonhar" e "estar confuso". A palavra supostamente deriva do latim *alucinari*, que significa "perambular na mente". Costumamos falar mais da nossa imaginação "nos pregando peças" do que em termos de alucinações quando estamos muito envolvidos ou interessados no que se passa ao nosso redor.

Uma alucinação é apenas a percepção de algo – um ruído, um cheiro, uma visão – que na verdade não está presente. Uma alucinação envolve sentir ou perceber, em um estado desperto e consciente, algo que na verdade não está fisicamente presente. É uma sensação sem estímulo. Uma alucinação sensorial pode incluir ouvir vozes de pessoas mortas há muito tempo ou de pessoas imaginárias ou pode envolver insetos rastejando sobre ou sob a pele. Também pode incluir anjos ou fadas dançando em meio a luzes brilhantes. Algumas alucinações são extremamente idiossincráticas e muitas são transitórias, irreais e desconcertantes.

É importante traçar várias distinções entre alucinações, ilusões e delírios. Uma ilusão é uma resposta real a uma sensação real, mas com uma causa atribuída erroneamente. Daí o fascínio pelas ilusões artísticas ou visuais e por "artistas ilusionistas" que parecem fazer o impossível, como serrar uma pessoa ao meio. Já um delírio é uma resposta real a uma sensação real à qual é atribuída uma causa irrealista, impossível, bizarra ou de importância excessiva.

Tipos de alucinações As alucinações podem ser associadas a muitos fatores, inclusive o sono (especialmente a falta de sono), uso de determinadas drogas (chamadas, não por acaso, de alucinógenos), doenças mentais (em especial a psicose) e doenças neurológicas bastante específicas. As alucinações ocorrem com frequência em episódios esquizofrênicos e são descritas em manuais de psiquiatria como "uma voz comentando sobre a pessoa e duas ou mais vozes conversando entre si".

Algumas são alucinações brandas e comuns, como as alucinações *hipnagógicas*, que ocorrem quando caímos no sono ou as alucinações *hipnopômpicas*,

linha do tempo

Anos 1950
As estimulações elétricas cerebrais de Penfield provocam alucinações

Anos 1960
Usuários de LSD relatam vivenciar elaboradas alucinações

que ocorrem quando despertamos. Com o uso de drogas bastante específicas, é possível ter alucinações bastante bizarras. Por exemplo, a *cromatopsia* envolve enxergar a mesma cor em tudo e em todos. Os que sofrem de alucinações *liliputianas* veem minúsculas pessoas imaginárias em geral acompanhadas de sentimentos agradáveis. Por outro lado, os que vivenciam as alucinações *guliverianas* veem todas as pessoas como se fossem gigantes.

Também foi constatada a ocorrência de casos interessantes e incomuns de pseudoalucinações. Elas ocorrem quando a pessoa tem uma alucinação vívida, mas sabe que não se trata da realidade. Em outras palavras, elas reconhecem que a experiência não tem fundamentos externos. Os episódios alucinatórios podem evoluir de uma maneira específica. Para começar, algum elemento, como uma determinada memória ou um som específico, desencadeia a alucinação. Então, a pessoa testa se a alucinação é real e passa a acreditar que se trata da realidade. Em seguida, a fantasia, a distorção e o devaneio continuam a se intensificar e se confundir com a percepção da realidade.

> **"Alucinação: uma experiência perceptiva envolvendo todos os aspectos subjetivos de uma impressão sensorial real, mas sem os estímulos físicos normais para essa mobilidade sensorial."**
>
> A. Reber, 1985

Alucinações auditivas "Ouvir vozes" talvez seja um dos "sinais de loucura" mais conhecidos. Esse sintoma é especialmente associado com os distúrbios psicóticos, como a esquizofrenia. Ouvem-se vozes de pessoas específicas ou não identificáveis apesar de outras pessoas presentes não conseguirem ouvir essas vozes. Algumas pessoas que vivenciam essas alucinações parecem se esforçar para ouvir as vozes, enquanto outras falam consigo mesmas, podendo chegar a fazer pausas como se estivessem em uma conversa de verdade. Elas podem até gritar com pessoas que não estão fisicamente presentes.

É menos comum ouvir vozes quando se está conversando com uma pessoa de verdade. As pessoas em geral ouvem vozes quando estão sozinhas. Outras formas de alucinação auditiva podem envolver ouvir música, muitas vezes uma música bem conhecida com intensas associações emocionais. Isso pode acontecer ao ouvir música muito alta por muito tempo.

Alucinações visuais As pessoas relatam ver animais, objetos e pessoas que na realidade não estão presentes. Os objetos das alucinações podem ser "fantasmas" ou "anjos" e podem envolver cenas bastante complexas ou situações bizarras. Algumas alucinações visuais não incluem sons, mas, em outras, as "pessoas" falam, muitas vezes diretamente com quem está vivencian-

Anos 1980	**Anos 1980**	**Anos 2000**
A alucinose é descrita	Drogas antipsicóticas melhores são desenvolvidas	Distinção entre distúrbios induzidos por alucinações e outros distúrbios relacionados

Causas das alucinações

As alucinações persistentes, muitas vezes angustiantes, podem ter muitas causas diferentes. Chega a ser possível "induzir" as alucinações. Quando as pessoas ficam sensorialmente privadas em um deserto ou encarceradas em celas para serem submetidas a uma "lavagem cerebral", elas não raro ouvem e veem alucinações. De maneira similar, as pessoas privadas de sono ou que passam muito tempo realizando tarefas monótonas também podem ter alucinações.

A primeira causa são as drogas, inclusive bebidas alcoólicas, maconha, cocaína, crack, heroína e LSD. A segunda causa é a febre alta, especialmente em crianças ou idosos. A terceira causa das alucinações envolve problemas sensoriais bastante específicos, como a cegueira ou a surdez. Pessoas que ensurdecem muitas vezes relatam ouvir vozes. De forma similar, pessoas que têm braços ou pernas amputados não raro sofrem da síndrome do "membro fantasma", sentindo que os membros amputados estão em movimento ou até doloridos.

As alucinações também podem ocorrer em pessoas com doenças físicas graves, como câncer no cérebro e insuficiência renal ou hepática. Em quinto lugar, as alucinações podem ocorrer em pessoas que sofrem de *delirium tremens* relacionado ao alcoolismo ou à demência na terceira idade. A sexta causa das alucinações resulta do fato de elas muitas vezes serem intimamente associadas com transtornos psicóticos específicos graves, como o transtorno por estresse pós-traumático e a esquizofrenia. As vítimas do transtorno por estresse pós-traumático não raro têm *flashbacks*. Quando ouvem determinados sons ou sentem certos cheiros, elas são instantaneamente levadas de volta ao momento do trauma (como uma guerra ou um acidente) e têm intensas alucinações de *flashback* envolvendo eventos específicos. Em momentos de estresse intenso e luto, algumas pessoas também podem ouvir vozes reconfortantes que as acalmam.

Os estudiosos do cérebro já sabem, há 50 anos, que estimular regiões específicas do cérebro pode acionar alucinações como sensação de dormência, formigamento, calor, frio ou água correndo pelo corpo. Pacientes com lesões cerebrais ou doenças degenerativas podem ter alucinações olfativas (quase sempre desagradáveis) ou alucinações auditivas ou gustativas (sabor), que podem ser agradáveis ou desagradáveis. De forma similar, certos problemas neurológicos, desde a epilepsia, relativamente comum, até a rara síndrome de Ménière, muitas vezes são associados a alucinações, não raro bizarras e extremamente específicas.

do a alucinação, e lhe dão ordens específicas. Foi identificada toda uma gama de ilusões visuais bastante específicas e diagnósticos foram elaborados para identificá-las. Por exemplo, a *dismegalopsia* leva a pessoa a ver objetos desfigurados ou com formas estranhas/incomuns. A *micropsia* e a *macropsia* envolvem ver objetos como sendo muito menores ou maiores do que realmente são. A *alestesia* é uma percepção que altera o lugar onde os objetos de fato estão e a *palinopsia* é a sensação de que um objeto que deveria estar visualmente presente foi removido do campo de visão.

Diagnóstico e controle Os diagnosticadores conduzem uma entrevista estruturada e sistemática de histórico médico para tentar identificar a causa primária das alucinações. Eles costumam começar perscrutando a natureza específica das alucinações: como elas são, quando ocorreram pela primeira vez, quando costumam ocorrer, há quanto tempo ocorrem etc. Em seguida, eles investigam o consumo de bebidas alcoólicas, drogas e outros medicamentos. Depois eles buscam identificar eventos traumáticos e emocionais, bem como evidências de concomitantes físicos como agitação, confusão, febre, dor de cabeça e vômito.

O controle clínico começa com uma tentativa de especificar possíveis causas médicas ou neurológicas ou reações a substâncias específicas "no contexto de fenômenos culturalmente validados" (como, por exemplo, festivais religiosos, shows de música etc.) Qualquer diagnóstico psiquiátrico só deve ser feito depois de uma investigação meticulosa da natureza da alucinação e dos possíveis "sintomas" resultantes.

Explicações   Várias explicações psicológicas foram propostas para as alucinações. Os freudianos consideravam as alucinações como projeções de desejos ou anseios inconscientes. A ideia é que a pessoa vivencia como "real" algo que ela sente mas que não tem como expressar por estar no nível inconsciente.

Os psicólogos cognitivos apontam para problemas do processamento cognitivo, em especial a metacognição, que envolve conhecer a interpretação que os outros fazem dos eventos. Em outras palavras, as alucinações seriam interpretações equivocadas do comportamento alheio. No entanto, são os psicólogos biológicos que mais se concentram nas causas. Eles veem as alucinações principalmente como déficits em estados cerebrais resultantes de danos ou desequilíbrios químicos. Esses especialistas estão localizando as regiões do cérebro e identificando os processos farmacológicos que levam às alucinações. Mesmo assim, ainda não sabemos ao certo por que uma determinada pessoa pode ter uma alucinação específica.

A ideia condensada: são vários os tipos e as causas das alucinações

11 Delírios

"O participante do show de talentos está delirando se acha que sabe cantar."

"Aquele político parece que sofre de delírio de grandeza."

"Temo que ela esteja delirando se espera ser promovida."

O que é um delírio? Um delírio é uma crença falsa, obcecada, imutável e persistente sem base na realidade. Essa crença é nutrida por um indivíduo ou um grupo e é comprovadamente falsa, completamente fantasiosa ou, mais provavelmente, autoilusória. Uma pessoa delirante em geral expressa total certeza e absoluta convicção de suas crenças. O delirante dificilmente muda de ideia, resistindo a argumentos incontestáveis e a provas conclusivas de que ele está absolutamente equivocado.

Alguns delírios religiosos são impossíveis de verificar e, portanto, de refutar. De maneira similar, alguns delírios incluem um elemento de autorrealização, quando, por exemplo, o marido ciumento acusa a esposa fiel que, aborrecida, o deixa para se casar com outro. Nesse sentido, eles mesmos fazem com que seus delírios se tornem realidade.

Delírios de todos os tipos As pessoas têm delírios relativos ao cheiro (olfativos), sabor (gustativos), temperatura (termorreceptivos) e ao toque (táteis). Elas podem sentir cheiros repugnantes, muito agradáveis ou incomuns quando encontram uma determinada pessoa. Podem sentir, em alimentos comuns (como laranja, chocolate ou leite), um sabor bastante diferente em relação ao que as outras pessoas normalmente sentem. Podem sentir que objetos frios estão pelando de quentes ou sentir objetos quentes como se estivessem congelados. Podem de repente sentir objetos normalmente lisos ou macios (como uma bexiga ou a pelagem de um gato) como se fossem muito irregulares ou ásperos.

Foi constatado que o delírio mais conhecido, a paranoia, segue várias etapas: desconfiança geral; percepção seletiva dos outros; hostilidade; "iluminação" paranoide, quando tudo se encaixa; e, por fim, delírios de influência e perseguição sem qualquer lógica.

As pessoas podem ficar completamente obcecadas com seus delírios, que lhes causam muito sofrimento. Cabe notar que os delírios são diferentes das

linha do tempo

300 a.C.
Os gregos antigos escrevem sobre os delírios paranoides

1880
Kraepelin descreve a esquizofrenia paranoide

ilusões. Algumas ilusões visuais e auditivas, por exemplo, nos levam a pensar que é o Sol que gira em torno da Terra ou que os bonecos dos ventríloquos realmente falam.

Psiquiatria e transtorno delirante Os psiquiatras podem diagnosticar um transtorno delirante em várias situações específicas. Em primeiro lugar, a pessoa deve manifestar um ou mais delírios não bizarros por pelo menos um mês. Em segundo lugar, a pessoa não satisfaz nenhum outro critério comportamental para ser classificada como um esquizofrênico. Em terceiro lugar, alucinações auditivas e visuais não são proeminentes, embora as alucinações táteis e olfativas possam ser. Em quarto lugar, apesar dos delírios ou de suas consequências comportamentais, as funções psicossociais da pessoa não são fundamentalmente prejudicadas, de modo que os comportamentos não são considerados particularmente estranhos ou bizarros. Em quinto lugar, se os delírios específicos afetam o estado de espírito da pessoa, essas mudanças de humor não duram muito tempo. Em sexto lugar, o distúrbio não resulta de problemas fisiológicos ou médicos (como, por exemplo, alguma medicação).

> **"Daí as vãs alegrias delirantes, a prole da loucura, sem pai geradas."**
> John Milton, 1631

Às vezes os psiquiatras alegam ser difícil distinguir o transtorno delirante de outros transtornos como a hipocondria (especialmente entre pessoas com baixo grau de autoconsciência); o transtorno dismórfico corporal (preocupação com defeitos corporais imaginários); transtorno obsessivo-compulsivo; ou transtorno de personalidade paranoide.

Os delírios dos esquizofrênicos costumam ser claramente bizarros. Uma pessoa pode acreditar que seu cérebro foi substituído pelo de outra pessoa ou que seu corpo encolheu para um metro de altura. Por outro lado, delírios não bizarros também são possíveis. Por exemplo, as pessoas podem sentir que estão sendo seguidas, fotografadas ou filmadas; que alguém as está envenenando lentamente; que estão sendo traídas pelo parceiro romântico; ou que o chefe ou vizinho está apaixonado por elas.

Causas As causas dos delírios são desconhecidas. As tendências atuais da neuropsicologia levaram alguns estudiosos a especular que alguns fatores biológicos, quando disfuncionais, podem causar ou exacerbar o problema. Alguns pesquisadores sugerem estruturas cerebrais como os gânglios basais, outros apontam para o sistema límbico e ainda outros se voltam ao neocórtex. Outros estudiosos se concentram nas explicações genéticas devido ao fato de que muitas pessoas com transtornos delirantes têm parentes de primeiro grau com esse problema e outros transtornos relacionados.

1911
Freud argumenta que os delírios persecutórios resultam da repressão e da projeção

1942
A *folie à deux* é descrita como um transtorno delirante

Anos 1980
A paranoia é reclassificada como um transtorno delirante

Tipos de delírio

Os psiquiatras observaram cinco tipos claros de delírio.

Erotomaníaco: O delirante acredita que uma pessoa específica está perdidamente apaixonada por ele, mais no sentido romântico dos filmes de Hollywood e até espiritual do que no sentido sexual. O objeto do delírio costuma ser alguém famoso (uma estrela de cinema, um herói dos esportes), mas também pode ser um superior no trabalho. Apesar de muitos delirantes erotomaníacos manterem seu delírio em segredo e não fazerem quase nada a respeito, outros podem se empenhar muito na tentativa de entrar em contato com o apaixonado fantasioso enviando e-mails, visitando-o e até perseguindo-o. A maioria é composta de mulheres, mas os homens com esse tipo de delírio tendem a ser mais ousados e transgredir leis, especialmente se acreditarem que o "amante" está em apuros ou em algum perigo iminente.

Megalomaníaco: Esse tipo de delírio também é conhecido como delírio de grandeza e se manifesta quando a pessoa acredita (sem qualquer prova) que é especial, que tem, por exemplo, alguma habilidade especial ou perspicácia excepcional ou que fez alguma descoberta importantíssima. Muitas vezes os delírios são de natureza religiosa e as pessoas com esse transtorno acreditam que têm uma relação especial e privilegiada com o "Todo-Poderoso". Elas podem achar que são importantes e que têm relações especiais com outras pessoas importantes.

Ciúme patológico: Esse delírio se manifesta claramente na crença arraigada, porém infundada, de que se está sendo traído por um parceiro infiel. "Evidências" sem propósito são apresentadas para embasar essas alegações. Os delirantes podem contratar um detetive particular, tentar aprisionar o parceiro ou agredi-lo física e verbalmente.

Persecutório: É a crença de que alguém ou algum grupo está conspirando contra a pessoa. O delirante acredita que está sendo traído, espionado, perseguido, envenenado, drogado ou sendo vítima de fofocas. Eles costumam se enfurecer e se ressentir, com profundos sentimentos de estarem sendo injustiçados. Muitos tentam dar fim à perseguição por meios legais ou apelando às autoridades. É o tipo mais comum de todos os transtornos delirantes. Alguns chegam a tratar o suposto perseguidor com violência e agressividade.

Somático: Também chamado de delírio hipocondríaco, é a ilusão de que o próprio corpo é de alguma forma estranho ou não está funcionando direito. Pode ser a crença de que o corpo tem um cheiro estranho ou que partes específicas (nariz, seios, pés) são particularmente estranhas, disformes ou feias. Não raro as pessoas com esse tipo de delírio acreditam que podem ter algum tipo de besouro, inseto ou parasita no corpo que está destruindo ou afetando alguma parte específica do corpo.

> **"Cuide de vossa graça, pois aqueles ali não são gigantes, mas moinhos de vento."**
> Miguel de Cervantes, 1605

Outros pesquisadores, por sua vez, apontam para o fato de que muitas pessoas com esse transtorno tiveram uma infância "difícil" caracterizada por instabilidade e turbulência, insensibilidade e frieza. Desse modo, alguns psicólogos inclinados à psicanálise veem os delírios como uma deficiência do sistema de defesa do *ego* que tem como objetivo proteger e reforçar o *self*. Assim, eles consideram os delírios paranoicos ou persecutórios como uma tentativa de projetar sobre fatores externos o que os delirantes não gostam de admitir em si mesmos. O tratamento inclui orientação e psicoterapia e também pode envolver o uso de drogas antipsicóticas.

Dissimulação e delírios

Muitos alegam, com bastante razão, que em entrevistas e questionários as pessoas mentem, fingem ou não dizem a verdade. Os psicólogos chamam isso de "dissimulação" e recentemente fizeram uma distinção entre dois tipos muito diferentes. O primeiro é chamado de *gerenciamento de impressão*, no qual a pessoa tenta se apresentar sob uma luz positiva, talvez "esquecendo", quando lhe convém, alguns fatos e dizendo pequenas "mentiras inofensivas" sobre os outros.
O segundo tipo é chamado de *autoengano*. A rigor, o autoengano é mais uma ilusão do que uma mentira.

Se alguém diz que tem um bom senso de humor, mas todo mundo que o conhece diz que não é o caso, é possível afirmar que a pessoa está enganando a si mesma. De modo similar, se alguém se sente feio ou sem graça e todo mundo acha que não é o caso, isso indica um autoengano negativo. Em entrevistas, algumas formas de autoengano chegam a se aproximar de delírios, embora estes sejam mais difíceis de mudar. É verdade que, diante de um *feedback* constante, as tendências autoenganadoras tenham mais chances de serem "curadas" ou pelo menos reduzidas.

A ideia condensada: os delírios são muitos e variados

12 A consciência

Na maior parte do tempo, estamos cientes de nós mesmos, do nosso corpo, das nossas sensações e dos nossos pensamentos. Estar consciente significa perceber ou notar com um grau de observação ou de pensamento controlado. Significa estar ciente, desperto, atento.

Qualquer criatura pode ser considerada consciente se parecer capaz de reagir ao mundo ao seu redor: ela está desperta, alerta e autoconsciente. Alguns estudiosos fazem uma distinção entre a *consciência de acesso*, que é pensar sobre pensar ou perceber as percepções; e a *consciência fenomenal*, que é ter ideias ou imaginar a qualidade das coisas. Os eventos que ocorrem na mente ou no cérebro e que não temos como acessar são chamados de eventos subconscientes. No entanto, a consciência não depende da linguagem e nem se limita à autoconsciência. Podemos perder a autoconsciência quando estamos profundamente envolvidos, por exemplo, com alguma música, mas isso é diferente de estar fisicamente inconsciente.

Provavelmente, consideramos muito mais fácil saber quando as pessoas estão inconscientes em casos nos quais elas estão dormindo, sob o efeito de drogas ou doentes, por exemplo. Falamos de pessoas que "perderam os sentidos" ou estão "fora de si". Um fato que intriga muitos estudiosos do cérebro interessados em localizar o "centro da consciência" é que as pessoas podem ser expostas a enormes danos cerebrais sem perder a consciência geral. Lesões cerebrais, sem dúvida, podem levar a perdas específicas de alguns conteúdos da consciência, mas não à perda da consciência em si. Argumenta-se que é fácil investigar a neuropsicologia da consciência em comparação com tentar entender o que nos leva a ter a experiência.

> **"A consciência… é o fenômeno no qual a própria existência do universo se revela."**
> Roger Penrose, 1989

A experiência de ser consciente A experiência consciente tem várias propriedades diferentes. Ela é privada; envolve vivenciar a experiência usando muitos sentidos diferentes (tato, paladar, audição, visão); se refere aos produtos ou aos resultados do pensamento e não ao modo como pensamos; e se mantém em um constante estado de fluxo ou mudança (falamos, por exemplo, de "fluxo de consciência"). Podemos estar cientes de ter

linha do tempo

500 a.C.	1688
Cícero usa o termo pela primeira vez	Locke apresenta o sentido moderno do termo

uma experiência e cientes de que já vivenciamos essa experiência antes.

Os psicólogos têm um interesse especial em pessoas com lesões cerebrais que são cientes de todos os fenômenos ao seu redor, mas são incapazes de acessar memórias, de ter passado pelas mesmas experiências ou por experiências semelhantes. Muitos psicólogos acreditam que a consciência intensifica a atividade cerebral. Alguns propõem realizar análises físicas, considerando que tanto as lesões cerebrais quanto a química do cérebro afetam a consciência.

> **"A consciência é o nosso modo de análise do mundo externo na forma de objetos e ações."**
> J. Bronowski, 1970

Especulações históricas Embora os gregos antigos tenham escrito bastante sobre muitos temas psicológicos, a consciência não foi incluída. Foram René Descartes (1640) ("Penso, logo, existo") e John Locke (1690) que propuseram que a consciência era essencial ao pensamento e à identidade pessoal. A língua inglesa tem dois termos etimologicamente semelhantes para a consciência, *conscious* e *conscience*, e o sentido desses dois termos só foi diferenciado no século XVII, quando *conscious* passou a se referir à identidade pessoal ("ele está consciente disso") e *conscience* veio a denotar um sentido moral ("ele colocou a mão na consciência").

Mais ou menos na época da fundação da psicologia científica na Alemanha, os psicólogos usavam os termos "mente" e "consciência" como sinônimos e aplicavam métodos introspectivos em suas investigações. De acordo com o behaviorismo, a consciência não merecia ser cientificamente investigada. Mesmo psicólogos cognitivos interessados em objetos de estudo como a compreensão da linguagem e a memória não deram muita atenção ao tema da consciência. Nos últimos vinte anos, contudo, o tema voltou a ser levado a sério.

A nova ciência A nova ciência da consciência tenta explicar como a atividade neural leva à experiência subjetiva. Os pesquisadores podem ser capazes de deduzir, analisando padrões de fluxo sanguíneo no cérebro, o que a pessoa está pensando. Além disso, estimulando áreas específicas do cérebro com substâncias, estímulos elétricos ou procedimentos cirúrgicos, eles podem provocar cheiros, imagens e sons indistinguíveis da realidade. Esses cientistas estão tentando entender como as informações provenientes dos sentidos são processadas e por que alguns tipos de informação são acessíveis e outros ficam ocultos. Alguns cientistas acreditam que é possível, e até relativamente fácil, identificar exatamente quais são os correlatos neurais da consciência. Já o mais difícil é relacionar a atividade cerebral com uma experiência subjetiva pessoal.

Anos 1960 em diante	**1991**	**1994**
A neurociência cognitiva começa a ser aplicada à consciência	Dennett, *Consciousness Explained* [Desvendando a consciência]	Pinker, *O instinto da linguagem*

Funções Os psicólogos inevitavelmente discordam no que se refere à função da consciência. Os seguidores de Aristóteles argumentavam que a consciência é um estado cerebral. Já os behavioristas radicais acreditavam que a consciência não tem muitos efeitos práticos, e é epifenomenal (de importância meramente secundária) e prefeririam ignorá-la.

Os psicólogos veem a consciência principalmente em termos de processamento de informações. Nós atentamos às informações e as processamos. Somos muito eficientes em detectar e processar todo tipo de informação do ambiente. Estar cientes de como fazemos isso, especialmente no caso de informações novas, difíceis ou complexas é o mesmo que ter consciência. Também podemos presumir que os outros têm experiências conscientes diferentes do mesmo evento ou podemos nos conscientizar dessa diferença. Um problema da escola funcionalista é que as definições utilizadas por essa abordagem possibilitam argumentar que as máquinas têm consciência. Os psicólogos evolucionistas são funcionalistas. Eles veem o desenvolvimento do córtex como uma função voltada à sobrevivência que ajuda no planejamento, bem como na linguagem e no desenvolvimento social. Um intrigante critério comportamental da consciência é o autorreconhecimento: a capacidade de reconhecer-se no espelho. A consciência de um animal social inteligente evoluiu como uma resposta à pressão seletiva. A consciência atua para representar, armazenar e esclarecer as percepções, para interpretar situações novas e ambíguas e tomar decisões melhores. A consciência é um kit de sobrevivência para as espécies de ordem superior que possibilita decisões e reações pensadas e planejadas.

Inconsciência consciente: o caso da hipnose Até que ponto as pessoas hipnotizadas estão conscientes? As pessoas completamente hipnotizadas entram claramente em um "estado diferente", um estado de profundo relaxamento e aberto à influência por sugestões. Sabemos que algumas pessoas são mais propensas à hipnose enquanto outras são mais resistentes. As pessoas mais hipnotizáveis são sugestionáveis e facilmente persuadidas. O efeito pode ser visto de forma teatral quando o hipnotizador tenta induzir a amnésia pós-hipnótica (levando a pessoa a não se lembrar da hipnose) acompanhada da sugestionabilidade pós-hipnótica, que leva a pessoa, após a hipnose, a seguir instruções específicas e bizarras dadas durante hipnose. O escaneamento cerebral nos tem ajudado a entender esse fenômeno, considerado por alguns uma mera forma de diversão barata. Estudos recentes sugerem que a hipnose de fato leva a um estado alterado de consciência porque as áreas do cérebro que afetam a consciência são claramente afetadas pelo processo hipnótico. Na amnésia hipnótica, a pessoa pode ser instruída a se esquecer de algo importante, que só pode ser lembrado em condições bastante específicas. A analgesia hipnótica, cujo objetivo é reduzir a dor, tem despertado o interesse, especialmente de médicos e dentistas. No entanto, alguns estudiosos têm oferecido explicações bastante mundanas para o sucesso do hipnotismo. Por exemplo, a ideia de induzir as pessoas a sentir a dor como uma sensação de calor ou dormência pode ser considerada uma estratégia de enfrentamento muito eficiente. Por outro lado, as pessoas podem

> ## O inconsciente freudiano
>
> É de longa data que os psicólogos se interessam não tanto pela consciência, mas por seu oposto. Alguns diferenciam o pré-consciente do inconsciente. As ideias, os desejos e os anseios pré-conscientes podem ser trazidos à consciência sem muita dificuldade. Na verdade, a meta da terapia é retirar as coisas do inconsciente escuro e desconhecido e levá-las ao nível pré-consciente e depois ao consciente. E, como seria de se esperar, a autoconsciência é uma parte importante da cura. Em outras palavras, é importante se conscientizar das razões de determinados comportamentos. Usando a análise de sonhos, a investigação de lapsos verbais e a associação livre, os analistas acreditam que podem ajudar os pacientes a ter um vislumbre do inconsciente.

simplesmente ser encorajadas a prestar menos atenção a algumas experiências e mais atenção a outras. A teoria da neodissociação sugere que renunciamos o controle central dos nossos pensamentos ao hipnotizador. Já a teoria de não estado afirma que a hipnose é pouco mais que uma representação, um fruto da imaginação e a encenação de um papel, e não um estado alterado de consciência. As pessoas sugestionáveis que são hipnotizadas não caem em algum estado especial de transe, mas simplesmente fazem o que se espera delas, que é agradar o hipnotizador.

A ideia condensada: ser consciente é estar ciente, desperto e atento

13 Psicologia positiva

Dá para ensinar às pessoas como ser feliz? Será que dinheiro traz felicidade? Por que algumas pessoas parecem estar sempre mais felizes do que outras? Essas questões comuns e fundamentais da condição humana foram repetidamente ignoradas pelos psicólogos até relativamente pouco tempo atrás.

Psicologia positiva A psicologia positiva é o estudo dos fatores e processos que levam a emoções positivas, comportamentos virtuosos e melhor desempenho de indivíduos e grupos. Embora alguns psicólogos, especialmente os psicólogos do desempenho do *self*, se interessassem por questões relativas a saúde, ajuste e máximo desempenho, o estudo da felicidade era considerado irrelevante e até trivial. É bem possível que a situação não tenha mudado. Afinal, para cada cem livros e artigos sérios de psicologia, 99 são sobre a depressão e só um é sobre a felicidade. No entanto, já faz cinquenta anos que sabemos que a felicidade não é o contrário da infelicidade. Na verdade, uma não tem qualquer relação com a outra.

Os primeiros livros sobre a psicologia da felicidade começaram a ser publicados na década de 1980. Em seguida, surgiram alguns periódicos acadêmicos especializados. No entanto, foi só na virada do milênio que o movimento da psicologia positiva começou a ser estimulado por bolsas de pesquisa cada vez mais generosas. A psicologia positiva foi adotada como o foco de pesquisas por muitos psicólogos famosos e hoje a área se estende muito além do estudo da felicidade.

> **"A felicidade é um mistério como a religião e jamais deve ser racionalizada."**
> G. K. Chesterton, 1920

Questões fundamentais A psicologia da felicidade tenta solucionar algumas questões fundamentais que filósofos, teólogos e políticos passaram anos tentando desvendar. A primeira série de questões diz respeito à definição e à mensuração da felicidade; a segunda tenta descobrir por que determinados grupos são felizes ou infelizes; e a terceira investiga o que é preciso fazer (ou não fazer) para aumentar a felicidade.

linha do tempo

1969
Bradburn, *The Structure of Psychological Well Being* [A estrutura do bem-estar psicológico]

1987
Argyle, *The Psychology of Happiness* [A psicologia da felicidade]

A ciência começa com as definições. Então, o que é felicidade? A felicidade às vezes é descrita como um estado de bem-estar, contentamento, paz de espírito ou realização, um conceito relacionado à satisfação com a vida ou à ausência de sofrimento psicológico. A felicidade também pode ser descrita em termos de prazer, fruição e diversão. Ser feliz é estar em um estado de fluxo.

O termo mais utilizado pelos pesquisadores é "bem-estar subjetivo" ou, em outras palavras, o modo como as pessoas formam opiniões gerais e pessoais sobre a própria vida e a satisfação em geral. Mais especificamente, é a própria pessoa – e não orientadores, conselheiros ou confessores nem professores, terapeutas ou teóricos – que pode opinar com mais autoridade sobre seu bem-estar.

> **Um homem é feliz desde que escolha ser feliz.**
> A. Solzhenitsyn, 1968

Essas autoavaliações podem ser divididas em duas partes: satisfação no trabalho e em casa; satisfação consigo mesmo em comparação com os outros. Assim, a pessoa pode estar muito satisfeita com um aspecto e muito insatisfeita com o outro, mas os dois tendem a ser bastante correlacionados. As pessoas tendem a avaliar todos os aspectos de sua vida de maneira relativamente estável. As autoavaliações podem variar de acordo com circunstâncias específicas, como ter muita sorte (ganhar na loteria) ou sofrer um acidente terrível (ficar paralítico), mas as pessoas tendem a voltar aos níveis normais depois de relativamente pouco tempo.

Como medir a felicidade A maioria das medidas de felicidade é feita por meio de questionários padronizados ou entrevistas. A felicidade também pode ser avaliada por observadores munidos de informações – pessoas que conhecem bem a pessoa sendo avaliada e a veem com frequência. Outro método possível é a amostragem de experiências (*experience sampling*), no qual as pessoas são solicitadas a informar o grau de felicidade muitas vezes por dia, semana ou mês, ao disparo de um sinal sonoro, e as classificações são agregadas. Ainda outra forma de mensuração é investigar as memórias das pessoas e verificar se elas se sentem predominantemente felizes ou infelizes em relação ao passado. Por fim, algumas medidas físicas, ainda rudimentares, mas em desenvolvimento, analisam tudo, desde escaneamentos cerebrais até os níveis de cortisol na saliva. Não é muito difícil medir a felicidade de maneira confiável e válida.

A felicidade faz diferença? Faz, sim! Evidências de pesquisas sugerem que as pessoas felizes têm um bom sistema imunológico, de modo que são mais saudáveis e vivem mais do que as pessoas infelizes. Elas tendem a ter

---

1998
Data oficial da fundação da *Psicologia Positiva*

1999
Buckingham e Clifton, *First Break all the Rules* [Primeiro, quebre todas as regras]

2002
Seligman, *Felicidade autêntica*

mais sucesso no trabalho e ter relacionamentos pessoais melhores. E são consideradas mais atraentes pelos outros. Parecem se gostar mais do que as pessoas infelizes e lidam melhor com todo tipo de contratempo. As pessoas felizes tomam decisões melhores e tendem a ser mais criativas. Já as pessoas infelizes parecem desperdiçar tempo e energia procurando sinais de perigo ou possibilidades de fracasso. Isso drena a energia delas. Há evidências de que o bem-estar subjetivo pode ser genético. Estudos com gêmeos demonstram que, da mesma forma como as pessoas herdam uma propensão ou predisposição à depressão, o mesmo acontece com a felicidade. No entanto, fatores ambientais inevitavelmente exercem a sua influência, em especial o ambiente familiar na infância. Sabemos também que, mesmo quando as pessoas vivenciam eventos que levam a uma felicidade ou infelicidade extrema, elas tendem a retomar o ponto de partida com relativa rapidez.

> **"Se você quer ser feliz, seja."**
> Leon Tolstoy, 1900

Evidências sugerem que algumas sociedades e pessoas são simplesmente mais felizes que as outras. Dessa forma, as nações latinas parecem ser mais felizes que as nações da Bacia do Pacífico, como os Estados Unidos, a Rússia e o Japão. Dois fatores parecem se relacionar com a felicidade nacional em geral: a riqueza, a estabilidade e a natureza democrática da sociedade; as normas e convenções sociais que regem a extensão na qual é desejável buscar emoções positivas e evitar emoções negativas. Evidências demonstram que a pobreza extrema seguramente deixa as pessoas infelizes, mas uma grande riqueza pouco afeta o bem-estar subjetivo. Estudos também mostram que, quanto mais materialista é a pessoa, menos feliz ela é. Todas as pessoas mais felizes parecem ter bons amigos.

Como aprender a ser feliz As pessoas podem tomar muitas medidas simples para aumentar a felicidade. A primeira é não confundir sucesso com felicidade. A segunda medida é assumir o controle da própria vida. Foi constatado que, se você agir como se fosse feliz (sorrir, expressar otimismo, ser sociável), o seu comportamento provoca reações diferentes nas pessoas e você acaba ficando feliz. Pode ajudar muito encontrar um trabalho e atividades de lazer que mobilizem as suas aptidões e paixões. Exercitar-se com regularidade, dormir e comer bem também ajudam a manter o bom humor. Investir tempo e atenção nos relacionamentos é um aspecto importantíssimo da felicidade. Apoiar e ajudar os outros e ser grato pela vida aumenta a felicidade, assim como ter uma missão e um tipo de esperança que remete à fé.

Em vez de identificar e tentar corrigir ou alterar fraquezas pessoais, a psicologia positiva se dedica a estudar os pontos fortes e as virtudes. Sua meta é promover a felicidade autêntica e uma vida boa e, em consequência, melhorar a saúde. Um ponto de partida da psicologia positiva tanto para os escritores de popularização da ciência, quanto para os pesquisadores da área, é tentar identificar e classificar os pontos fortes e valores. Essa tarefa está sendo realizada, apesar de ainda gerar controvérsias. Veja, a seguir, a lista compilada até o momento:

- *sabedoria e conhecimento*: criatividade, curiosidade, abertura a novas ideias, vontade de aprender, perspectiva correta das coisas;

- *coragem*: valentia, persistência, integridade, vitalidade;

- *humanidade*: amor, gentileza, inteligência social;

- *justiça*: cidadania, equidade, liderança;

- *temperança*: clemência e misericórdia, humildade e modéstia, prudência, autocontrole;

- *transcendência*: apreciação da beleza e da excelência, gratidão, esperança, senso de humor, espiritualidade.

A psicologia positiva já está chamando a atenção de economistas e até teólogos e gestores de negócio. O movimento ganha força rapidamente e conquista cada vez mais adeptos e se volta a analisar cientificamente a mais essencial de todas as condições humanas: a felicidade.

Mitos sobre a felicidade

Os pesquisadores catalogaram uma série de mitos sobre a natureza e a causa da felicidade. Eles incluem os mitos a seguir, nos quais muita gente acredita apesar de serem falsos.

- A felicidade depende principalmente da qualidade e da quantidade de acontecimentos na sua vida.
- Hoje, as pessoas são menos felizes do que eram antigamente.
- As pessoas com alguma deficiência física grave são sempre menos felizes.
- Os jovens no auge da vida são muito mais felizes que as pessoas mais velhas.
- As pessoas que sentem muita felicidade também sentem muita infelicidade.
- Os mais inteligentes em geral são mais felizes que os menos inteligentes.
- Casais com filhos são muito mais felizes.
- Ganhar muito dinheiro acaba levando as pessoas a serem mais felizes.
- Os homens, em geral, são mais felizes do que as mulheres.
- Pode parecer uma grande contradição, mas buscar a felicidade é uma receita garantida para ser infeliz.

A ideia condensada: é possível aprender a ser feliz

14 Inteligência emocional

"A inteligência emocional é uma base organizadora para categorizar habilidades relacionadas a compreensão, administração e utilização dos sentimentos."

P. Salovey e J. Mayer, 1994

O termo "inteligência emocional" (IE) remonta a mais de quarenta anos, mas sua disseminação se deve especialmente a um influente artigo publicado em 1990 e ao popular livro de Daniel Goleman, *Inteligência emocional*, publicado em 1995. Isso levou à criação de uma enorme indústria, movimentada em grande parte por pessoas interessadas no sucesso profissional. Muitos livros fazem alegações grandiosas. Por exemplo, que a capacidade cognitiva ou a inteligência acadêmica tradicional só contribui com cerca de 20% para o sucesso na vida em geral (acadêmica, pessoal e profissional), enquanto os outros 80% são diretamente atribuíveis à inteligência emocional.

Os componentes da inteligência emocional Ainda não se chegou a um consenso sobre quais características, fatores, habilidades ou competências constituem a inteligência emocional. E, à medida que o mercado é inundado de testes e livros sobre o tema, a situação só piora em vez de melhorar. A maioria dos sistemas e teorias, mas não todos, inclui ideias sobre a consciência emocional e a regulação das emoções.

Uma importante questão ainda não resolvida diz respeito a quais são as facetas ou os componentes da inteligência emocional. Desse modo, os primeiros modelos faziam uma distinção entre percepção, avaliação e expressão das emoções em si e nos outros; o uso das emoções para facilitar o pensamento; o uso do conhecimento emocional para interpretar e analisar as emoções; a regulação reflexiva das emoções para promover o crescimento. Alguns escritores falam de *alfabetização emocional* (o conhecimento e a compreensão das próprias emoções e de como elas funcionam), *aptidão emocional* (confiabilidade, resistência emocional e flexibilidade), *profundidade emocional* (crescimento emocional e intensidade) e *alquimia emocional* (utilização das emoções para encontrar oportunidades criativas).

Outros dividem a inteligência emocional em fatores como autoconsciência, autorregulação, automotivação, empatia e habilidades sociais. Um modelo mais popular sugere quinze componentes.

linha do tempo

1920
Introdução do conceito de "inteligência social"

1990
Primeiro artigo científico publicado sobre o tema

Aspectos em comum nos modelos mais proeminentes da inteligência emocional

Aspectos	As pessoas com pontuações altas acreditam que são...
Adaptabilidade	Flexíveis e dispostas a se adaptar a novas situações
Assertividade	Diretas, francas e dispostas a lutar por seus direitos
Expressão das emoções	Capazes de comunicar seus sentimentos aos outros
Gestão das emoções (alheias)	Capazes de afetar os sentimentos dos outros
Percepção das emoções (em si mesmas e nos outros)	Capazes de perceber claramente os próprios sentimentos e os sentimentos alheios
Regulação das emoções	Capazes de controlar as próprias emoções
Impulsividade (baixa)	Reflexivas e menos propensas a ceder a seus impulsos
Habilidades de relacionamento	Capazes de ter relacionamentos pessoais gratificantes
Autoestima	Bem-sucedidas e autoconfiantes
Automotivação	Motivadas e pouco propensas a desistir diante de adversidades
Competência social	Exímias no desenvolvimento de redes de relacionamento, com excelentes habilidades sociais
Gestão do estresse	Capazes de suportar a pressão e regular o estresse
Empatia	Capazes ver a situação do ponto de vista do outro
Felicidade	Alegres e satisfeitas com a vida
Otimismo	Confiantes e propensas a "ver o lado bom" da vida

Essas facetas podem ser combinadas em quatro fatores diferentes e relacionados, porém independentes, classificados como bem-estar, habilidades de autocontrole, habilidades emocionais e habilidades sociais.

A mensuração da inteligência emocional A inteligência emocional costuma ser medida como um quociente de inteligência emocional (QE). Os psicometristas fazem uma distinção entre medidas de desempenho máximo (por exemplo, testes de QI, envolvendo respostas certas ou erradas) e medidas de desempenho típico (por exemplo, questionários de personalidade, envolvendo respostas de preferência), com grandes implicações. As medidas de autoavaliação sugerem que a inteligência emocional é basicamente um traço de personalidade ("inteligência emocional de traço" ou "autoeficácia emocional"), enquanto a medida de desempenho máximo potencial sugere que a inteligência emocional é uma habilidade cognitiva ("inteligência emocional de habilidade" ou "capacidade cognitivo-emocional").

Muitos contestam o argumento fundamental de que a inteligência emocional não tem como ser mensurada com testes de capacidade cognitiva. Ou seja, que os conceitos da inteligência emocional, como a regulação emocional, nunca podem ser medidos de maneira confiável e válida com um teste objetivo de capacidade devido à natureza subjetiva da experiência emocional. Alguns argumentam que a chamada "inteligência emocional de traço" inclui tendências comportamentais e habilidades autopercebidas, e não habilidades cognitivas concretas, o que coloca esse lado da inteligência emocional no do-

1995
Goleman, *Inteligência emocional*

1997
Desenvolvimento do primeiro questionário popular de autoavaliação

2003
Elaboração da primeira medida de capacidade

O quociente emocional no trabalho

Como o quociente emocional (QE) se correlaciona com o sucesso no trabalho e é fundamental para esse sucesso? Vejamos algumas explicações de como o quociente emocional atua no ambiente de trabalho e por que as pessoas mais emocionalmente inteligentes devem ter mais sucesso. Em primeiro lugar, as pessoas com QE elevado sabem comunicar melhor suas ideias, suas intenções e seus objetivos. Elas são mais articuladas, assertivas e sensíveis. Em segundo lugar, o QE é estreitamente associado com as habilidades sociais envolvidas no trabalho em equipe, de enorme importância no trabalho. Em terceiro lugar, os líderes de negócios, que costumam ter um QE alto, promovem um ambiente de trabalho propício que reforça o comprometimento organizacional e que, por sua vez, leva ao sucesso. Em quarto lugar, os líderes com QE elevado são observadores e conhecem os pontos fortes e fracos tanto de si mesmos quanto de sua equipe, o que lhes possibilita se beneficiar dos pontos fortes e compensar os pontos fracos. Em quinto lugar, o QE se relaciona a habilidades de enfrentamento eficazes e eficientes que possibilitam às pessoas lidar melhor com as demandas, a pressão e o estresse no trabalho. Em sexto lugar, os líderes com alto QE são capazes de identificar com precisão o que as pessoas sentem e do que precisam, além de serem mais inspiradores e darem mais apoio a seu pessoal. Eles promovem mais empolgação, entusiasmo e otimismo. Em sétimo lugar, os gestores de QE elevado, ao contrário de seus colegas de baixo QE, são menos propensos a adotar estilos negativos, defensivos e destrutivos de enfrentamento ao tomar decisões.

mínio da personalidade. Já a "inteligência emocional de habilidade", que engloba habilidades concretas, pertence principalmente ao domínio da capacidade cognitiva. Já foi criada bem mais que uma dezena de testes de inteligência emocional de traço, muito parecidos com os testes de personalidade.

Por outro lado, algumas pessoas consideram a inteligência emocional como uma inteligência ou capacidade "real" que deve ser mensurada de acordo. A medida mais consagrada é o MSCEIT (teste de inteligência emocional de Mayer-Salovey-Caruso), que avalia quatro fatores: perceber e identificar as emoções (a capacidade de reconhecer como você e as pessoas estão se sentindo); usar as emoções para facilitar o pensamento (a capacidade de gerar uma emoção e raciocinar com essa emoção); entender as emoções (a capacidade de compreender emoções complexas e "cadeias" emocionais e entender como as emoções evoluem); e gerenciar as emoções (a capacidade de administrar as próprias emoções e as emoções alheias).

O MSCEIT inclui tarefas como:

- identificar as emoções expressas por um rosto ou em figuras;
- gerar um estado de espírito e resolver problemas com esse estado de espírito;
- identificar as causas de diferentes emoções;
- entender a progressão das emoções;
- decidir a melhor maneira de incluir as emoções em seu modo de pensar em situações que envolvam o próprio examinando ou as outras pessoas.

Desse modo, a inteligência emocional pode ser mensurada de duas maneiras bastante diferentes. Uma delas lembra muito um teste de personalidade e de fato considera a inteligência emocional como um tipo de traço de personalidade. A outra é mais parecida com um teste de habilidade. O primeiro tipo de teste é muito mais fácil e mais barato de aplicar que o último. O que realmente importa, contudo, é saber qual deles é mais preciso e confiável. Estudos demonstram que as pontuações dos dois testes são moderadamente correlacionadas. As discussões se concentram em decidir se a inteligência emocional não passa de mais um traço de personalidade ou se constitui uma parte concreta da inteligência.

> **"Inteligência emocional: um componente essencial da capacidade mental há muito negligenciado ou um conceito da moda obscuro e comercializado em massa."**
>
> A. Furnham, 2001

Trabalho emocional

Muitos empregos requerem esforço físico e mental, mas alguns demandam um esforço emocional. Se você trabalha no setor de serviços, precisa expressar emoções que não está necessariamente sentindo. Você precisa sorrir, ter uma atitude positiva e parecer relaxado não importa o que de fato estiver sentindo. Isso é chamado de "fingir emoções" (surface acting). Em alguns empregos, você precisa praticamente sentir as emoções que expressa. Isso é chamado de "tentar sentir as emoções" (deep acting). Alguns clientes são capazes de identificar uma demonstração falsa de emoções, de modo que você deve aprender a "sorrir de dentro para fora" (inside-out smile).

Alguns funcionários do setor de serviços cujas emoções são geridas e controladas pelo empregador acabam perdendo o contato com seus verdadeiros sentimentos. Essas pessoas devem demonstrar paciência, simpatia e curiosidade, ao mesmo tempo em que suprimem o tédio, a frustração e a raiva. Uma maneira de fazer isso é usando roteiros (scripts).

O pessoal do setor de serviços é encorajado a encenar como se fossem atores, decorando as falas e incorporando um personagem. O roteiro as orienta a encenar as emoções apropriadas. De modo similar, os uniformes podem atuar como figurinos na encenação, podendo transmitir uma mensagem e oferecer proteção.

O pessoal de serviços pode se retirar nos "bastidores", como a cozinha, a área de funcionários e até o vestiário. Lá, eles podem ser eles mesmos, desabafar e reagir como fariam naturalmente. Nos bastidores, eles podem tirar sarro dos clientes difíceis. Podem se ajudar e desfrutar da camaradagem dos oprimidos. Nos intervalos, eles podem ser eles mesmos; tirar a máscara; recuperar a autoestima; e descansar da labuta emocional.

A ideia condensada: a inteligência emocional é mais uma questão de personalidade ou de capacidade cognitiva?

15 Para que servem as emoções?

As emoções são importantes sinais sociais. As palavras "emoção" e "motivação" têm a mesma raiz latina, que significa "mover". As emoções nos enviam mensagens físicas rápidas e potentes que nos possibilitam reagir ao ambiente. Elas também ajudam na nossa comunicação, voluntária ou involuntária.

A evolução nos deixou com uma série de programações extremamente adaptáveis que evoluíram para resolver problemas específicos de sobrevivência. Todos nós herdamos programações emocionais macros e micros resultantes de muitas situações no passado. Por exemplo, tivemos de aprender em quem confiar, como detectar a infidelidade sexual, como lidar com o fracasso e a perda de status, como reagir à morte. A expressão automática e involuntária de muitas emoções é uma característica fundamental do sucesso da vida social da nossa espécie. Temos um repertório elaborado e decodificável de sinais emocionais para facilitar a interação social. As emoções galvanizam e ativam muitos sistemas voltados a lidar com o problema.

> **"As emoções são dispositivos mentais para garantir o comprometimento."**
> Mark Ridley, 1996

Medo Muitas pessoas têm medo de serem seguidas, emboscadas ou atacadas à noite. Esse medo aciona todo um conjunto de circunstâncias ou rotinas. Para começar, você fica muito atento a determinados estímulos visuais ou auditivos. Depois, as suas prioridades e objetivos mudam: fome, dor e sede são suprimidos para garantir a segurança. Em terceiro lugar, os sistemas de coleta de informações se concentram em questões específicas. Em quarto lugar, alguns conceitos simples surgem ou mudam de fácil e difícil para perigoso ou seguro. Em quinto lugar, são acionadas memórias de eventos passados similares à presente situação. Em sexto lugar, pode haver uma tentativa de se comunicar, de maneira bastante incomum, por meio de gritos ou choro, ou até o contrário, quando a pessoa se vê paralisada pelo medo e incapaz de emitir qualquer som. Em sétimo lugar, um sistema de inferências ou teste de hipóteses é acionado para a pessoa tentar entender o que está acontecendo e o que deve acontecer em seguida. Em oitavo lugar, sistemas de aprendi-

linha do tempo

1872
Darwin, *A expressão das emoções no homem e nos animais*

1967
Morris, *O macaco nu*

zagem são ativados e, em nono lugar, sistemas fisiológicos são acionados. Esses sistemas podem resultar em uma reação de lutar ou fugir que, por sua vez, leva a uma série de regras de decisões comportamentais. Desse modo, a pessoa pode fugir correndo ou até atacar.

O reconhecimento das emoções Embora tenha sido uma decisão polêmica, muitos pesquisadores concordam que existem seis emoções fundamentais e distinguíveis. São elas:

- felicidade;
- tristeza;
- surpresa;
- raiva;
- repulsa;
- medo.

Charles Darwin, o primeiro a escrever um tratado científico sobre as expressões emocionais não verbais, argumentou que somos capazes de reconhecer expressões faciais que correspondem aos estados emocionais fundamentais. Esses estados emocionais são as *emoções manifestas*, que fazem parte da nossa história evolutiva e não são aprendidas. Os cegos expressam emoções faciais basicamente da mesma maneira como as pessoas dotadas de visão. O rosto humano possui várias partes diferentes e extremamente expressivas, todas capazes de manifestar emoções. Os olhos podem se arregalar ou se estreitar; as pupilas podem se dilatar ou se contrair; e as sobrancelhas podem ser levantadas ou abaixadas. A pessoa pode piscar muito ou olhar fixamente. A boca pode ser aberta ou permanecer fechada; os cantos da boca podem subir ou descer; os dentes e a língua podem ser expostos ou ocultos. A pele pode ruborizar ou não, com ou sem sinais de transpiração. O nariz pode ficar com as narinas dilatadas. O rosto de uma pessoa com raiva apresenta o cenho franzido, pálpebras superiores levantadas, narinas dilatadas, lábios entreabertos com os dentes inferiores expostos e olhos arregalados.

> **"As emoções ocorrem precisamente quando a adaptação é suprimida por qualquer razão."**
> E. Claparède, 1928

As expressões faciais e outras expressões não verbais atuam como manifestações do estado emocional. No entanto, cabem aqui duas ressalvas. A primeira é a questão do *controle* e se podemos controlar com facilidade e precisão a expressão física das emoções. Ser surpreendido, chocado ou atacado produz respostas imediatas e intensas por parte do sistema nervoso autônomo. Algumas emoções parecem ser mais controláveis que outras. Assim, supostamente, somos capazes de controlar com relativa facilidade os nossos gestos e movimentos corporais, embora pesquisas demonstrem que em muitas ocasiões as emoções "vazam" em determinados gestos e movimentos do pé quando estamos estressados. Da mesma forma, a maioria de nós sente que tem menos controle sobre a dilatação das pupilas e a frequência cardíaca. A segunda

---

1975
Argyle, *Bodily Communication*
[Comunicação pelo corpo]

Anos 1990
Utilização do conceito da ciência das emoções

2003
Collett, *The Book of Tells*
[O livro dos sinais: como interpretar os sinais recebidos e enviar os sinais certos]

questão diz respeito à conscientização das emoções. Às vezes, tanto o emissor quanto o receptor estão plenamente cientes da emoção, como acontece quando o emissor ruboriza. Em outras ocasiões, nenhum dos dois pode estar ciente de pequenas alterações no olhar, movimentos sutis das sobrancelhas ou dilatação das pupilas. Especialistas são treinados para identificar correlatos não verbais específicos a estados emocionais, como sorrisos com os lábios apertados, bocejos e movimentos de cabeça. Por fim, os emissores de mensagens emocionais podem estar cientes da mensagem, mas, quando tentam ocultar alguma emoção, os receptores podem não receber a mensagem.

Codificação e decodificação das emoções As pessoas se comunicam emocionalmente, manifestando suas emoções por meio de expressões faciais, alterações de voz, movimentos corporais e posturas. Uma ativação fisiológica aciona reações específicas que levam a expressões características. Assim, o medo leva à restrição do fluxo sanguíneo para a pele e os músculos (e a pessoa empalidece), enquanto a raiva faz o contrário (e a pessoa fica "roxa de raiva").

Os bebês são capazes de detectar e reagir a diferentes emoções dos pais desde muito cedo. Desde muito pequenos, eles já conseguem demonstrar reações características da raiva, repulsa e medo. Com o tempo, também conseguem exibir estados emocionais característicos e detectáveis, como aflição (chorar, pôr a mão na boca); raiva (gritar, rolar no chão); frustração (se coçar, ranger os dentes, bater com os pés no chão). Da mesma forma como fomos programados e aprendemos a codificar emoções específicas, também somos ensinados a decodificá-las. Estudos preliminares demonstram que as pessoas expressam claramente emoções como alegria, medo, surpresa e raiva. Alguns participantes desses estudos viram filmes mudos, outros assistiram a filmes com som, enquanto outros só ouviram o som, sem ver as imagens. Surpresa e desprezo foram as emoções mais difíceis de reconhecer ou decodificar, ao passo que medo, raiva e alegria foram as mais fáceis.

As pessoas usam muitos sinais para decodificar as emoções alheias. Uma pessoa que sorri com a boca, mas mantém os olhos inexpressivos, envia sinais conflitantes. Na verdade, presume-se que a comunicação não verbal seja muito mais

Um homem na jaula do zoológico

O livro *O macaco nu*, de Desmond Morris, publicado em 1967, propôs uma explicação evolucionista do comportamento humano. Morris argumentou que não passamos de animais (uma espécie de primatas) e, portanto, somos um fenômeno biológico dominado por regras biológicas. Ele utilizou a técnica de observar o *Homo sapiens* como um zoólogo que tenta desvendar o significado de comportamento ou ações específicas. A ideia é que a teoria da evolução e a observação atenta podem nos ajudar a elaborar um guia de campo descrevendo o comportamento humano. Isso explica muitas das ações, gestos e sinais com um conteúdo emocionalmente relevante que enviamos e recebemos no nosso dia a dia.

O que atraiu tanto interesse ao livro foi a descrição detalhada de comportamentos específicos, como o olhar, o comportamento de se tocar ou as demonstrações de status, e as explicações do significado e da função desses comportamentos de uma perspectiva evolucionária.

eficaz que a comunicação verbal ou oral, por ser mais franca e mais difícil de fingir.

Mensuração das emoções Os psicólogos tendem a usar quatro métodos para mensurar a maior parte dos aspectos das emoções. O primeiro método é a autoavaliação, ou o que as pessoas dizem sobre si mesmas. Isso pode ser feito por meio de entrevistas ou questionários. O segundo método é a observação, ou o que os outros dizem sobre uma pessoa conhecida ou observada. O terceiro método consiste em analisar o comportamento da pessoa enquanto ela realiza uma tarefa. E o último método é fisiológico, mensurando de tudo, inclusive amostras de sangue e saliva, monitoramento da frequência cardíaca e respiratória e análise dos sinais elétricos do cérebro.

> **"A mágoa é a tranquilidade lembrada na emoção."**
> Dorothy Parker, 1939

Assim, o participante é solicitado a descrever suas emoções – como ela se sente ou se sentiu. Ou um observador ou grupo é convidado a descrever uma pessoa que realiza uma tarefa, como fazer um discurso. Também é possível analisar a rapidez ou a lentidão da fala da pessoa ou seus movimentos em uma situação específica em comparação com o comportamento "normal" da pessoa. Ou você pode medir a frequência cardíaca, a respiração ou o nível de cortisol da pessoa logo após ou durante um determinado evento.

Parte do problema é que as várias medidas levam a resultados muito diferentes. Assim, uma pessoa pode dizer que estava muito nervosa, mas os observadores podem não detectar esse nervosismo. De maneira similar, a pessoa pode relatar não estar muito ansiosa ao fazer um discurso, enquanto várias medidas fisiológicas indicam níveis bastante elevados de excitação. Outro problema relacionado é a existência de diferentes marcadores fisiológicos para diferentes emoções. As medidas fisiológicas podem ser bastante rudimentares e é difícil descrever com certeza o que uma pessoa está ou estava sentindo com base em dados fisiológicos.

A ideia condensada: as emoções têm uma finalidade evolutiva

16 Terapia cognitiva

"Os processos de atribuição devem ser entendidos não só como uma maneira de proporcionar a uma pessoa uma visão verídica de seu mundo, mas também como um meio de incentivar e manter um controle efetivo nesse mundo."

H. H. Kelley, 1972

Os pioneiros da área Costuma-se presumir que a terapia cognitiva foi desenvolvida na década de 1960. Aaron Beck, que escreveu os livros *Depressão: causas e tratamento*, em 1967, e *Terapia cognitiva para os transtornos de ansiedade*, em 1976, é reconhecido como o pai dessa forma de psicoterapia. Um segundo pioneiro dessa abordagem foi Albert Ellis (1914-2007), que desenvolveu o que hoje chamamos de terapia racional emotiva comportamental. Ellis identificou três elementos das crenças irracionais: o evento ativador; a crença a ele associada; e as consequências (emocionais e comportamentais) dessa atitude. A técnica foi chamada de *reframing* (algo como "reformulação" ou "reenquadramento") ou reinterpretação, por encorajar uma reinterpretação dos acontecimentos e o desenvolvimento de estratégias de enfrentamento saudáveis. Como uma forma de terapia, esse método tem se revelado especialmente eficaz para pessoas perfeccionistas que tendem a ruminar e se culpar pelas próprias supostas inadequações.

A terapia do pensamento A terapia cognitiva foi precedida pela terapia comportamental, que também pode ser chamada de modificação do comportamento. Uma pessoa fóbica pode ser, lenta mas deliberadamente, exposta às situações que lhe causam medo, provando que seus temores não têm nenhum fundamento objetivo. A modificação do comportamento também usa a terapia aversiva, que associa uma experiência desagradável a uma atividade específica, como, por exemplo, dar a um alcoólatra um remédio que o leva a vomitar sempre que ele beber, pintar as unhas dos que roem unha com um esmalte amargo e assim por diante. Em instituições psiquiátricas, as chamadas "economias de fichas" (*token economies*) são amplamente utilizadas, de modo que a pessoa recebe uma ficha (que pode ser trocada por bens ou privilégios) quando se comporta de maneiras claramente prescritas.

linha do tempo

1965
Os behavioristas reconhecem que pensamentos privados são comportamentos

1967
Beck, *Depressão: causas e tratamento*

A pessoa é incentivada a ter um bom comportamento, como sorrir ou conversar, ao receber uma ficha a cada vez que manifesta o comportamento por vontade própria.

O conceito central é que os terapeutas devem investigar o modo como as pessoas percebem e interpretam seu mundo; como elas pensam e se lembram de eventos; e, mais especificamente, de que modo elas tendem a atribuir causas aos eventos. Daí o termo "cognitivo", já que o objetivo da terapia é investigar e mudar as cognições.

Os terapeutas cognitivos falam de esquemas, que são filtros através dos quais vemos o mundo. As pessoas desenvolvem vieses cognitivos, maneiras seletivas nas quais elas veem e interpretam os eventos. Assim, elas podem se lembrar de toda a época que passaram na escola com memórias extremamente seletivas e generalizadas de bullying, fracassos e infelicidade; ou, por outro lado, de realizações, amizade e satisfação. As pessoas parecem ser arbitrárias, seletivas e em geral propensas a generalizar suas memórias do passado, bem como sua visão do presente e do futuro.

> **"A terapia cognitivo-comportamental é um excelente tratamento para pessoas que querem se ajudar a melhorar."**
>
> *British Medical Journal,* 2000

O objetivo da terapia cognitiva é romper e depois alterar um padrão de comportamento mudando o modo de pensar. A ideia é substituir ciclos viciosos por ciclos virtuosos por meio da interpretação dos acontecimentos. Desse modo, uma pessoa pode ir a uma festa e não ter coragem de conversar com as pessoas; isso a leva a pensar que ela deve ser chata ou desinteressante; em consequência, ela fica deprimida e evita outras festas, recusando novos convites; como resultado, a pessoa acaba recebendo menos convites para festas. O sentimento resultante é de ser socialmente inábil, inepto ou repulsivo. Nesse caso, a terapia começaria investigando outras possíveis razões para as pessoas não terem conversado muito com o paciente em uma festa específica e explorando mudanças na suposta "lógica" resultante do evento.

A terapia cognitiva para tratar a depressão De acordo com a terapia cognitiva, a maioria das pessoas deprimidas aprende um esquema ou uma visão de mundo extremamente negativa com experiências passadas durante a infância e a adolescência. Isso pode ter acontecido por diversas razões: os pais do paciente eram deprimidos; o paciente foi criticado ou rejeitado pelos pais ou pelos colegas; morte ou divórcio dos pais. Com isso, o paciente acabou se sentindo fracassado, impotente e desesperançado, o que o levou a

1970
Ellis, *Reason and Emotion in Psychotherapy* [Razão e emoção na psicoterapia]

1980
A terapia de inoculação do estresse é descrita

2000
A terapia cognitivo-comportamental passa a ser a terapia mais praticada em alguns países

fracassar em todas as atividades e empreitadas. No vocabulário da terapia cognitiva, um esquema negativo (uma visão de mundo pessimista) leva a vieses cognitivos (crenças equivocadas) que alimentam o esquema negativo e levam a profecias autorrealizáveis, resultando em fracasso.

As pessoas deprimidas desenvolvem um estilo de atribuição ou estilo explicativo específico para interpretar o que acontece com si mesmas e com os outros. Esse estilo de atribuição tem três componentes: interno ou externo (se a causa é interna ou externa ao paciente), estável ou instável (se a causa é temporária, como o estado de espírito, ou mais estável, como as competências da pessoa) e global ou específico (se o evento afeta todos os aspectos da vida da pessoa ou áreas bastante específicas).

> **"Levantamentos conduzidos com terapeutas sugerem que a terapia cognitivo--comportamental está sendo rapidamente adotada pela maioria dos psicólogos clínicos."**
> Brandon Gaudiano, 2008

Assim, o estilo de atribuição negativo ou depressivo tende a explicar o fracasso (em uma prova; em uma apresentação no trabalho; em um relacionamento) como interno ("a culpa é minha"), estável (aconteceu por causa da minha incapacidade; por causa da minha personalidade bizarra) e global (isso vai afetar todos os aspectos da minha vida). Por outro lado, seria possível explicar a reprovação em um teste para tirar a carteira de motorista como externa (o avaliador; o tempo no dia do teste), instável (que muda ou pode ser mudado) e específica (só afeta a carteira de motorista).

A terapia cognitivo-comportamental Hoje em dia, a terapia mais utilizada para tratar uma ampla gama de problemas psicológicos talvez seja a terapia cognitivo-comportamental, que foi desenvolvida com base na terapia cognitiva, na terapia racional emotiva comportamental e na modificação do comportamento. A terapia cognitivo-comportamental se fundamenta em quatro premissas. Em primeiro lugar, as pessoas interpretam os eventos em vez de ver o que realmente acontece com elas. Em segundo lugar, os pensamentos, sentimentos e comportamentos são todos interligados, entrelaçados e inter-relacionados. Em terceiro lugar, para que a terapia tenha sucesso, é preciso esclarecer e, em seguida, mudar o modo como as pessoas pensam sobre si mesmas e sobre os outros. Em quarto lugar, a terapia deve ter como objetivo alterar tanto as crenças quanto os comportamentos, já que os benefícios e os efeitos são maiores se essas duas frentes forem atacadas ao mesmo tempo.

Os estágios do tratamento normalmente incluem escrever um diário comportamental detalhado dos eventos mais importantes do dia e anotar todos os pensamentos, sentimentos e comportamentos associados a eles; questionar todas as crenças e comportamentos mal-adaptados ou de pouca ajuda; e tentar abordar situações específicas com uma atitude diferente, enquanto outras situações são completamente evitadas. Outras técnicas, como o relaxamento, também podem ser ensinadas. Os pacientes são encorajados a se

Eficácia

Os defensores da terapia cognitivo-comportamental afirmam que o tratamento é econômico, adaptável e eficaz. Alguns relatos sugerem que essa terapia tem uma "taxa de cura" de 50% para um tratamento de curto prazo, o que é considerado um grande sucesso. Assim, se um paciente fizer 16 sessões individuais semanais, ele tem 50% de chances de perder seus sintomas psiquiátricos e não ter uma recaída. Em casos graves, se acompanhada de medicação adequada, a terapia cognitivo-comportamental parece ter as melhores chances de ajudar o paciente, particularmente em casos de depressão.

A terapia cognitivo-comportamental é mais eficaz que a terapia apenas cognitiva. No entanto, as duas só são moderadamente eficazes para distúrbios psicóticos graves, como a esquizofrenia. Os terapeutas cognitivos tendem a subestimar os fatores físicos e processos fisiológicos que, como ainda estamos começando a descobrir, exercem um papel importante na depressão, na angústia e em muitas doenças mentais. Além disso, foi demonstrado que a terapia cognitiva pode mudar o pensamento irracional e distorcido em determinados pacientes, sem ter muito efeito ou alterar o comportamento mal-adaptado.

É difícil mensurar a eficácia real de qualquer terapia específica por muitas razões. Os pacientes apresentam problemas de gravidade variada. Muito depende da personalidade, da capacidade e das habilidades do terapeuta e do "entrosamento" ou da "química" entre o paciente e o terapeuta. Os efeitos de curto prazo podem desaparecer, com várias recaídas, e a avaliação deve ser feita no decorrer de longos períodos. Algumas pessoas abandonam a terapia e não se sabe ao certo quem ou por quê. Além disso, muitos pacientes – muitas vezes sem o conhecimento do terapeuta – procuram outras terapias, como medicina alternativa e complementar, ioga, suplementos vitamínicos e autoajuda. Desse modo, não fica claro qual terapia leva a quais efeitos.

automonitorar e serem mais introspectivos para verificar como eles de fato pensam e reagem a si mesmos, aos outros e ao mundo.

O foco é sempre nas cognições e na modificação de vieses e distorções para transformá-las em crenças mais realistas e positivas. A meta é combater pensamentos automáticos e irracionais que muitas vezes levam à depressão. O método parece ser especialmente eficaz com pessoas que sofrem de ansiedade, depressão, transtorno obsessivo-compulsivo e ataques de pânico.

A ideia condensada: a terapia cognitiva pode mudar o modo de pensar e o comportamento

17 O QI e você

"Um teste de inteligência às vezes mostra o quanto um homem seria inteligente se não tivesse feito o teste."

L. Peter, 1968

Algumas pessoas são vistas como argutas, astutas, espertas, brilhantes, capazes, perspicazes, de raciocínio rápido e sagazes. Outras são classificadas como estúpidas, medíocres, imbecis, idiotas ou lentas. As primeiras tendem a ser analíticas e articuladas: elas aprendem rápido, têm uma boa memória e são capazes de explicar questões complexas. O segundo tipo de pessoa é o oposto. As pessoas inteligentes tendem a ter um desempenho melhor nos estudos e no trabalho.

Opiniões populares "A inteligência é o que um teste de inteligência mede e nada mais." Muitos leigos desconfiam profundamente dos testes de inteligência. Mas será que eles estão certos em desconfiar?

Acredita-se que uma pessoa inteligente é capaz de resolver bem os problemas, raciocinar com clareza, pensar com lógica e ter um bom acervo de informações, mas também é capaz de analisar as informações e demonstrar sua inteligência tanto no dia a dia quanto em contextos acadêmicos. As pessoas comuns tendem a subestimar as habilidades analíticas, enfatizando maneiras não convencionais de pensar e agir. Além disso, as teorias leigas incluem o bom gosto estético, a imaginação, a curiosidade e a intuição, e a maioria dessas teorias vai muito além dos testes psicológicos convencionais para medir a criatividade.

Muitos estudos demonstram que os homens se autoavaliam de maneira mais positiva do que as mulheres nos critérios de inteligência (capacidade cognitiva), especialmente a inteligência espacial e matemática, mas

Significado do QI

Sir Francis Galton foi o primeiro defensor claro dos testes de inteligência. Ele parecia acreditar que a inteligência é uma habilidade geral específica, em grande parte hereditária e mensurada com mais eficácia em termos de velocidade da resolução de problemas e de outros processos mentais relacionados.

Apesar de os especialistas ainda não terem chegado a um consenso sobre a definição exata da inteligência, muitas definições têm em comum o fato de a inteligência envolver a capacidade de aprender com a experiência e a capacidade de se adaptar ao ambiente.

linha do tempo

1903
Binet desenvolve um teste de inteligência francês para ser utilizado em escolas

1904
Thorndike, *An Introduction to the Theory of Mental and Social Measurements* [Uma introdução à teoria das medidas mentais e sociais]

que o contrário pode ser dito em relação à inteligência emocional. Em geral, contudo, as pessoas não estimam tão bem suas verdadeiras pontuações, com algumas pessoas demonstrando humildade, isto é, subestimando sua verdadeira capacidade, e com outras demonstrando arrogância e superestimando sua pontuação.

A história dos testes de inteligência   Em 1904, o Ministério da Educação francês contratou o psicólogo Alfred Binet para elaborar um método voltado a identificar crianças que teriam dificuldades de acompanhar o currículo escolar normal. Binet concebeu um teste destinado a medir a capacidade de raciocinar e aplicar as habilidades de discernimento. Ele criou os itens do teste identificando questões que poderiam ser respondidas por crianças medianas de diferentes faixas etárias.

> **"Alguns homens nascem medíocres, outros atingem a mediocridade, enquanto, para outros, a mediocridade lhes é imposta."**
>
> Joseph Heller, 1961

A criança começava respondendo perguntas ligeiramente abaixo da capacidade de sua faixa etária e as perguntas iam ficando cada vez mais difíceis. O teste era interrompido quando a criança não conseguia responder todas as perguntas de uma faixa etária específica. O teste de Binet era pontuado levando em conta a faixa etária na qual a criança respondeu corretamente a todas as perguntas e acrescentando créditos adicionais relativos a dois meses para cada resposta correta adicional no próximo nível. Assim, considerava-se que uma criança que respondia corretamente a todas as perguntas do teste de nove anos de idade mais três perguntas acima dos nove anos de idade tinha uma "idade mental" de nove anos e seis meses.

O teste de Binet foi levado aos Estados Unidos por Lewis Terman. Em vez de calcular a idade mental como Binet propôs originalmente, Terman usou uma medida chamada de Quociente de Inteligência (QI), que implicava dividir a idade mental pela idade cronológica e multiplicar o resultado por 100. Desse modo, uma criança de oito anos de idade com uma idade mental de dez anos teria um QI de 125 (10 dividido por 8 é igual a 1,25 e 1,25 multiplicado por 100 equivale a 125). Esse método para calcular o QI foi utilizado até 1960, quando foi substituído por uma medida chamada de QI de desvio, que é calculada comparando a pontuação da pessoa com a distribuição das pontuações da população geral. Essa medida indica como a pessoa se posiciona em relação a outras pessoas da mesma idade e grupo (étnico, religioso, nacional).

1916
Advento do teste de Stanford-Binet

1923
Spearman, *The Nature of Intelligence and the Principles of Cognition* [A natureza da inteligência e os princípios da cognição]

1939
Desenvolvimento da Escala de Inteligência Wechsler para Adultos

> **"Inteligência é a rapidez para apreender e se distingue da aptidão, que é a capacidade de agir com sensatez em relação ao objeto apreendido."**
>
> A. N. Whitehead, 1960

Assim, com o QI, sabemos que 66% das pessoas ficam entre 85 e 115 pontos e que 97% das pessoas têm uma pontuação de 70 a 130. Poucas pessoas são superdotadas (com pontuação acima de 130) ou "retardadas" (com pontuação abaixo de 70). Estudos demonstram que a maioria dos trabalhadores especializados tem uma pontuação acima de 120, enquanto a pontuação da maioria dos trabalhadores não qualificados fica entre 90 e 110.

Um resumo do que os psicólogos dizem sobre inteligência A publicação de um livro extremamente controverso sobre a inteligência (*The Bell Curve*, Richard J. Herrnstein e Charles Murray, 1994) e uma discussão acalorada – embora não necessariamente embasada – levaram mais de 50 dos maiores especialistas do mundo a elaborar o que eles acreditam ser uma descrição excelente e clara do que os psicólogos pensam sobre inteligência.

O significado e a medida da inteligência
- Inteligência é uma competência mental global que envolve a capacidade de raciocinar, planejar, resolver problemas, pensar de maneira abstrata, entender ideias complexas, aprender rapidamente e aprender com a experiência.
- A distribuição das pessoas ao longo da escala progressiva do QI, de baixo para cima, é bem representada pela curva de distribuição normal ("curva de sino").
- Os testes de inteligência não são culturalmente tendenciosos contra quaisquer grupos raciais.
- Os processos cerebrais subjacentes à inteligência são mal compreendidos.

Importância prática
- O QI tem estreita relação com muitos importantes fatores educacionais, ocupacionais, econômicos e sociais e tem uma grande influência em algumas áreas da vida (educação, treinamento militar), uma influência moderada, porém robusta em outras áreas (competência social) e uma influência modesta, porém consistente em outras (cumprimento das leis).
- Independentemente dos fatores que o QI de fato testa, a medida é de grande importância prática e social.
- Um QI elevado constitui uma vantagem na vida, porque praticamente todas as atividades requerem raciocínio lógico e uma boa capacidade de tomar decisões. Nada garante o sucesso ou o fracasso na vida, mas as chances de sucesso na nossa sociedade são maiores para pessoas com QI mais elevado.
- Ter um QI mais alto é mais importante quanto mais complexo (novo, indefinido, mutável, imprevisível ou multifacetado) for o trabalho ou a tarefa realizada.

- As diferenças de QI certamente não constituem o único fator que afeta variações na educação, formação e emprego, mas a inteligência muitas vezes é o fator mais importante.
- Traços de personalidade, talentos, aptidões e habilidades físicas são importantes em muitos empregos, mas menos importantes que a inteligência.

A ideia condensada: o que é um quociente de inteligência?

18 O efeito Flynn

Será que os estudantes estão ficando mais inteligentes? Parece que as notas não param de subir nas escolas e universidades de muitos países. A cada ano que passa, os governos se gabam desses resultados, sugerindo que as notas mais altas se devem a fatores como um ensino melhor e investimentos nas escolas. Algumas pessoas argumentam que as provas estão simplesmente ficando mais fáceis. Também é possível que os alunos estejam se empenhando mais e sendo mais conscienciosos. Ou será que eles de fato estão ficando mais inteligentes?

A sua família é inteligente? Imagine que exista um teste de inteligência muito bom, imparcial e preciso. Esse teste garantiria uma medida clara e específica da sua real competência e da sua capacidade intelectual global. Como todos os testes de inteligência, as pontuações se distribuiriam em uma curva de distribuição normal (curva de sino), na qual a média equivale a 100 (veja o capítulo 17). Sabemos que 66% das pessoas têm uma pontuação entre 85 e 115 e 97%, entre 70 e 130. Assim, você seria considerado muito inteligente se tivesse uma pontuação de, digamos, 135, que o colocaria no 1% superior da população.

Você consegue se lembrar do seu QI? Seja sincero, sem se gabar e sem falsa modéstia! Agora, e o QI dos seus pais? Qual seria o QI da sua mãe ou do seu pai? E o que dizer da sua avó ou do seu avô? E será que você teria como estimar o QI dos seus filhos? Será que as pontuações mudam com as gerações?

> **"O termo QI se vincula ao mito de que a inteligência é unitária, fixa e predeterminada."**
> D. Reschly, 1981

Segundo as pesquisas, as pessoas acreditam que toda geração parece ganhar cerca de 4 a 6 pontos de QI. Então, os seus pais são/foram mais inteligentes que os seus avós, e os seus filhos são/serão mais inteligentes que você. A cada dez ou quinze anos, vemos um salto do QI nacional.

A descoberta As pessoas podem até acreditar nisso, mas será que é verdade? Foi um cientista político americano que trabalhava na Nova Zelândia, James Flynn, que deu seu nome a esse "efeito". Ele notou dois fatos ao

linha do tempo

1987
Flynn, "Massive IQ gains in 14 countries" [Enormes ganhos de QI em quatorze países]

Anos 1990
Confirmação dos resultados de Flynn em várias amostras

investigar manuais de testes de QI famosos e respeitados. O primeiro foi que, de tempos em tempos, as normas que descreviam as pontuações típicas para diferentes idades, sexos e grupos raciais precisavam ser alteradas. O outro fato que ele constatou foi que, em intervalos de alguns anos, as pontuações do mesmo grupo etário aumentavam. Em suma, as pessoas estavam melhorando com o tempo. Tudo indicava que os testes pareciam estar ficando mais fáceis, os seres humanos estavam ficando mais inteligentes, ou os dois. Isso significa que uma boa pontuação em 1990 foi brilhante em 1970, mas apenas mediana em 2005.

Diante dessa observação, a primeira providência foi verificar se esse efeito se aplicava a muitos países e muitos testes diferentes. Dados de mais de vinte países já foram avaliados, incluindo os Estados Unidos, Austrália, Áustria, Bélgica, Brasil e Grã-Bretanha. Além disso, o aumento do QI foi verificado em diferentes tipos de testes: testes de inteligência fluida ou de resolução de problemas, bem como testes de vocabulário baseados em conhecimento ou inteligência cristalizada. Uma valiosa fonte de dados foi constituída de exércitos que mediram o QI de recrutas para ver se eles deveriam ser treinados como, por exemplo, pilotos de caça, tripulantes de submarino, cozinheiros ou policiais militares. Os dados demonstram que o QI médio de milhares de jovens de um mesmo país parece subir constante e implacavelmente ao longo do tempo.

> **"Flynn está certo ao afirmar que nenhum professor universitário saiu às ruas para festejar o recém-descoberto poder de compreensão e criatividade de seus alunos."**
> **Chris Brand,** 1996

Os "enormes ganhos de QI", como afirmou Flynn, pareciam ser corroborados por evidências impressionantes. Mas, aí, a questão mais importante passou a ser: por que isso acontece? Será que estamos mesmo ficando mais inteligentes? E isso naturalmente levou à questão mais fundamental de verificar se os testes de fato estão medindo a inteligência ou se estão mensurando algum outro fator relacionado à inteligência. Flynn nunca questionou a confiabilidade, a validade e a utilidade dos testes de QI em ambientes educacionais e profissionais.

Inicialmente, duas razões foram propostas para explicar o aumento das pontuações de QI mas não do QI em si:
- com o tempo, as pessoas testadas eram as mais inteligentes;
- as pessoas só estavam melhorando nos testes, já que estavam mais acostumadas a fazer esses testes na escola, constituindo uma evidência do efeito da prática.

1999
Flynn, "Searching for justice" [Em busca de justiça], no *American Psychologist*

2005
As evidências de aumento do QI chegam ao auge na década de 1990

2007
Flynn, *O que é inteligência?*

Outros afirmam que o efeito Flynn é real, apontando para a altura como um fator similar que tem aumentado no decorrer das gerações. Se estamos ficando mais altos, por que não mais inteligentes? No entanto, não há registros em escolas ou universidades, escritórios de patentes ou comitês do Prêmio Nobel que nos proporcionem evidências concretas de um aumento do QI ao longo desse período (relativamente curto).

O efeito Flynn é um fenômeno em busca de explicação.

O que essa pesquisa demonstrou, com certeza, é que os testes devem ser revistos de maneira regular e rotineira. Isso pode evitar muitos erros de interpretação. As pessoas podem ser erroneamente classificadas. Por exemplo, presumia-se que as pessoas pioravam na resolução de problemas à medida que envelheciam. No entanto, isso só acontecia porque elas eram comparadas com os jovens de hoje. Se os resultados dessas pessoas fossem comparados com as pontuações do próprio grupo mensuradas cinquenta anos atrás, as mudanças seriam claramente mínimas.

O efeito Flynn sugere causas ambientais e não genéticas para a evolução da inteligência. Embora seja perfeitamente justificável argumentar que as pessoas mais inteligentes buscam ambientes mais estimulantes para si e para os filhos, o que aumenta ainda mais seu QI, o argumento remete ao velho debate do inato contra o adquirido. Assim, no caso do efeito Flynn, os efeitos

Causas

Explicações foram propostas em diversas áreas.

Educação: Na maioria dos países, a cada geração que passa as pessoas passam mais tempo na escola e o ensino melhora cada vez mais. A escolaridade é obrigatória e pessoas de todas as origens se acostumaram a aprender e a ser testadas. A inteligência é um fator relacionado à aprendizagem, de modo que, com a educação cada vez melhor e mais difundida, as pontuações aumentam.

Nutrição: En la actualidad las personas están mejor nutridas, especialmente durante la niñez, lo que reduce la incidencia del «atraso» en la población. Es cada vez menor el número de personas con mala nutrición durante su juventud, de manera que se desplaza el extremo inferior de la curva de distribución y ello significa un aumento de las puntuaciones promedio.

Tendências sociais: Atualmente todos nós estamos mais acostumados com testes cronometrados e a correr contra o relógio. As pessoas já estão habituadas com testes e provas, de modo que, em geral, apresentam um desempenho melhor.

Envolvimento dos pais: A ideia é que os pais estão proporcionando ambientes familiares mais estimulantes para os filhos e se interessando mais do que antes pela educação de sua prole. Suas expectativas são mais altas e eles se envolvem mais. A tendência a ter famílias menores, nas quais os pais investem mais em cada filho, também pode ser um fator importante.

Ambiente social: O mundo de hoje é mais complexo e estimulante. A modernização e as novas tecnologias forçaram as pessoas a manipular mais conceitos abstratos, o que é basicamente o que os testes de inteligência avaliam.

ambientais podem atuar nos dois sentidos. Desse modo, um ambiente estimulante e o esforço contínuo podem levar o QI a aumentar. Da mesma forma, em ambientes desestimulantes e poluídos, e com pessoas pouco interessadas no desenvolvimento pessoal, o efeito oposto se evidencia.

O fim da ascensão? Também se questiona se o efeito Flynn não estaria começando a perder força. Em outras palavras, algumas pessoas questionam se não está sendo constatada uma queda no aumento do QI. Isso significa que a próxima geração não terá uma pontuação mais alta que a presente geração. Com efeito, relatos de países nos quais as pontuações de QI estão em queda e professores que dizem que não há qualquer evidência de as crianças estarem ficando mais inteligentes apesar das notas mais altas nas provas são acompanhados de um ceticismo cada vez maior. Atualmente, parecem estar surgindo evidências de que, se o efeito Flynn de fato se aplicou um dia, a tendência de aumento não só parou como também foi revertida. Alguns estudiosos argumentam que, hoje em dia, temos boas razões para acreditar que, em geral, temos um declínio, e não um aumento, da inteligência da população.

> **"Da mesma forma como a altura média aumentou ao longo das gerações, as pessoas começaram a se perguntar se a inteligência estava em alta."**
> **Chris Brand, 1996**

Sem dúvida, as discussões sobre o efeito Flynn ou o efeito Lynn (em homenagem a Richard Lynn), que na prática defende exatamente o contrário do efeito Flynn, levaram a um questionamento tanto popular quanto acadêmico da definição e das medidas de inteligência, especialmente no ensino, mas também no trabalho. Governos, pais e professores também se interessam em técnicas que possam impulsionar a inteligência das crianças para que elas consigam lidar melhor com a vida. Isso também levou os editores de testes de aptidão a reavaliar com atenção suas normas e aplicar com regularidade a prática dispendiosa, porém essencial, de rever as normas de seus testes.

A ideia condensada: todo mundo parece estar ficando mais inteligente

19 Inteligências múltiplas

"É inegável que o dom para a matemática constitui um dos talentos mais especializados e que os matemáticos, como uma classe, não se distinguem em especial pela adversidade ou capacidade em geral."

G. H. Hardy, **1940**

Uma ou muitas? Será que a inteligência é "uma coisa só" ou é composta de inteligências diferentes? Desde os anos 1920, os psicólogos falam de "inteligências sociais", que se referem a competências sociais e não acadêmicas.

Agrupadores e divisores Os "agrupadores" salientam o conceito da inteligência geral (fator "g"), enquanto os "divisores" argumentam que a inteligência é composta de diferentes habilidades específicas não estreitamente relacionadas. Os agrupadores apontam para evidências que sugerem que, quando as pessoas fazem uma variedade de testes de aptidão diferentes (raciocínio verbal, inteligência espacial, memória), os resultados são altamente correlacionados. Em outras palavras, as pessoas inteligentes tendem a apresentar um bom desempenho em todos esses testes; as pessoas medianas tendem a ter um desempenho mediano; e as pessoas menos inteligentes tendem a ter um desempenho ruim. Já os divisores apontam para os vários casos individuais de pessoas com excelentes habilidades em uma área, mas habilidades sofríveis em outras.

A maioria dos psicólogos acadêmicos é composta de agrupadores e acredita que as amplas evidências disponíveis sugerem que as pessoas tendem a apresentar pontuações similares em testes bastante diferentes. Com efeito, essa é a premissa que fundamenta as medidas de testes convencionais.

O que os testes mensuram Os testes de QI variam em todo tipo de dimensões: alguns envolvem o raciocínio enquanto outros medem a memória; alguns envolvem o conhecimento enquanto outros avaliam a conformidade às regras. Eles testam o conhecimento de vocabulário, números, formas, recordação e a explicação de ações práticas. Resta saber qual é a correlação entre os resultados dos testes em uma grande amostra. A respos-

linha do tempo

1904
Spearman e o fator de inteligência geral (g)

1981
Jensen, *Straight Talk about Mental Tests*
[Uma análise objetiva dos testes mentais]

ta tende a respaldar os defensores da inteligência geral, os agrupadores. Todas as correlações são positivas: algumas chegam a 0,8, com uma média de 0,5. Isso significa que, apesar da grande variabilidade dos testes, as pessoas que vão bem em um teste tendem a ir bem em todos os outros.

No entanto, essas correlações são verificadas em grandes grupos e é perfeitamente possível ter pessoas menos constantes, com pontuações muito altas em alguns testes e baixas em outros. Em segundo lugar, alguns testes inevitavelmente apresentarão uma maior correlação do que outros para formar agrupamentos identificáveis. Se as pontuações desses agrupamentos forem correlacionadas, elas serão ainda mais altas. Nesse caso, as pessoas apresentam um desempenho muito bom, mediano ou ruim em todos os testes. Os resultados sugerem uma habilidade ou capacidade mental global que pode ser rotulada de inteligência ou capacidade cognitiva. Isso foi observado em pelo menos quatrocentos estudos.

> **"Discernir bem, compreender bem, raciocinar bem. Essas são as atividades essenciais da inteligência."**
>
> A. Binet e T. Simon, 1916

Inteligência fluida e cristalizada Os psicólogos argumentam que é possível mensurar a aptidão em níveis diferentes. Assim, pode-se propor um teste de conhecimentos gerais bastante específico, como um jogo de palavras cruzadas, que avalia uma parte do que os psicólogos chamam de *inteligência cristalizada*, que, por sua vez, faz parte da inteligência geral. De maneira similar, é possível avaliar a resolução de problemas abstratos, como em um jogo de sudoku, que mensura a *inteligência fluida* e a resolução eficiente de problemas. A implicação disso é que, quanto mais variados forem os testes, melhor, porque isso nos possibilita obter uma medida mais clara e mais confiável do nível específico de inteligência da pessoa.

Inteligências múltiplas O conceito de inteligência múltipla tem ganhado força desde que Howard Gardner (1983) definiu inteligência como "a capacidade de resolver problemas ou criar produtos que são valorizados dentro de um ou mais cenários culturais" e especificou sete tipos de inteligência. Ele argumentou que as inteligências *linguística/verbal* e *lógica/matemática* costumam ser as mais valorizadas nos contextos educacionais. A inteligência linguística envolve sensibilidade para a língua falada e escrita e capacidade de aprender línguas. A inteligência lógico-matemática envolve a capacidade de analisar logicamente os problemas, resolver problemas matemáticos e investigar cientificamente as questões. Esses dois tipos de inteligência dominam os testes de inteligência.

1983
Gardner, *Frames of Mind*
[Esquemas mentais: a teoria das inteligências múltiplas]

1985
Sternberg, *Beyond IQ*
[Transcendendo o QI]

1999
Gardner, *Inteligência: um conceito reformulado*

Três outras inteligências múltiplas se baseiam nas artes: a inteligência *musical*, que diz respeito à habilidade na execução, composição e apreciação de padrões musicais; a inteligência *corporal cinestésica*, que se baseia no uso da totalidade ou de partes do corpo para resolver problemas ou conceber produtos; e a inteligência *espacial*, que é a habilidade de reconhecer e manipular padrões no espaço.

Também temos duas inteligências pessoais: a inteligência *interpessoal*, que é a habilidade de interpretar as intenções, motivações e desejos dos outros e trabalhar com eles de maneira eficaz; e a inteligência *intrapessoal*, que é a habilidade de conhecer a si mesmo e usar essa informação com eficácia no controle da própria vida.

> **"Basta atacar o QI para ficar famoso e popular, não importa se o ataque é absurdo ou se as supostas evidências para embasar os seus próprios sistemas são fracas."**
> Hans Eysenck, 1998

Outros três tipos de inteligência Em seu livro mais recente (*Inteligência: um conceito reformulado*, 1999), Gardner define a inteligência como "um potencial biopsicológico de processar informações que pode ser ativado num cenário cultural para resolver problemas ou criar produtos valorizados numa cultura". Nesse livro, ele apresenta três possíveis novas inteligências. No entanto, ele só incluiu à lista original uma nova inteligência, a inteligência *naturalista*, que é a destreza em reconhecer e classificar as numerosas espécies – a flora e a fauna – do ambiente. Em outras palavras, é a capacidade de taxonomização: reconhecer membros de um grupo, distinguir entre os membros de uma espécie e identificar relações, formal ou informalmente, entre várias espécies. Os outros dois tipos que foram rejeitados como não sendo inteligências foram a inteligência *espiritual* e a *existencial*.

A inteligência prática Outro modelo multidimensional é conhecido como a teoria "triárquica" da inteligência "bem-sucedida", de Robert Sternberg. Essa teoria postula que a inteligência humana é composta de três aspectos: *componencial*, *experiencial* e *contextual*. O aspecto componencial se refere à capacidade de aprender coisas novas, de pensar analiticamente e resolver problemas. Esse aspecto da inteligência se manifesta por meio de um desempenho melhor em testes de inteligência padronizados, que requerem conhecimentos gerais e aptidão em áreas como aritmética e vocabulário. O aspecto experiencial refere-se à capacidade de combinar diferentes experiências de maneiras originais e criativas. Esse aspecto diz respeito ao pensamento original e à criatividade tanto nas artes e quanto nas ciências. Por fim, o aspecto contextual refere-se à capacidade de lidar com os aspectos práticos do ambiente e se adaptar a contextos novos e em mudança. Esse aspecto da inteligência lembra o que os leigos às vezes chamam, no bom sentido, de "esperteza" ou "jogo de cintura".

O entusiasmo pelas inteligências múltiplas levou à proliferação de novas inteligências sendo "descobertas". A "inteligência sexual", por exemplo, supostamente se refere à seleção do parceiro. O problema é a impossibilidade

A inteligência no trabalho

Será que você precisa de aptidões especiais para ter sucesso no trabalho? A maioria das pessoas acha que bastaria ter um bom QI cognitivo ou acadêmico e uma boa inteligência emocional. No entanto, alguns psicólogos apareceram com várias outras habilidades especiais, inevitavelmente mais controversas.

O *QI político* é a capacidade de obter recursos pelo exercício do poder político, em situações nas quais os níveis de ambiguidade e de prestação de contas possibilitam influenciar atitudes e imagens.

O *QI de negócios* é o conhecimento de como as coisas são feitas por meio de políticas, procedimentos, processos de planejamento e auditorias. Na prática, isso implica conhecer as regras formais e oficiais da organização e ser capaz de realizar o trabalho em um contexto organizacional específico.

O *QI sociocultural* é o conhecimento cultural e a capacidade de interpretar ou integrar elementos específicos relativos à cultura. Trata-se do reconhecimento e da compreensão do trabalho, das motivações e das normas corporativas.

O *QI de rede* se refere basicamente à gestão interorganizacional e a fazer o trabalho mobilizando outras unidades.

O *QI organizacional* diz respeito à compreensão detalhada e precisa de como "fazer as coisas" na organização.

Cabe salientar que, embora essa ideia seja de grande apelo para consultores e para os próprios gestores, é um equívoco classificar essas aptidões como "inteligências". Seria mais sensato categorizá-las como "competências" que podem, em grande parte, ser aprendidas.

de provar que essas novas "inteligências" são de fato inteligências e não habilidades aprendidas ou fatores de personalidade e, o mais importante, que elas são independentes umas da outras. É possível testar a premissa básica de as inteligências múltiplas serem relacionadas (correlacionadas) ou, por outro lado, independentes umas das outras. Na verdade, os dados corroboram à teoria da capacidade mental geral.

A ideia condensada: existem diferentes tipos de inteligência

20 Diferenças cognitivas

A pressão para assumir uma atitude politicamente correta significa que a pessoa precisa ser corajosa, ingênua ou burra para falar de diferentes níveis de inteligência entre os sexos ou, aliás, de quaisquer diferenças entre os sexos. Muitas pessoas querem acreditar que homens e mulheres são iguais, não só em termos de potencial, mas também em termos de habilidades. Essas pessoas argumentam que, mesmo que haja pequenas diferenças, elas não devem ser exploradas ou explicadas devido às discórdias que isso provocaria entre os dois sexos. "Evite entrar por esse caminho", os pesquisadores são advertidos.

Discutir e tentar explicar as diferenças entre diferentes grupos de seres humanos e acreditar nessas diferenças, logo se torna um exercício ideológico. Esse tipo de lógica parece ser inevitavelmente associado a ideias de inato *versus* adquirido, que, por sua vez, são associadas à política de esquerda *versus* de direita. Ao longo do século passado, houve períodos em que as abordagens da "diferença" e da "não diferença" ocorreram simultaneamente. A popularização do ambientalismo e do feminismo dos anos 1960 em diante perpetuou a ideia de que quaisquer diferenças observáveis entre os sexos resultavam da socialização/aprendizagem. No entanto, na década de 1990 em diante, o equilíbrio se reverteu na direção de uma perspectiva mais biológica e evolucionária para identificar e "explicar" as diferenças entre os sexos.

> **"Nos últimos dez anos, pela primeira vez a inteligência se tornou socialmente correta para as mulheres."**
> Tom Wolfe, 1987

Sexo ou gênero Os psicólogos fazem a distinção entre a *identidade de sexo* (baseada no sexo biológico), *identidade de gênero* (baseada na conscientização do sexo), *papéis sexuais* (expectativas de como as pessoas de um sexo devem se comportar) e *comportamento típico do sexo* (o comportamento que uma cultura prescreve e proscreve para o sexo).

linha do tempo

1928
As mulheres britânicas conquistam o direito de voto

1972
Money, *Man and Woman, Boy and Girl* [Homens e mulheres, meninos e meninas]

Diferenças ao longo da vida   Foram identificadas diferenças entre os sexos em todas as fases de vida. Sabemos que, na infância, os meninos são mais ativos e passam mais tempo acordados; as meninas são mais fisicamente desenvolvidas e coordenadas; as meninas demonstram uma preferência pela mão direita aos 5 meses (mas não os meninos); as meninas têm uma audição melhor e vocalizam mais; as meninas fazem mais contato visual e se interessam mais por estímulos sociais e emocionais; os meninos se interessam mais por coisas e sistemas.

Sabemos que, na idade pré-escolar, os meninos se interessam mais por blocos de montar e veículos; as meninas preferem bonecas, atividades artísticas e atividades domésticas; os meninos gostam de brincadeiras mais violentas; as meninas são mais sensíveis e sedentárias; os meninos têm interesses mais restritos, enquanto as meninas têm uma gama mais ampla de interesses, inclusive atividades típicas de meninos (assimetria no comportamento típico do sexo). A segregação por gênero (grupos de brincadeira do mesmo sexo) se manifesta tanto em meninos quanto em meninas. Os grupos de meninos são maiores e se voltam mais a questões de dominância; as meninas brincam em grupos de duas ou três, tendendo a compartilhar mais e se interessando mais por questões de justiça.

> **"A maior e praticamente a única vantagem de ser mulher é que sempre se pode fingir ser mais burra do que realmente é e ninguém se espanta."**
> **Freya Stark,** 1970

As meninas desenvolvem um vocabulário maior, usam construções linguísticas mais complexas, enunciam e leem melhor. Os meninos são menos comunicativos e usam a linguagem de modo instrumental (para conseguir o que querem); os meninos sofrem com o desenvolvimento bilíngue (por exemplo, déficit de memória), enquanto as meninas parecem não ser afetadas.

Os meninos, em média, são melhores no raciocínio matemático, jogos de dardos e em encontrar formas geométricas em padrões complexos e objetos em rotação. As meninas são melhores em se lembrar de objetos retirados do lugar, em recordar histórias e em tarefas de precisão que requerem uma boa coordenação motora.

Os meninos dizem que os próprios fracassos se devem à falta de empenho enquanto as meninas tendem a achar que seus próprios fracassos se devem à falta de habilidade. As meninas se preocupam mais com os sentimentos alheios e em geral são melhores na interpretação dos pensamentos (*mind reading*). Os meninos são mais afetados por eventos como luto, separação, depressão materna etc., mas tendem a negar a perda ou a mágoa.

1974
Sandra Bem apresenta o conceito de androginia

1975
A Lei da Discriminação Sexual é promulgada na Grã-Bretanha

2003
Baron-Cohen, Diferença essencial: a verdade sobre o cérebro de homens e mulheres

Seis abordagens sobre as diferenças de QI entre os sexos

1. A inteligência não pode ser medida com precisão, de modo que é difícil provar ou refutar a existência de diferenças entre os sexos. Esse ponto de vista volta e meia vem à tona, normalmente perpetuada por educadores, jornalistas ou políticos que se opõem ideologicamente aos testes.

2. Não existem quaisquer diferenças por duas razões. Em primeiro lugar, nenhuma boa teoria ou razão evolucionária ou ambiental foi proposta para deduzir a existência dessas diferenças. Em segundo lugar, os primeiros testes foram desenvolvidos de modo a não mostrar qualquer diferença. Em outras palavras, subtestes foram incluídos e excluídos para que nenhum dos sexos ficasse em vantagem ou desvantagem.

3. Não há diferenças médias ou medianas entre os sexos, mas há diferenças nos extremos. Desse modo, os homens tendem a ser excessivamente representados nas duas extremidades da curva de distribuição normal (veja o capítulo 17). Os homens são os mais inteligentes e os mais deficientes, de modo que a média é a mesma, mas a distribuição é mais ampla para os homens.

4. Existem diferenças numerosas, demonstráveis e replicáveis entre os sexos em todo um conjunto de aptidões que compõem a inteligência global. Elas ocorrem devido a uma razão evolucionária explicável.

5. As diferenças entre os sexos que efetivamente se manifestam não são reais. Elas ocorrem por três razões. As meninas são ensinadas a ser humildes e os meninos são ensinados a ser arrogantes, e essa mensagem social os leva a diferir no modo como abordam os testes. Em seguida, as meninas são menos socialmente obrigadas a ser inteligentes (especialmente na seleção de parceiros) de modo que elas investem menos na educação e no desenvolvimento de competências. Por fim, as mulheres são menos emocionalmente estáveis que os homens, de modo que a ansiedade afeta mais o desempenho das mulheres nos testes. Dessa forma, as diferenças que surgem não refletem a realidade.

6. Existem diferenças concretas entre os sexos, sendo que os homens têm uma vantagem de 4 para 8 pontos que se evidencia depois dos quize anos de idade. Antes da adolescência, as mulheres de fato têm uma vantagem. A diferença entre os sexos é maior para a inteligência espacial. A diferença se reflete na diferença de tamanho do cérebro (corrigido para o tamanho do corpo) entre homens e mulheres. Além disso, essa diferença "real" "explica" a superioridade masculina nas artes, nos negócios, na educação e na ciência.

Naturalmente, todas essas diferenças se baseiam em médias agregadas e não explicam diferenças individuais.

Os sexos de fato são diferentes Alguns estudiosos afirmam que a diferença de inteligência entre os sexos é importante e concreta. Eles tendem a basear suas alegações em cinco argumentos:

- Diferenças similares são observadas ao longo do tempo, em diferentes culturas e espécies (de modo que elas têm poucas chances de serem aprendidas).
- Diferenças específicas são previsíveis com base na especialização evolutiva (caçador/guerreiro contra coletor/cuidador/educador).

- Diferenças cerebrais são causadas por hormônios sexuais pré-natais; posteriormente, os hormônios também afetam os perfis de aptidão (por exemplo, a aptidão espacial é suprimida pelo estrogênio enquanto a terapia de reposição hormonal ajuda a manter a memória verbal).
- As atividades típicas do sexo surgem antes da conscientização dos papéis do gênero. Aos dois anos de idade, as meninas falam melhor e os meninos são melhores em tarefas envolvendo construção. Isso não é aprendido.
- Os efeitos ambientais (por exemplo, expectativas, treinamento com base em experiência) são mínimos. Eles podem acentuar (ou talvez reduzir) as diferenças.

Inato ou adquirido? Os estudiosos que refutam a ideia das diferenças entre os sexos, no entanto, aceitam a possibilidade de haver diferenças entre os gêneros, mas alegam que essas diferenças são totalmente aprendidas. Argumenta-se que elas são aprendidas em todas as culturas, de modo que é possível observar as diferenças culturais. Além disso, as mudanças no modo como vemos a cultura levam a alterações nas diferenças entre os gêneros.

Na maioria das culturas, os homens são considerados instrumentais (assertivos, competitivos, independentes) enquanto as mulheres são consideradas expressivas (cooperativas, sensíveis, solidárias). Mas isso não acontece em todas as culturas. O argumento é que certas diferenças culturais podem ter se originado em diferenças biológicas, mas fatores sociais suprimiram essas diferenças. Os fatores biológicos não selam o destino. Os meios de comunicação de massa têm sido acusados de influenciar intensamente o desenvolvimento dos papéis do gênero.

> **"Se uma mulher tiver a infelicidade de saber qualquer coisa, ela deve ocultar esse conhecimento como puder."**
> Jane Austen, *Northanger Abbey*, 1803

Nos últimos trinta ou quarenta anos, foram propostas várias teorias para explicar o modo como as diferenças entre os gêneros ocorrem. A *teoria da aprendizagem social* defende que as crianças aprendem o comportamento apropriado para o gênero por meio de três tipos de aprendizagem em algumas fases cruciais da vida: ensino direto, imitação e aprendizagem por observação. A *teoria dos esquemas de gênero* sugere que as crianças são ensinadas a desenvolver um conjunto claro de crenças, ideias ou construtos, chamados de "esquemas", em relação ao sexo que as ajuda a interpretar o mundo e se comportar nele.

As pessoas podem ser intensamente masculinas, femininas, ambos (andróginas) ou nenhum deles (indiferenciadas) em termos de comportamento apropriado para o gênero. Por muito tempo se acreditou que a androginia era o meio-termo "melhor" ou "mais saudável". Hoje, essa ideia ressurgiu na forma do conceito de "metrossexual".

A ideia condensada: homens e mulheres pensam de forma diferente

21 O teste da mancha de tinta de Rorschach

Se as pessoas relutam ou não conseguem falar sobre seus medos, esperanças e metas mais profundas, seria possível descobrir essas informações perguntando o que elas enxergam em imagens? Será que elas poderiam "projetar" seus sonhos e fantasias inaceitáveis, talvez até proibidos, em histórias ou imagens? A ideia, comum na psicologia popular, é que as escolhas e as descrições "dizem muito sobre a pessoa". Mas foi um psicólogo suíço, Hermann Rorschach, que concebeu um teste famoso mais de oitenta anos atrás. A ideia foi sugerida em 1895 por Binet, que mais tarde ficou famoso por criar o primeiro teste de QI.

A versão mais conhecida do teste consiste em dez cartões distintos com manchas de tinta simétricas, sendo que a metade das manchas é colorida e a outra metade é em preto e branco. Verificou-se que essas imagens mostram as formas mais passíveis de levar a um diagnóstico. O examinador mostra ao examinado um cartão por vez e pede que ele diga o que vê. O examinador observa o que é dito, quanto tempo o examinado passa olhando cada cartão, se o examinado segura o cartão de pé ou de cabeça para baixo etc.

> **"Se o paciente descrever qualquer uma das manchas de tinta de Rorschach como uma 'mancha de tinta' isso é considerado uma resposta defensiva."**
> Paul Kline, 1993

Pontuação do teste A rigor, o teste clássico é ministrado em quatro fases. A fase de desempenho requer que o examinado diga espontaneamente o que vê em cada cartão. Tudo o que é dito deve ser anotado. A segunda é a fase de inquérito, mais estruturada. O examinador investiga dois aspectos, localização e detalhes, repassando cada cartão. O examinador observa se o examinado olha para a mancha de tinta como um todo e, se não, quais partes chamam sua atenção. O examinador também investiga o que levou o examinado a

linha do tempo

1921
Rorschach, *Psychodiagnostik* [Psicodiagnóstico]

1939
Novo conceito de técnicas projetivas

enxergar o objeto que viu na mancha de tinta: forma, movimento, sombreamento, cor.

A terceira etapa é chamada de fase da analogia, na qual o examinador investiga as escolhas feitas pelo examinado e tenta descobrir o que elas podem significar ou indicar. Na fase final, a fase de teste de limites, o examinador apresenta outras percepções "populares" e se pergunta em voz alta se o examinado também consegue enxergar essas outras percepções.

Em seguida, tem início a fase de interpretação. Essa fase é surpreendentemente elaborada e os examinadores utilizam várias letras para indicar vários fenômenos. Por exemplo, M refere-se à imaginação e à extensão na qual a percepção do examinado envolve pessoas.

K refere-se à ansiedade e é percebido na forma de cores e movimentos. D sugere ao examinador o nível de bom senso do examinado. S refere-se às tendências de oposição do examinado e é verificado pela interpretação do espaço em branco ou de muito pequenos detalhes. O sistema de pontuação pode parecer uma estranha mistura de um livro de receitas com um livro de magia.

Veja a seguir algumas interpretações típicas.

Reação	Interpretação
Reações frequentes a partes pequenas e claramente definidas dos padrões de mancha de tinta	Personalidade obsessiva com perfeccionismo e meticulosidade
Vê com frequência animais em movimento	Impulsivo, exige gratificação imediata
As reações muitas vezes são puramente determinadas pela cor (e só pela cor)	Emocionalmente descontrolado, explosivo
Muitas vezes vê animais pequenos e passivos	Passivo, com personalidade e atitudes dependentes
Tendência a ver mapas	Defensivo e evasivo
Muitas vezes vê máscaras faciais	Relutante em mostrar seu verdadeiro eu

Existem diferentes sistemas para pontuar o teste, mas muitos analisam aspectos diferentes dos cartões. A ideia é fazer um diagnóstico ou traçar um perfil da pessoa como ela realmente é. Um dos argumentos é que as pessoas não conseguem ou se recusam a falar com precisão de suas verdadeiras motivações, desejos e ambições. Elas não conseguem fazer isso por desconhecerem suas profundas e poderosas motivações inconscientes ou por serem simplesmente incapazes de articular isso. Ou as pessoas não dizem a verdade sobre seus mais profundos desejos, esperanças e ambições. Os psicólogos se preocupam com duas formas de dissimulação ou mentira: o gerenciamento

1943
Teste de apercepção temática

1954
Criação do método mais famoso de pontuação de Rorschach

2004
Ataque incisivo de A. Paul em *The Cult of Personality* [O culto à personalidade]

de impressão, que implica só revelar aspectos de si que causam uma impressão positiva; e o autoengano, quando as pessoas acham que realmente estão dizendo a verdade sobre si mesmas, apesar de claramente não ser o caso. Técnicas projetivas, como a análise das manchas de tinta, supostamente contornam esses problemas.

> ### Cinco categorias de testes projetivos
>
> **Manchas de tinta ou imagens abstratas:** Essas imagens podem ser feitas simplesmente vertendo um grande borrão de tinta líquida no meio de uma folha, dobrando-a ao meio e olhando o padrão resultante.
>
> **Sons:** As pessoas ouvem sons (canções, bebês chorando, carros batendo) ou uma música e descrevem como se sentem.
>
> **Complementação de frases:** As pessoas são solicitadas a completar frases como: "Eu gostaria de nunca...", "Eu sou...", "Meu maior medo é...", "Me orgulho muito de...".
>
> **Desenho livre:** As pessoas são solicitadas a desenhar determinados objetos (uma casa, um carro, um dos pais) e responder perguntas sobre eles.
>
> **Objetos sólidos:** A pessoa é convidada a brincar, construir ou mover um objeto sólido (boneca, bloco, areia) enquanto descreve o que está fazendo.

Os testes da mancha de tinta não são as únicas *técnicas projetivas* da psicologia. O que todas elas têm em comum é apresentar à pessoa um estímulo (em geral uma imagem, mas também pode ser um som ou um cheiro) e incentivá-la a projetar no estímulo seus pensamentos, sentimentos e desejos imediatos mais íntimos e intensos. Em outras palavras, a pessoa é solicitada a descrever como se sente diante de um estímulo ambíguo. Quanto mais obscuro, ambíguo ou vago for o estímulo, mais a pessoa se projeta nele.

A hipótese projetiva se manteve um bom tempo em uso na psicologia, em parte porque os psicólogos não parecem ser muito bons em descobrir as motivações das pessoas, especialmente suas motivações para o sucesso e a realização. Desse modo, David McClelland, que trabalhou extensivamente com o segundo teste projetivo mais famoso da psicologia (o teste de apercepção temática, que envolve uma série de imagens em vez de manchas de tinta), alegou ter descoberto as três motivações ou necessidades mais importantes e fundamentais de todas. São elas: a necessidade de realização, poder e afiliação. A ideia é que as pessoas contam histórias sobre as imagens, dando ao examinador *insights* precisos sobre essas motivações que as pessoas são incapazes de articular.

Críticas aos testes Quatro objeções – que alguns consideram devastadoras – à utilização desses testes foram levantadas com bases científicas. Em primeiro lugar, esses testes não podem ser considerados confiáveis, já que diferentes especialistas e diferentes sistemas de pontuação levam a interpretações muito distintas. Se os examinadores não chegam a um consenso sobre o significado dos resultados, os testes não nos levam a lugar algum. Em segundo lugar, eles são inválidos porque as pontuações não preveem nada. Em suma, elas não medem o que deveriam medir. Em terceiro lugar, o contexto faz toda a diferença. O estado de espírito do examinado, as características do examinador, o ambiente no qual o teste é aplicado, todos esses fatores afetam os resultados, o que sugere que os testes mensuram apenas fatores triviais e não essenciais. Em quarto lugar, os examinadores não conseguem chegar a um consenso sobre o que exatamente os testes avaliam: atitudes, aptidões, defesas, motivações, desejos profundos... Por avaliarem tudo, eles acabam não avaliando nada.

> **Em suma, não há um sentido único e inevitável associado a uma determinada resposta; tudo é relativo e a interpretação requer treinamento e experiência consideráveis.**
>
> E. J. Phares, 1984

Então, por que esses testes ainda são usados? Serão só jornalistas preguiçosos, psicólogos charlatães ou gestores ingênuos que usam esses testes (desacreditados)? Por que eles continuam sendo utilizados apesar de suas limitações?

- Esses testes podem proporcionar informações específicas e intrigantes com relativa facilidade, informações que não poderiam ser obtidas de forma mais barata, rápida e fácil com outras técnicas.
- Profissionais qualificados e treinados parecem ser capazes de chegar a constatações impressionantes, confiáveis e perspicazes que não teriam como obter com outros testes ou entrevistas.
- A riqueza das informações faz com que as informações obtidas com outros testes pareçam rudimentares, pálidas e limitadas.
- Elas podem complementar e confirmar outras constatações e hipóteses.

Desse modo, depois de quase cem anos, alguns psicólogos continuam usando as manchas de tinta para tentar desvendar a personalidade, mas o teste sem dúvida passou a ser considerado um método menos aceitável por pessoas interessadas no desenvolvimento de métodos válidos e confiáveis.

A ideia condensada: será que as manchas de tinta podem ajudar a conhecer a personalidade?

22 Detecção de mentiras

As pessoas sempre foram atraídas pela ideia de ter uma maneira confiável, fundamentada em fatores fisiológicos, de pegar os mentirosos, um interesse que se intensificou ainda mais no século XX, marcado pela paixão pela ficção científica. Um detector de mentiras é uma contramedida física que tenta detectar a dissimulação. Métodos farmacológicos, ou "soros da verdade", foram tentados com um sucesso limitado.

A verdade revelada Os primeiros registros históricos de detectores de mentiras rudimentares podem ser encontrados em hindu antigo e em métodos da Igreja medieval para descobrir a verdade. Os suspeitos eram solicitados a mastigar várias substâncias e cuspi-las. A facilidade da cuspida e o grau de viscosidade da saliva refletia a culpa. A técnica se baseava na observação de que o medo leva a saliva a ficar menos volumosa e mais viscosa. Hoje, diríamos que a ansiedade influencia a atividade do sistema nervoso autônomo que controla a salivação.

No século XIX, vários cientistas tentaram medir outros supostos concomitantes físicos do medo. Vários instrumentos foram utilizados na investigação dos suspeitos, inclusive o "pletismógrafo", que registrava a frequência cardíaca e a pressão arterial, o tremor dos dedos, o tempo de resposta, a associação de palavras e assim por diante.

A história do polígrafo O detector de mentiras, ou polígrafo, foi criado na década de 1930, mas foi só em meados da década de 1970 que vários psicólogos passaram a investigar a sério o detector de mentiras e, como resultado das investigações, todos condenaram a prática. Em 1988, a Lei de Proteção Contra o Polígrafo nos Estados Unidos proibiu os empregadores americanos de exigir ou solicitar que os funcionários fossem submetidos ao teste. No entanto, em metade dos estados norte-americanos, evidências de detectores de mentiras continuam sendo admitidas nos tribunais. Hoje em dia os polígrafos são utilizados ao redor do mundo, em lugares tão variados quanto Canadá, Tailândia, Israel e Taiwan, embora sua utilização seja limitada.

linha do tempo

1938
Marston, *The Lie Detector Test*
[O teste do detector de mentiras]

Anos 1960
Os detectores de mentiras são extensamente utilizados nas empresas

Como os polígrafos funcionam

O polígrafo mede a atividade do sistema nervoso autônomo usando sensores ligados a diferentes partes do corpo: peito, abdome, dedos. Esses sensores medem alterações na respiração (profundidade e velocidade), atividade cardíaca (pressão arterial) e transpiração. Também é possível mensurar a atividade elétrica do cérebro. Os indicadores mostram apenas as alterações fisiológicas, geralmente induzidas por emoções. A máquina amplifica os sinais captados por sensores ligados em partes específicas do corpo. Ela não detecta mentiras, mas sim alterações físicas resultantes de emoções específicas (medo, raiva, culpa) e não se sabe ao certo quais são as emoções causadoras de quais alterações. O examinador faz perguntas "quentes", ou relevantes, bem como perguntas de controle, ou "frias".

A premissa é que as pessoas inocentes não apresentarão qualquer alteração física ao responder às perguntas relevantes e de controle. No entanto, algumas pessoas são mais reativas que outras.

Além disso, substâncias podem ser usadas para suprimir a atividade do sistema nervoso autônomo e fazer com que qualquer registro fisiológico se torne inconclusivo. O mais preocupante é que as pessoas podem ser treinadas para ludibriar o teste com uma variedade de técnicas. Assim, esses testes não apenas seriam muito pouco confiáveis, como contraproducentes, indispondo e classificando erroneamente os inocentes e deixando os culpados sair impunes.

O detector de mentiras continua sendo utilizado em três contextos diferentes: investigações criminais, verificações de segurança e seleção de pessoal. Algumas pessoas argumentam que a taxa de base de mentirosos é baixa demais para ser precisa. Outras sugerem que tudo o que o teste consegue fazer é causar uma má impressão. No entanto, argumenta-se que a aplicação do teste ou a mera ameaça de aplicar o teste leva as pessoas a admitir fatos importantes que não admitiriam de outra forma. Assim, um teste pode ser útil mesmo sem ser preciso.

A validade do detector de mentiras Para ser considerado um teste aceitável, um detector de mentiras deve satisfazer minimamente uma série de critérios. Em primeiro lugar, o método de aplicação deve ser padronizado, meticulosamente descrito, claro e repetível. Em segundo lugar, a pontuação deve ser objetiva. Em terceiro lugar, deve haver critérios válidos externos, que devem, sempre e com precisão, diferenciar entre a verdade e a mentira.

Segundo os pesquisadores, a avaliação deve levar quatro fatores em consideração:

- a diferença entre *precisão* e *utilidade*: como o polígrafo pode ser útil, mesmo se pecar pela falta de precisão;

1988
Os Estados Unidos promulgam a Lei de Proteção Contra o Polígrafo

2000
Vrij, *Detecting Lies and Deceit* [Detecção de mentiras e logro]

2001
Mais de 1 milhão de testes do polígrafo continuam sendo realizados anualmente nos Estados Unidos

- a tentativa de *averiguar os fatos*: até que ponto é difícil determinar a precisão do polígrafo sem ter absoluta certeza de quem são os mentirosos;
- a *taxa de base da mentira*: o modo como um teste bastante preciso pode produzir muitos erros quando o grupo de suspeitos inclui um número muito baixo de mentirosos;

"Vazamento" emocional

Muitos dos indicativos de mentira se referem a sinais emocionais e orais (da língua falada).

- Latência de resposta: Ou o tempo transcorrido entre o fim de uma pergunta e o início da resposta. Os mentirosos levam mais tempo para responder.
- Frequência e duração das pausas: Ou o número de vezes que a pessoa parece incerta sobre o que dizer ou sobre o que está dizendo.
- Distanciamento linguístico: A pessoa evita dizer "eu", "ele" ou "ela" e fala em termos abstratos mesmo ao recordar incidentes nos quais ela esteve envolvida.
- Erros de fala: Hesitações, atos falhos, utilização excessiva de "ãns" e "ers" mudanças bruscas na velocidade da fala.
- Fala lenta porém desigual: Como se a pessoa estivesse tentando pensar enquanto fala. A mudança de velocidade diante de uma determinada pergunta indica que algo está errado.
- Ansiedade para preencher intervalos de silêncio: A pessoa tende a continuar falando mesmo quando não é necessário. Os mentirosos tendem a compensar em demasia e parecem pouco à vontade com pausas, às vezes até bastante curtas.
- O tom da voz fica agudo com frequência: Em vez de o tom ficar mais grave ao final de uma resposta, ele sobe como se a pessoa estivesse fazendo uma pergunta. Pode soar como "Agora você acredita em mim ou não?"
- Perda de ressonância na voz: A voz fica invariável, menos profunda, mais monótona.

Alguns sinais não verbais também são avaliados.

- Contorcionismo: A pessoa se contorce demais na cadeira. Movimentos numerosos e incomuns de cabeça, pernas, pés e tronco.
- Contato visual excessivo: Os mentirosos tendem a compensar em demasia.
- Microexpressões: Lampejos de expressões (surpresa, dor, raiva) difíceis de identificar a menos que a imagem do vídeo seja congelada.
- Aumento dos "gestos de conforto": A pessoa se toca no rosto e na parte superior do corpo.
- Mudanças na expressão facial: Especialmente os padrões de sorriso, piscar de olhos e fixação do olhar.

> **" ... uma mentira pura e cabal pode ser detectada e combatida diretamente. Mas uma mentira com um quê de verdade é mais difícil de combater."**
>
> **Alfred Lord Tennyson, 1859**

> **"O rosto pode conter muitos diferentes indícios de mentira: microexpressões, expressões contidas, 'vazamento' emocional em músculos faciais, piscar de olhos, dilatação das pupilas, lacrimejamento, rubor e empalidecimento, assimetria, erros no *timing*, erros de localização e sorrisos falsos. Alguns desses indícios proporcionam indicativos de 'vazamento', sugerindo ocultamento de informações; outros proporcionam indicativos de mentira, sugerindo que a pessoa está tentando esconder alguma coisa, mas sem indicar o quê; e outros apontam para a falsidade de uma expressão."**
>
> **Paul Ekman, 1976**

- *inibição da mentira*: como a ameaça de ser submetido ao teste pode desencorajar algumas pessoas a mentir, mesmo quando o procedimento de teste for falho.

Em condições experimentais, as pessoas podem ser erroneamente classificadas. Uma percentagem surpreendentemente elevada de culpados é considerada inocente e vice-versa. A questão é: por que isso acontece e em qual extensão? E quais seriam as consequências disso? As classificações equivocadas podem chegar de 2% a 10%. Foram as consequências de julgar as pessoas sinceras, porém ansiosas, como sendo mentirosas e de julgar os mentirosos psicopatas como se estivessem dizendo a verdade que levaram governos e sociedades esclarecidas a proibir ou pelo menos combater o uso dos detectores de mentiras.

É possível enganar a máquina? Será que você conseguiria enganar o detector de mentiras? Basicamente, é possível fazer isso de duas maneiras: física ou mental. Os métodos físicos podem envolver dor autoinfligida (morder a língua, manter um alfinete escondido dentro do sapato; contrair e relaxar os músculos). Os métodos mentais podem incluir contar de trás para a frente ou até tentar ter pensamentos ou fantasias eróticas. Os métodos objetivam levar a leituras reais e intensas, porém enganosas.

A ideia condensada: é possível usar e abusar dos detectores de mentiras

23 Personalidade autoritária

Que tipo de pessoa concordou com a ideologia nazista e participou do Holocausto? O que leva as pessoas a terem tanta certeza de que elas estão certas e o resto do mundo está errado? Por que as pessoas podem ser tão fundamentalistas em tantas áreas diferentes?

A personalidade e o nazismo Depois da Segunda Guerra Mundial, um grupo de cientistas sociais trabalhando nos Estados Unidos e liderado por Theodor Adorno tentou responder essas questões. O resultado foi um livro intitulado A *personalidade autoritária*, publicado em 1950.

A teoria se concentrou no indivíduo como a causa dos males sociais. O argumento básico pode ser resumido como se segue. Os pais promovem o autoritarismo punindo e envergonhando os filhos com frequência e intensidade, mesmo por transgressões leves. Isso faz com que as crianças sejam hostis em relação aos pais, a todas as figuras de autoridade e às pessoas no poder. No entanto, as crianças não reconhecem conscientemente essa agressão, porque isso pode levar a ainda mais punições. Além disso, as crianças dependem dos pais, a quem elas deveriam amar. Assim, de acordo com o argumento, o antagonismo reprimido é substituído e projetado a membros mais fracos da sociedade. As pessoas autoritárias quase sempre são etnocêntricas no sentido de nutrirem uma crença específica, simples e inabalável na superioridade do próprio grupo racial, étnico e cultural, nutrindo um enorme desdém por todos os membros dos outros grupos. Isso pode levar facilmente a brutalidade, agressividade e um preconceito aberto e ostensivo.

Embora a ideia tenha se popularizado, ela tem sido criticada por duas razões: muitos outros fatores levam ao desenvolvimento do modo de pensar e do comportamento autoritário; e o comportamento preconceituoso também é influenciado por outros importantes fatores situacionais (veja os capítulos 24 e 25).

Demonstrou-se que as pessoas autoritárias evitam situações que envolvem qualquer tipo de ambiguidade ou incerteza e relutam em acreditar que "pessoas boas" podem apresentar atributos tanto bons quanto maus. Os autori-

linha do tempo

1950
Adorno e colegas,
A personalidade autoritária

1954
Eysenck, *The Psychology of Politics*
[A psicologia da política]

tários muitas vezes parecem se interessar menos por questões políticas, participam menos de atividades políticas e comunitárias e tendem a preferir líderes fortes.

A mensuração do autoritarismo Uma série de medidas do autoritarismo foi elaborada. A mais conhecida (e, portanto, a mais utilizada) é a escala F, publicada pela primeira vez em A *personalidade autoritária* com o objetivo de avaliar o preconceito e o pensamento rígido. O quadro identifica nove fatores e afirmações que refletem cada elemento da escala.

Etnocentrismo e aversão à ambiguidade Existem vários conceitos diferentes relacionados com a ideia do autoritarismo. Eles incluem o conservadorismo, o dogmatismo e o etnocentrismo. Alguns se concentram no

A escala F

Convencionalismo: Rígida aderência aos valores convencionais da classe média. ("A obediência e o respeito à autoridade são as virtudes mais importantes que as crianças devem aprender.")

Submissão autoritária: Aceitação acrítica da autoridade. ("Os jovens às vezes têm ideias rebeldes, mas, quando crescem, eles devem superar a rebeldia e sossegar.")

Agressão autoritária: Tendência a condenar qualquer pessoa que viole as normas convencionais. ("Dificilmente seria possível esperar que uma pessoa que tem maus modos, maus hábitos e origens ruins conviva bem com pessoas decentes.")

Sexo: Preocupação exagerada com a conduta sexual adequada. ("Os homossexuais não são muito melhores que criminosos e devem ser severamente punidos.")

Anti-intracepção: Rejeição da fraqueza ou do sentimentalismo. ("O empresário e o industrial são muito mais importantes para a sociedade que o artista e o professor.")

Superstição e estereotipia: Uma crença em determinantes místicos de ação e um pensamento rígido e categórico. ("Um dia provavelmente será provado que a astrologia pode explicar muito.")

Poder e obstinação: Preocupação com o domínio sobre os outros. ("Nenhuma fraqueza ou dificuldade pode nos deter se tivermos força de vontade.")

Destrutividade e cinismo: Um sentimento generalizado de hostilidade e raiva. ("Considerando a natureza humana, sempre haverá guerras e conflitos.")

Projetividade: A tendência de projetar para fora emoções e impulsos internos. ("A maioria das pessoas não se dá conta do quanto a nossa vida é controlada por maquinações tramadas em segredo.")

1960
Rokeach, *The Open and Closed Mind* [A mente aberta e fechada]

1973
Wilson, *The Psychology of Conservatism* [A psicologia do conservadorismo]

1981
Altmeyer, *Right-Wing Authoritarianism* [O autoritarismo de direita]

estilo de pensamento e outros, no preconceito. A maioria argumenta que essa "síndrome atitudinal" – e não um traço de personalidade – ocorre tanto para fatores genéticos/hereditários quanto para fatores ambientais. No cerne das teorias está a ideia de uma susceptibilidade generalizada a sentir-se ansioso ou ameaçado diante da ambiguidade ou da incerteza.

Assim, por várias razões – aptidões e personalidade, circunstâncias atuais e na infância –, as pessoas autoritárias se sentem inferiores e inseguras, temendo a falta de clareza. Em consequência, essas pessoas são motivadas a evitar a incerteza. Os autoritários não gostam de nada nem de ninguém que promova a complexidade, a inovação, a novidade, o risco ou a mudança. Eles tendem a ter aversão a conflitos e tomada de decisões e ceder seus sentimentos e necessidades pessoais a autoridades externas. Obedecem regras, normas, convenções e, o mais importante, insistem que os outros também o façam.

> **"Toda vida comunal requer algum sistema de autoridade e só o homem isolado que não é obrigado a reagir, pela rebeldia ou pela submissão, às ordens dos outros."**
> Stanley Milgram, 1974

Em consequência, os conservadores e autoritários são obcecados por dar ordens e controlar seu mundo interno e externo. Gostam de deveres, leis, morais, obrigações e regras simplistas, rígidas e inflexíveis. Isso afeta tudo, desde as preferências artísticas até em quem eles escolhem votar.

As pessoas autoritárias, dogmáticas e intolerantes são caracterizadas por três fatores: um grande desejo de rejeitar todas as ideias que se opõem à sua opinião formada; um baixo grau de conectividade entre as várias crenças; um número muito maior de ideias complexas e positivas sobre as próprias crenças do que sobre coisas/questões nas quais elas não acreditam.

O autoritarismo de direita O mais recente trabalho nessa área se volta exclusivamente ao autoritarismo de direita. A distinção é relevante porque se reconhece que pessoas de esquerda, como os stalinistas e trotskistas, também podem ser igualmente autoritárias. A ideia é que o autoritarismo de direita é composto de três agrupamentos atitudinais e comportamentais. O primeiro é a completa submissão às autoridades; o segundo é a agressividade generalizada contra todos os "inimigos" dessas autoridades; e o terceiro é a aderência cega a normas e convenções sociais. Em consequência, as pessoas que nutrem crenças autoritárias de direita são absolutistas, bullies, dogmatistas, hipócritas e fanáticas. Elas defendem efusivamente todo tipo de punição e veem os liberais e o libertarianismo com desconfiança. Não questionam suas crenças e por vezes são incoerentes, defendendo ideias contraditórias. Tendem a defender dois pesos e duas medidas, mas ao mesmo tempo consideram-se moralmente superiores e não são nada humildes ou autocríticas.

Os autoritários são encontrados em todas as esferas da vida, apesar de serem atraídos a profissões e religiões com valores similares. Eles tendem mais a se

O dogmatismo

Intolerância e dogmatismo são conceitos intimamente relacionados com o autoritarismo. Não é uma questão de inteligência, mas as pessoas de mente aberta são capazes de resolver problemas com mais rapidez e parecem capazes de sintetizar informações mais rapidamente para gerar novas ideias. É por isso que elas parecem gostar mais de problemas diferentes, difíceis e estranhos. Já as pessoas intolerantes, de mente fechada, tendem a ficar agressivas ou se retirar quando confrontadas com novas ideias. Vários questionários foram elaborados para avaliar o grau de dogmatismo do respondente. Veja uma pequena amostra de afirmações retiradas desses questionários:

- Neste nosso mundo complicado, o único jeito de saber o que está acontecendo é contar com a orientação de líderes ou especialistas que podem ser confiáveis.
- O meu sangue ferve sempre que alguém se recusa obstinadamente a admitir que está errada.
- Existem dois tipos de pessoas neste mundo: as que são a favor da verdade e as que são contra a verdade.
- A maioria das pessoas simplesmente não sabe o que é bom para elas.
- De todas as diferentes filosofias que existem neste mundo, provavelmente só uma está correta.
- A maioria das ideias publicadas hoje não valem o papel no qual foram impressas.

descrever como pessoas razoáveis, morais, racionais, educadas e sinceras do que autoritárias. No entanto, suas crenças políticas e religiosas levam-nos a ser identificados com relativa facilidade.

A ideia condensada: os ditadores já nascem assim ou aprendem a ser como são?

24 Obediência à autoridade

"A psicologia social do presente século nos revela uma importante lição: em geral não é tanto o tipo de pessoa que você é e o tipo de situação na qual você se encontra que decide o modo como você vai agir."

Stanley Milgram, 1974

Quando Adolf Eichmann foi julgado por sua participação no Holocausto, ele se defendeu alegando que "só estava cumprindo ordens". Os soldados americanos que seguiram as ordens do Tenente Calley e massacraram centenas de civis, mulheres, idosos e crianças em My Lai, no Vietnã, alegaram a mesma coisa. É fácil argumentar que homens enlouquecidos durante a guerra podem fazer esse tipo de coisa, mas isso jamais aconteceria com pessoas como eu e você. Os psicólogos, contudo, demonstraram que isso pode acontecer e que, de fato, acontece.

Conformidade ou obediência

Por que as pessoas cumprem as ordens dos outros? Obediência e conformidade (capítulo 25) não são a mesma coisa e diferem das seguintes maneiras:

- **Explicitação:** Na obediência, a prescrição para a ação (uma ordem) é explícita, enquanto na conformidade o requisito de se adaptar ao grupo é implícito.
- **Hierarquia:** A conformidade influencia o comportamento de pessoas do mesmo nível hierárquico ao passo que a obediência vincula um nível hierárquico ao outro.
- **Imitação:** A conformidade é uma forma de imitação, a obediência não.
- **Voluntarismo:** Como a conformidade é uma reação a uma pressão implícita, a pessoa interpreta o próprio comportamento como sendo voluntário. Por sua vez, a situação de obediência é definida publicamente como uma situação desprovida de voluntarismo e, portanto, a pessoa pode recorrer à definição pública da situação para explicar por completo as suas ações.

linha do tempo

1965
Os primeiros estudos de Milgram na área

1968
Massacre de My Lai, no Vietnã

O famoso estudo de Milgram Talvez o experimento mais radical da psicologia no século XX tenha sido o experimento conduzido por Stanley Milgram (1974), cujo livro causou grande polêmica. O estudo demonstrou que americanos da classe média, "do bem" e normais, são capazes de aplicar choques elétricos, até a morte, em um inocente não muito bom em memorizar palavras emparelhadas.

Os voluntários do estudo foram informados de que se tratava de um experimento sobre a aprendizagem humana. A tarefa era aplicar choques elétricos em um aluno a cada vez que ele cometia um erro de associação entre palavras emparelhadas. Os voluntários viam o outro "voluntário", o "aluno", amarrado a uma cadeira com eletrodos ligados ao braço. Em alguns casos, eles ouviam o "aluno" informar o experimentador de que tinha um pequeno problema cardíaco, mas o experimentador lhe assegurava que, embora os choques pudessem ser dolorosos, eles não causariam qualquer lesão permanente.

> **"Todo o bem do qual a humanidade é capaz se inclui na obediência."**
> John Stuart Mill, 1859

O experimentador conduzia o "professor" (o voluntário) a outro cômodo e lhe mostrava a máquina com a qual a "punição" seria aplicada. Era um dispositivo de aspecto impressionante, com botões assinalados com rótulos indicando de 15 a 450 volts, em incrementos de 15 volts. Abaixo das etiquetas numéricas outras etiquetas descreviam os choques, variando de "CHOQUE LEVE", passando por "CHOQUE INTENSO" até chegar a "PERIGO: CHOQUE GRAVE" e, por fim, uma etiqueta que dizia simplesmente "XXX" para descrever os dois últimos botões.

O voluntário professor devia aplicar ao aluno um choque de 15 volts para a primeira resposta errada e ir intensificando o choque a cada vez que o aluno cometia um erro. O professor devia aumentar a intensidade da punição em um nível (15 volts) para cada resposta errada. O "aluno", na verdade, era um amigo do experimentador e o único choque real era o choque de amostra aplicado ao professor voluntário. Mas o professor não sabia disso.

No começo, as sessões eram absolutamente inofensivas: o aluno acertava alguns pares de palavras, mas logo cometia um erro e "recebia" um choque leve, de 15 volts. Até os 75 volts, o professor não recebia qualquer indicação de estar causando muita dor ao aluno. Mas, aos 75 volts, o aluno grunhia de dor. O professor podia ouvir o grunhido através da parede que os separava. Aos 120 volts, o aluno gritava para o experimentador que os choques estavam doendo demais. Aos 150 volts, o aluno berrava: "Experimentador, me tire daqui! Não quero mais participar deste experimento!" O aluno

1974
Milgram, *Obediência à autoridade*

2000
Experiências repetidas com efeitos similares

2007
Zimbardo, *O efeito Lúcifer*

continuava gritando de dor, com os gritos se intensificando cada vez mais até se transformarem em berros agonizados quando os choques atingiam os 270 volts. A rigor, neste ponto o pesquisador e o professor estavam envolvidos em um ato de tortura.

Tortura e morte   Aos 300 volts, o aluno gritava em desespero, protestando que já não tinha condições de reconhecer os pares de palavras. O experimentador – a nossa figura de autoridade firme e fria – informava casualmente o voluntário que ele deveria tratar as "não respostas" como se fossem erros e que deveria continuar aplicando os choques. Desse ponto em diante, o aluno se calava e o voluntário não tinha mais como saber se o aluno estava vivo. O voluntário via com clareza que a tortura não fazia mais sentido, já que o aluno deixou de responder e não estava mais participando do experimento de aprendizagem. Quando o voluntário chegava ao final do painel de choques, ele era informado a continuar usando o último botão para todos os "erros" subsequentes. Os voluntários não eram fisicamente impedidos de abandonar o experimento para aliviar o sofrimento da vítima. A vítima estava amarrada à cadeira, mas nada impedia a saída do voluntário.

> **"Nunca comande a menos que queira ser obedecido."**
> Anon

Vinte e seis dos quarenta voluntários do sexo masculino que participaram do experimento continuaram até o fim. O mesmo número de mulheres, 26 de quarenta, também foi até o fim. Os participantes obedientes só pararam de aplicar à vítima os choques de 450 volts quando o experimentador os mandou parar.

Estudos posteriores   O estudo foi repetido, com várias alterações, para investigar os efeitos sobre a obediência. Os estudos posteriores demonstraram os seguintes fatores:

- *Proximidade com a vítima:* os participantes tendem a obedecer mais quanto mais próximos estiverem da vítima.
- *Proximidade com a autoridade:* os participantes obedecem menos quanto mais distantes estiverem da autoridade que dá as ordens.
- *Cenário institucional:* conduzir os experimentos em um prédio comercial decadente só reduzia um pouco a obediência.
- *Pressão à conformidade:* outros participantes obedientes aumentam a obediência do participante enquanto outros participantes rebeldes reduzem muito a obediência.
- *Papel da pessoa que dá as ordens:* as pessoas obedecem mais quando a pessoa que dá as ordens é considerada uma autoridade legítima. Nos estudos de Milgram, os participantes em geral obedeciam o experimentador, mas não obedeciam os outros participantes.
- *Traços de personalidade:* nos estudos de Milgram, os traços de personalidade analisados não apresentaram uma grande correlação com a obediência.
- *Diferenças culturais:* as replicações interculturais do experimento mostram algumas variações entre diferentes culturas, mas o nível de obediência

tende a ser alto independentemente da cultura.
- *Fatores atitudinais e ideológicos:* os religiosos são mais propensos a obedecer em experimentos como os de Milgram.

A obediência no experimento de Milgram não implica nos voluntários abdicando de sua vontade ao experimentador, mas sim nos experimentadores convencendo os voluntários de que estes são moralmente obrigados a continuar. O aspecto "moral" da relação entre pesquisador e voluntário é mantido em parte pela natureza impessoal do comportamento do experimentador.

Os pesquisadores se voltaram a desvendar, e ensinar, como e por que certas pessoas tendem a resistir. O experimento de Milgram talvez continue sendo o experimento mais famoso de toda a psicologia e não é difícil entender por quê.

Explicações alternativas

Apreensão de avaliação: Quando as pessoas participam de um projeto de pesquisa, elas tendem a achar que estão sendo avaliadas pelo investigador. Para se mostrarem prestativas e "normais", elas fazem tudo o que o experimentador pede, embora não o fizessem necessariamente em uma situação real.

Papéis do participante: Os participantes das pesquisas também podem se comportar de maneira diferente dependendo do papel que representam quando entram no estudo. Algumas pessoas tentam representar o papel de "bom participante", seguindo meticulosamente as instruções e cumprindo com diligência todos os requisitos da pesquisa. Outros podem adotar um papel negativo, como, por exemplo, reclamando que a pesquisa é trivial e desinteressante e se recusando a cooperar com o pesquisador.

Efeitos do experimentador: As características da demanda são aqueles aspectos da situação que os voluntários acreditam que demandam (ou requerem) que eles se comportem de uma maneira específica. Os experimentadores de Milgram assumiram uma postura predominantemente casual.

A ideia condensada: por que nós obedecemos?

25 Conformidade e aceitação

Os livros didáticos de sociologia incluem capítulos sobre o desvio, enquanto os livros de psicologia incluem capítulos sobre a conformidade. Os sociólogos se intrigam e se interessam pelas pessoas que se rebelam contra as normas e regras sociedade, se desviam delas e se recusam a ajustar-se a elas. Eles analisam grupos e sociedades como sendo a "unidade de análise".

Os psicólogos que se concentram, como unidade de análise, no indivíduo (ou, no máximo, um grupo pequeno), também se mostram intrigados com as razões para a conformidade das pessoas. Por que os adolescentes que se rebelam contra o uniforme escolar acabam todos se vestindo do mesmo jeito de qualquer maneira? Por que algumas pessoas caem "vítimas da ditadura da moda", gastando fortunas para seguir às cegas a multidão? Quais pressões sociais, reais ou imaginárias levam as pessoas a imitar o comportamento ou seguir o exemplo dos outros?

Experimentos Dois estudos famosos foram conduzidos para investigar a conformidade: um deles envolve "dar um tiro no escuro" e o outro envolve tomar uma decisão em uma situação clara como o dia. Um estudo realizado 80 anos atrás (por Muzafer Sherif) pediu que estudantes se sentassem em uma sala absolutamente escura, vendo apenas um único ponto de luz. Foi solicitado a eles que dissessem quando a luz se movia, para onde e em que extensão. Na verdade, a luz era estacionária. No entanto, o grupo de estudantes incluía cúmplices ou "fantoches" do experimentador que afirmavam em voz alta que viram a luz se mover. O estudo revelou que as pessoas em geral eram influenciadas pelo cúmplice, tendendo a concordar com a opinião deles. Com o tempo, os participantes "reais" eram convencidos de que a luz estacionária de fato se movia. Assim, em situações indefinidas e pouco claras, as pessoas tendem a imitar o comportamento de colegas confiáveis e constantes. Nós recorremos aos outros para esclarecer o que está acontecendo.

O segundo estudo foi conduzido em 1952 por um psicólogo chamado Solomon Asch. Os participantes, em grupos de cinco, foram convidados a participar de um estudo de percepção.

linha do tempo

1936
Sherif, *The Psychology of Social Norms*
[A psicologia das normas sociais]

1952
Asch publica seu estudo mais famoso

Os participantes viam mais ou menos trinta pares de cartões: um "cartão padrão" e um "cartão de comparação". O cartão padrão continha uma linha e o cartão de comparação continha três linhas (A, B e C) de comprimento claramente diferente. O participante só precisava dizer qual das três linhas tinha o mesmo comprimento que a linha do cartão padrão. A resposta certa era bem clara. No entanto, o que o participante do experimento não sabia é que todos os outros quatro voluntários eram cúmplices dos experimentadores e o participante era deixado para responder por último, depois de ouvir a resposta dos outros. Todos eles respondiam A, apesar de A claramente não ser a resposta correta. Diante disso, o que o participante respondia? A resposta errada A (conformista); a resposta correta B; ou a outra resposta errada C (anticonformista, incorreta)?

> **A conformidade é um lado do homem; a singularidade é o outro lado.**
> **Carl Jung,** 1960

Mais ou menos um terço dos participantes foi convencido a se conformar ao grupo. Alguns deram a resposta correta, mas se mostraram claramente incomodados fazendo isso. Foi uma grande demonstração de conformidade.

Estudos posteriores O experimento de Asch foi repetido muitas vezes com variações para verificar os efeitos de diferentes fatores sobre a conformidade.

> **O ideal americano, no fim das contas, é que todos devem ser o mais parecidos possível.**
> **James Baldwin,** 1955

- *Dificuldade e ambiguidade da tarefa:* quanto mais difícil for a tarefa ou quanto menos claros forem os estímulos, mais participantes recorrem aos outros como fontes de informação, sobretudo quando o experimento envolve opiniões e aptidões de alguma forma relacionadas com a realidade social.
- *A natureza do estímulo:* o comportamento de conformidade varia consideravelmente em função do tipo de decisão que as pessoas são solicitadas a tomar: quanto mais factual e claro for o problema, menor é a conformidade resultante.
- *Segurança da fonte:* quanto mais certa a pessoa estiver da correção e confiabilidade da fonte de influência (os outros participantes que tomam decisões), mais chances a pessoa tem de se conformar com essa fonte.
- *Tamanho do grupo:* os pesquisadores não chegaram a um consenso sobre a relação entre o tamanho do grupo e a conformidade ser linear (quanto maior for o grupo, maior é a conformidade) ou curvilínea (a influência aumenta até um número ideal de pessoas ser atingido e, passado esse número, verifica-se uma redução da influência), embora nenhum tamanho específico de grupo pareça induzir à conformidade ótima.

1955	**Anos 1960**	**Anos 1980**
Primeira investigação da personalidade dos conformistas	Estudos sobre as diferenças culturais na conformidade	Os conceitos da conformidade são aplicados a técnicas de vendas

- A *unanimidade da opinião do grupo*: quanto mais unânime for a opinião do grupo, maior é a conformidade gerada; desvios relativamente pequenos entre a maioria levam a uma grande redução das reações de conformidade.
- *Composição e atratividade do grupo*: grupos coesos de status elevado e homens de prestígio tendem a levar a uma maior conformidade: quanto mais atraente for o grupo, mais a pessoa tende a ser influenciada por ele.
- *Aceitação do grupo*: as pessoas de status elevado têm um "crédito de idiossincrasia" e podem se desviar, bem como integrantes do grupo rejeitado ou de baixo status; as pessoas de status mediano costumam ser as que mais se conformam.
- *Comportamento privado ou público*: as pessoas tendem a se conformar quando são solicitadas a emitir sua opinião ou agir em público e não em um contexto privado. O anonimato afeta enormemente a conformidade.
- *Sucesso ou fracasso prévio do grupo*: uma pessoa tenderá a se conformar mais com um grupo que tem um histórico de sucesso do que com um grupo que fracassou repetidas vezes no passado.
- *Constância da minoria*: uma minoria convencida e coerente formando um subgrupo representativo de pessoas pode influenciar em muito a opinião da maioria. O mais importante é que a minoria seja constante em seu posicionamento para ter qualquer efeito sobre a maioria.

Por que seguir os outros? A questão fundamental, então, é por que as pessoas se conformam às outras? Em resumo, a resposta é que as pessoas querem ter razão e querem ser valorizadas. Por essa razão, elas são afetadas à influência informacional e à influência normativa.

As pessoas recorrem aos outros em busca de sinais para orientar seu comportamento. Quais são as normas de comportamento corretas? Quanto menos informados acreditamos ser e quanto mais informadas acreditamos que as pessoas são, mais tendemos a "seguir a multidão", em um processo aparentemente racional. Também nos conformamos porque gostamos de "nos encaixar", de conquistar a aceitação social, no que constitui a própria essência da pressão social. Fazemos isso porque temos a necessidade de "pertencer" a um grupo. A maioria de nós se considera um membro de algum grupo social. E, para pertencer ao grupo, precisamos seguir as regras e normas desse grupo. Desse modo, a conformidade social nos ajuda a garantir nossa afiliação autopercebida e real ao grupo. Pensando assim, reagimos ou rejeitamos as normas do grupo em momentos e situações diferentes. Na verdade, podemos até nos tornar anticonformistas.

Como seria de se esperar, foram identificados alguns fatores preditivos culturais e de personalidade para a conformidade. As pessoas com baixa autoconfiança e uma atitude mais rigorosa tendem a se conformar mais. Já as pessoas

> **"Por que você precisa ser um não conformista como todo mundo?"**
> **James Thurber, 1948**

mais maduras e com um ego mais forte se conformam menos. Também foram encontradas evidências de alguns fatores culturais atuando sobre a conformidade. Pessoas de culturas mais individualistas são menos pressionadas a se conformar do que pessoas de culturas coletivistas. De forma similar, as culturas homogêneas, com uma forte ideologia religiosa ou política, tendem a ser mais conformistas.

> **Assuma o tom do seu acompanhante.**
> Conde de Chesterfield, 1747

Conquistando a observância

Políticos e pais, vendedores e professores usam várias técnicas para conquistar a observância dos outros.

"Pé na porta": Peça um favor pequeno ou sem importância (assinar uma petição, trocar uma nota de US$ 10) e em seguida peça um favor maior (o que você realmente quer). A técnica é mais eficaz se o primeiro favor for grande o suficiente para levar as pessoas a pensarem sobre o que estão fazendo e também se elas acreditarem que têm total liberdade de recusar o favor se quiserem. A ideia é levar as pessoas a acreditar que são prestativas, de modo que elas façam o segundo favor, maior que o primeiro.

"Porta na cara": Com essa técnica, você faz um pedido de alta demanda ("Você poderia me dar US$ 500?"; "Você pode me emprestar o seu carro?"), mas, em seguida, (diante da recusa) pedir um favor bem menor. Essa solicitação menor, indicando concessão e conciliação, induz a reciprocidade. Para que a técnica seja eficaz, o primeiro pedido deve ser recusado, o segundo pedido deve ser feito pela mesma pessoa e a pessoa que recebe o pedido deve se sentir pressionada a retribuir a concessão.

"E tem mais...": Você faz uma oferta a alguém, mas, antes de a pessoa responder, você aumenta a favorabilidade da proposta. Você pode reduzir o preço, aumentar a quantidade do produto ou incluir alguns adicionais. Essa técnica é eficaz devido a princípios similares às técnicas apresentadas acima. Se você for prestativo e tentar ser valorizado... as pessoas também serão prestativas e tentarão ser valorizadas.

A ideia condensada: até onde iríamos para tentar nos adequar aos outros?

26 Abnegação ou egoísmo

Por que algumas pessoas são naturalmente heroicas enquanto outras ignoram o sofrimento e os clamores de ajuda de pessoas em perigo? Por que algumas pessoas se sacrificam pela família, mas não pelos amigos? Será que o verdadeiro altruísmo realmente existe?

Todos os dias nos envolvemos em trocas sociais ou na economia social. Damos e recebemos com reciprocidade. Algumas pessoas ajudam os outros e se oferecem para fazer favores na esperança de disfarçar o interesse próprio. Outras se oferecem "altruisticamente", com o objetivo de aprender, melhorar as perspectivas profissionais, ser admitido em um grupo ou aprovado pelo grupo, reduzir a culpa, aumentar a autoestima ou expressar seus valores pessoais.

O bom samaritano   Será que existe um tipo identificável de pessoa que pode ser descrita como um tipo de personalidade verdadeiramente altruísta? Um estudo identificou pessoas famosas por seus atos altruístas. O objetivo da análise foi descobrir o que essas pessoas tinham em comum. O estudo demonstrou que o fator biográfico mais crucial foi uma experiência traumática de perda na infância ou juventude (como a morte de um dos pais) segui-

Ajuda e altruísmo

Ajuda e altruísmo não são a mesma coisa. A essência do altruísmo é que as pessoas ajudam sem qualquer expectativa de retribuição de quaisquer fontes externas pela ajuda prestada.

Os psicólogos falam de comportamento pró-social, que é qualquer ato realizado com o objetivo de ajudar o outro. A motivação pode ou não ser altruísta, que é o impulso de ajudar os outros mesmo se essa ajuda incorrer em um custo pessoal. Para algumas pessoas, isso implica em agir com motivação proveniente apenas da "bondade do próprio coração", devido à empatia que sentem por uma pessoa necessitada.

linha do tempo

100 d.C.
Parábola do "bom samaritano"

Anos 1950
Estudos pós-guerra de salvadores altruístas de judeus na Alemanha nazista

da imediatamente ou quase simultaneamente da exposição a um salvador. O estudo parece sugerir que o altruísmo manifesto mais tarde na vida atuava como uma maneira de lidar com sentimentos dolorosos de dependência e com sentimentos de raiva e ansiedade em relação à perda.

Todos nós já vimos carros passando em alta velocidade por um motorista parado com o carro quebrado no acostamento, até que um motorista resolve parar para ajudar. Por que algumas pessoas ajudam mais que as outras? Evidências sugerem diferenças entre os sexos, mas essas diferenças parecem se relacionar mais com o tipo do que com o número de ações altruístas. Os homens apresentam mais comportamentos cavalheirescos, ousados, heroicos e pró-sociais enquanto as mulheres tendem a ser mais protetoras ou maternais.

As pessoas tendem a ajudar membros do próprio grupo cultural. Assim, somos mais propensos a ajudar pessoas visivelmente pertencentes do mesmo grupo étnico, religioso, linguístico e demográfico do que a ajudar um membro de outro grupo. Estudos interculturais tendem a mostrar que pessoas de culturas coletivistas tendem a ajudar mais que pessoas de culturas individualistas. Outra constatação refere-se à palavra em espanhol *simpatico*, que significa "amigável", "prestimoso", "educado". Alguns estudos demonstram que as pessoas de países falantes do espanhol e de países latino-americanos demonstram o nível mais elevado de altruísmo.

Uma linha de pesquisa revelou o fator "sentir-se bem: fazer o bem". Vários estudos demonstram que, quando as pessoas estão de bom humor, são muito mais propensas a ajudar os outros. Dê a elas um presentinho, toque uma música animada ou as elogie, e elas se oferecerão voluntariamente para ajudar. No entanto, também foram encontradas evidências da hipótese do alívio do estado negativo, segundo a qual, às vezes, as pessoas que estão tristes e angustiadas ajudam os outros para se sentirem melhor e reduzir a tristeza. Da mesma forma, constatou-se que as pessoas que se sentem culpadas são mais prestativas, supostamente para reduzir o sentimento de culpa. Tudo isso indica que os fatores de natureza extremamente temporária que afetam o nosso estado de espírito podem afetar a nossa propensão a ajudar os necessitados.

> **"O 'altruísta' espera uma retribuição da sociedade a si mesmo e a seus parentes mais próximos."**
> Andrew Marvell, 1650

> **"A culpa, a autodestruição, as aspirações sexuais e os sentimentos conflitantes em relação à homossexualidade são as forças básicas que fundamentam a generosidade e o altruísmo."**
> Sigmund Freud, 1930

1968
Estudos de intervenção dos espectadores

1980
Dawkins, *O gene egoísta*

Anos 1990
Instituições beneficentes investigam maneiras de explorar o altruísmo

Especulações freudianas Os psicanalistas sempre buscam significados mais profundos para explicar o comportamento, especialmente quando percebem que o comportamento manifesta algum conflito subjacente. Eles veem o mesmo comportamento altruísta como a manifestação de duas motivações muito diferentes. Alguns atos prestativos e generosos ocorrem devido a uma identificação com a "vítima". Os altruístas se identificam com figuras prestativas de seu passado, como pais ou professores.

Por outro lado, os freudianos também acreditam que o altruísmo pode ser uma defesa contra um impulso negativo: uma síndrome neurótica para lidar com a ansiedade, a culpa ou a hostilidade. Desse modo, uma criança carente pode se tornar um generoso filantropo. Em vez de se sentirem impotentes diante dos necessitados, essas pessoas ajudam e, ao mesmo tempo, dão e recebem.

Outros podem ajudar na tentativa de aliviar a culpa em relação à própria ganância e inveja. Alguns se endividam para amenizar a culpa. De maneira mais extrema e paradoxal, os freudianos também falam de atos generosos baseados em hostilidade e caracterizados pela formação reativa. Assim, a pessoa mascara uma expressão de agressão sendo prestativa.

A psicologia evolucionista da ajuda Um princípio central dessa abordagem é o conceito da seleção de parentesco. Quanto mais genes uma pessoa (um parente) tem em comum com você, mais chances você tem de ajudá-la. Desse modo, você assegura a sobrevivência dos próprios genes ao ajudar pessoas que compartilham os seus genes. A regra da importância biológica tem profundas raízes no comportamento humano e não é consciente.

No entanto, os evolucionistas sugerem a atuação da norma da reciprocidade, um comportamento do tipo "toma lá dá cá" que pressupõe que ajudar os outros aumentará as chances de receber ajuda em troca. A rigor, esse seria um comportamento de ajuda e não um comportamento altruísta. No entanto, foi sugerido que as pessoas que aprendem e praticam as normas e as culturas da sociedade terão mais chances de sobrevivência porque as culturas ensinam habilidades de sobrevivência e comportamentos cooperativos. Desse modo, as pessoas são geneticamente programadas para aprender as normas culturais do altruísmo. No entanto, a teoria evolutiva não parece explicar muito bem o altruísmo heroico e sacrificador voltado a totais desconhecidos.

Contexto e decisões Os fatores situacionais podem pesar mais que os fatores pessoais. Os moradores de cidades pequenas ou do campo são mais propensos a oferecer ajuda do que os moradores urbanos. A hipótese da *sobrecarga urbana* sugere que as pessoas que vivem apinhadas nas grandes cidades são mais isoladas, e ajudam menos os outros que a população rural porque são bombardeadas e muitas vezes sobrecarregadas por todo tipo de estímulos.

Quanto mais tempo a pessoa passa morando em uma região e quanto mais ela se identifica com a comunidade, mais ela tende a ajudar. Quanto mais preponderante for o fator da mobilidade residencial, menos estável é a comunidade e menos as pessoas são propensas a oferecer qualquer tipo de ajuda. As pessoas em relacionamentos comunais investem mais no futuro de sua comunidade e, por conseguinte, têm mais chances de oferecer ajuda.

> **Eu daria a minha vida por dois irmãos ou oito primos.**
> J. B. S. Haldane, 1974

A descoberta mais famosa e inesperada da área, sem dúvida, é o *efeito do espectador*. Essa constatação demonstra que a ideia do "quanto mais, melhor" não se sustenta nesse caso. Em suma, quanto *maior* for o número de espectadores (ou testemunhas) em uma emergência ou situação que requer ajuda, *menores* são as chances de qualquer indivíduo se prontificar a ajudar.

Essa pesquisa levou ao desenvolvimento do modelo de decisão de cinco passos para a intervenção dos espectadores. De acordo com o modelo, as pessoas devem passar por cinco etapas antes de oferecer ajuda.

- As pessoas devem, obviamente, notar o incidente. Se estivermos com pressa, falando ao celular ou de outra forma distraídos, podemos simplesmente não perceber uma emergência.
- As pessoas devem interpretar o incidente como uma emergência que requer ajuda. Muitas emergências podem não ser muito claras. Olhamos para as pessoas ao redor em busca de indícios. Se os outros parecerem despreocupados, temos menos chances de ajudar. A ambiguidade situacional leva a erros de interpretação e apatia.
- As pessoas devem assumir algum tipo de responsabilidade. Precisamos decidir que é nossa responsabilidade, e não dos outros, ajudar. Cabe a nós, e somente a nós, fazer alguma coisa.
- As pessoas devem achar que sabem como ajudar. Deixamos de oferecer ajuda por várias razões associadas à competência autopercebida. Se achamos que não sabemos nada de problemas mecânicos, podemos não nos oferecer para ajudar um motorista com o carro quebrado parado no acostamento.
- As pessoas devem decidir ajudar. Deixamos de ajudar por várias razões. Podemos ter vergonha da vez que nos oferecemos para ajudar e fomos rejeitados porque interpretamos mal a situação. Em sociedades litigiosas, podemos nos preocupar com as implicações legais de ajudar em determinadas situações (crianças pequenas, roupas rasgadas) ou simplesmente com a possibilidade de o custo pessoal (envolvendo tempo e possivelmente dinheiro) ser alto demais.

A ideia condensada: será que o altruísmo existe mesmo?

27 Dissonância cognitiva

A maioria de nós sente necessidade de justificar as nossas ações por mais estranhas e bizarras que elas possam ser. Os fumantes sabem que o tabagismo é extremamente prejudicial à saúde. Mesmo assim, eles costumam ser verdadeiros mestres da autojustificação. Eles dizem coisas como "Fumar está muito longe de ser tão perigoso quanto as pessoas dizem" ou "Meu tio passou setenta anos fumando sessenta cigarros por dia e morreu feliz aos noventa anos de idade".

A teoria Segundo a teoria da dissonância cognitiva, quando nos comportamos de maneira incompatível com as nossas crenças e atitudes, vivenciamos um estado negativo (chamado de dissonância cognitiva) que tentamos resolver alterando as nossas atitudes ou comportamentos (ou ambos) para reduzir a incompatibilidade. Em outras palavras, as nossas atitudes mudam porque somos muito motivados a manter a coerência das nossas crenças e pensamentos (cognições). Ou seja, somos muito motivados a atingir a consonância. Assim, é mais fácil uma mudança de comportamento levar a uma mudança de atitude do que o contrário.

A dissonância cognitiva celebra o "efeito da justificativa insuficiente": quando as nossas ações não são completamente explicadas pelas recompensas externas (como o dinheiro) ou pela coerção (como ordens), vivenciamos a dissonância, que podemos reduzir justificando as nossas ações.

Condições A dissonância se manifesta e precisa ser reduzida em situações bastante específicas. Não basta simplesmente notar que o nosso comportamento é incompatível com as nossas atitudes. Em primeiro lugar, as pessoas devem sentir que escolheram agir de determinada maneira pela própria vontade e que

> "Se a arte da magia implica basicamente produzir a dissonância e se a natureza humana abomina a dissonância, por que a mágica continua tão popular?"
> R. B. Zajonc, 1960

linha do tempo

Anos 1930
Ensaios sobre o "princípio da consistência"

1946
Teoria do equilíbrio de Heider

> **"A hipótese da 'dissonância cognitiva'... parece se basear num desconforto específico à cultura que os americanos sentem ao se perceber contraditórios em diferentes ocasiões ou nutrindo metas mutuamente contraditórias."**
>
> N. Much, 1995

são pessoalmente responsáveis por sua atitude. Se elas agirem sob coerção proveniente de alguma força externa ou ameaça (ou falta de opção), a dissonância não é necessariamente acionada. Um estudo testou essa hipótese pedindo ou mandando que estudantes escrevessem uma redação sobre um tema polêmico que eles não apoiavam. A mudança mais dramática nas crenças se manifestou nos estudantes que escolheram escrever a redação (e não naqueles que receberam a ordem).

Em segundo lugar, as pessoas devem se sentir firmemente comprometidas com esse comportamento discrepante em relação à atitude e devem acreditar que esse comprometimento é irrevogável. Se o comportamento for facilmente modificável, a dissonância é reduzida. Em um estudo, os participantes foram informados de que poderiam ou não encontrar a pessoa (vítima) em relação à qual eles emitiram opiniões negativas em público. Os que acreditaram que teriam a chance de se desculpar sentiram menos dissonância do que aqueles participantes que não teriam como se retratar do que disseram.

Em terceiro lugar, as pessoas devem acreditar que seu comportamento tem consequências importantes para si e para os outros. Se as consequências forem modestas ou triviais, as pessoas têm menos chances de sentir qualquer dissonância. Por fim, as pessoas sentem a maior pressão da dissonância quando as atitudes ou o comportamento em questão são fundamentais para sua autoimagem, autovalorização e seus valores.

Em outro estudo, alunos foram convidados a escrever uma redação expressando opiniões bem diferentes das próprias opiniões pessoais. Alguns estudantes tiveram a redação ignorada ou até rasgada, enquanto outros foram informados de que sua redação sairia em um anúncio publicitário ou seria publicada na internet. Os que tiveram suas visões contra-atitudinais potencialmente expostas se mostraram mais motivados a mudar suas atitudes para resolver a dissonância.

Os paradoxos da dissonância   De acordo com a teoria:
- se uma pessoa for de algum modo obrigada ou coagida a se comportar de maneiras que contradizem suas crenças, elas vivenciarão a dissonância;

1957
Festinger descreve a dissonância cognitiva

Anos 1960
Os primeiros estudos da dissonância pós-decisão são conduzidos

Anos 1980
Ampla utilização da teoria nas "comunicações persuasivas"

- quanto mais intensa for a força que impele o comportamento, menos intensa será a dissonância e vice-versa;
- a dissonância pode ser reduzida mudando as atitudes;
- pode parecer um paradoxo, mas a mudança de atitude é máxima quando as forças que impelem à ação são mínimas.

Esses preceitos foram demonstrados em um famoso estudo conduzido em 1959. Três grupos de alunos foram solicitados a realizar uma tarefa demorada, maçante, repetitiva e monótona. Alguns receberam US$ 1 pela tarefa, outros foram pagos US$ 20 e o grupo de controle não recebeu nada. Posteriormente, os participantes responderam algumas perguntas sobre a tarefa. Os que receberam apenas US$ 1 se convenceram de que a tarefa era mais agradável e interessante do que os que ganharam US$ 20. As pessoas que ganharam US$ 1 se viram diante de um dilema: será que elas poderiam/deveriam admitir que foram "compradas" por uma "bagatela", um suborno barato? Não é fácil admitir isso, de modo que elas reinterpretaram o evento. As pessoas que ganharam US$ 20 não viram tanto problema na situação. Afinal, as pessoas se dispõem fazer muita coisa se o pagamento for justo.

Gostamos de pensar que somos pessoas decentes, gentis, éticas e justas, que dificilmente prejudicaríamos ou causaríamos danos a pessoas inocentes. Então, se fizermos algo que prejudica ou magoa o outro, como gritar, ignorar ou até bater em alguém, a dissonância é acionada. Se não pudermos "retirar" esse comportamento nos desculpando ou oferecendo alguma compensação, a maneira mais fácil de resolver o nosso dilema é desmerecer ainda mais a

Os ritos de iniciação

A teoria da dissonância cognitiva também aponta para as razões pelas quais as pessoas passam a aprovar e até gostar de algo pelo qual sofreram. Dessa forma, pessoas submetidas a um castigo corporal (espancamento ou uma surra na escola) afirmam que o castigo lhes fez bem, não mal, e que outras pessoas se beneficiariam disso. De forma similar, pessoas forçadas a passar por ritos de iniciação dolorosos ou humilhantes para serem admitidas em grupos ou sociedades, posteriormente tendem a valorizar e encorajar a experiência. A teoria da dissonância sugere que justificamos as nossas experiências dolorosas elevando o status do grupo que nos causou a dor. Isso por vezes é chamado de gravidade da iniciação.

Em um estudo, mulheres foram convidadas avaliar o nível de interesse de uma discussão em grupo maçante e sem sentido sobre o sexo. Elas foram submetidas a um processo de seleção para decidir se poderiam participar do estudo. Um dos grupos só precisou ler uma lista de palavras com sentidos ligeiramente sexuais (por exemplo, "prostituta") enquanto outro grupo teve de ler obscenidades e trechos de romances explicitamente eróticos. O objetivo era fazer com que a triagem fosse muito constrangedora ou pouco constrangedora. A previsão, que foi confirmada, foi que o grupo constrangido justificaria o "teste de seleção" avaliando a discussão como sendo muito mais interessante que o grupo não constrangido.

vítima, observando que ela se comportou mal e que mereceu os nossos maus-tratos.

Dissonância, vendas e persuasão Os vendedores sabem que a coerência é muito valorizada pela sociedade: a incoerência pode ser vista como hipocrisia ou desonestidade. A coerência também nos torna mais eficientes porque não temos de passar por um novo processo decisório a cada vez que nos vemos diante de uma nova situação.

A ideia é que, uma vez que fazemos uma escolha, que nos comprometemos com uma decisão ou que nos posicionamos, enfrentamos uma pressão pessoal e interpessoal para nos comportar de maneira coerente com esse comprometimento. É por isso que os vendedores fazem perguntas como "Você compraria este produto se considerasse o preço justo?" A ideia é levar o comprador a se comprometer com uma posição, se possível rapidamente e até sem pensar, e fazer o comprador sentir que deve honrar o comprometimento.

Desse modo, os chamados "profissionais da observância", sejam eles médicos, vendedores ou professores, tentam induzir as pessoas a firmar um compromisso verbal coerente com o comportamento que eles posteriormente solicitarão das pessoas. Essa técnica é mais eficaz quando o comprometimento é feito em público, requer algum esforço e aparenta ser completamente voluntário. Muitas vezes as pessoas acrescentam novas justificativas para legitimar suas decisões. Em resumo, a nossa motivação de parecer e ser coerentes é uma arma poderosa no arsenal dos vendedores, muitas vezes nos levando a agir de maneiras que não nos beneficiam.

A dissonância após as decisões

Muitas das importantes decisões que tomamos, como aceitar uma oferta de emprego ou comprar uma casa, envolvem fazer escolhas difíceis. Muitas pessoas fazem listas de prós e contras para tomar uma decisão mais embasada. Nesse sentido, as pessoas são dolorosamente cientes de sua dissonância cognitiva.

Vários estudos mostraram que justificamos as nossas decisões depois de tê-las tomado elevando a importância da escolha feita e reduzindo a importância da escolha preterida. Esse fenômeno por vezes é chamado de "nostalgia do comprador". As pessoas notam anúncios dos produtos que compraram com mais frequência, com mais entusiasmo e logo depois (não antes) de fecharem a compra. Depois de tomada a decisão, as escolhas preteridas parecem menos atraentes.

Assim, estudos demonstram que os apostadores afirmam se sentirem mais confiantes de que vão ganhar depois de fazer a aposta em comparação com antes. Os eleitores são mais favoráveis ao candidato no qual votaram depois das eleições do que antes de votar.

A ideia condensada: evitar cair em contradição é uma motivação poderosa

28 A falácia do apostador

Querida Abby: Meu marido e eu acabamos de ter o nosso oitavo bebê. É outra menina e posso dizer que sou uma mulher muito decepcionada. Acho que eu deveria agradecer a Deus por ela ser saudável, mas, Abby, este deveria ter sido um menino. Até o médico me disse que a lei das médias estava a nosso favor e que as nossas chances eram de cem para um.

Da coluna "Dear Abby", de Abigail Van Buren, United Press Syndicate.

Desde o filósofo romano Cícero, passando pelo Renascimento e até os dias de hoje, sacerdotes, matemáticos e cientistas se dedicam a descobrir as leis da probabilidade. No entanto, para muitas pessoas, todas as questões envolvendo chance, risco e probabilidade permanecem sendo um grande mistério. Pense, por exemplo, no médico que disse à "mulher decepcionada" da coluna "Dear Abby" que as chances de ela ter um menino eram de cem para um. Na verdade, antes do nascimento do bebê, apenas dois resultados eram possíveis: uma menina ou um menino. Assim, as chances de ela dar à luz a um menino não eram de cem para um, mas sim de um para um. Como o médico pôde errar tanto? A resposta a essa pergunta enganosamente simples nos diz muito sobre o modo como as pessoas pensam.

> "A probabilidade é o guia da vida."
> Cícero, 100 a.C.

A cidade construída com base em uma falácia O médico acreditava que as chances de a paciente ter um menino eram altas porque ela já tinha tido sete meninas em seguida. Os jogadores de roleta que apostam no vermelho porque os últimos sete números foram pretos usam a mesma lógica. O problema é que a roda da roleta não tem memória e cada rodada independe da última. A probabilidade de a bola cair no vermelho é exatamente a mesma, não importa quantas vezes a bola parou no preto. Do mesmo modo, a probabilidade de ter um menino não tem nada a ver com o sexo dos filhos anteriores. A incapacidade de admitir esse fato é conhecida como a falácia do apostador. O fenômeno também é conhecido como a falácia de

linha do tempo

100 a.C.
Cícero: as decisões devem ser baseadas em probabilidades

1713
Bernoulli: as probabilidades podem ser previstas

Monte Carlo, provavelmente por ser a grande responsável pela lucrativa existência da cidade dos cassinos. A falácia do apostador é importante para os psicólogos por nos dar um vislumbre do modo como as pessoas tomam decisões complexas.

A heurística da representatividade   Muitas das chamadas "tarefas de julgamento" implicam demandas cognitivas que estão além da nossa capacidade de processamento de informações. Quando isso acontece, nos voltamos a estratégias conhecidas como heurísticas – atalhos mentais que nos possibilitam formar uma opinião (fazer julgamentos) com rapidez e eficiência. Essas regras práticas são semelhantes às intuições, nos permitindo funcionar sem precisar parar constantemente para refletir sobre os problemas desde os princípios. O problema é que, apesar de as heurísticas em geral serem úteis, elas também podem conduzir a erros. Um exemplo é a heurística da representatividade, que, em sua forma mais simples, afirma que devemos avaliar a probabilidade de ocorrência de um evento pela extensão na qual o evento "representa" a nossa experiência. Por exemplo, o Sol sempre nasce no leste, de modo que provavelmente estaremos corretos ao supor que o Sol sempre nascerá no leste. O Sol nunca nasce no oeste, de modo que seria um bom palpite supor que ele jamais nascerá desse lado. A heurística da representatividade geralmente leva a boas decisões, mas nem sempre. Vejamos, por exemplo, o problema a seguir:

> **"A mente vê suas ilusões como se fossem vistas pelo sentido da visão."**
> Pierre Simon Laplace, 1825

Todas as famílias de seis filhos de uma cidade participaram de um levantamento. Em 72 famílias, a ordem exata de nascimentos de meninos e meninas foi AOAOOA (O = menino, A = menina). De acordo com a sua estimativa, em quantas famílias pesquisadas a ordem exata dos nascimentos foi OAOOOO?

Como cada nascimento é um evento independente, essas duas ordens de nascimento são igualmente prováveis (como são todas as outras ordens de nascimento). Contudo, quando o ganhador do Prêmio Nobel Daniel Kahneman, e seu colega, Amos Tversky, fizeram essa pergunta a um grupo de universitários, mais de 80% responderam que a probabilidade de ocorrência da segunda ordem de nascimentos era de apenas a metade da probabilidade da primeira ordem. O raciocínio que eles usaram foi que a primeira sequência tinha três meninas e três meninos, uma proporção que representa melhor a população em geral do que a proporção de cinco para um da segunda ordem de nascimentos. Assim, a primeira ordem de nascimentos foi con-

1770
P. Simon Laplace: as falácias são ilusões cognitivas

1957
H. Simon: a capacidade de julgamento suplanta as capacidades cognitivas

1972
Kahneman e Tversky: o efeito das heurísticas no julgamento

siderada mais provável por ser mais "representativa". Para o médico da "mulher decepcionada", a ocorrência de sete meninas em sequência não era representativa da distribuição de 50:50 de meninos e meninas na população, de modo que ele previu que o próximo bebê equilibraria a situação sendo um menino.

Mais do que uma aposta   A representatividade é uma heurística tão convincente que pode até levar a ondas de pânico provocadas pelo medo de possíveis ameaças à saúde. Por exemplo, de tempos em tempos alguém nota que determinados locais de trabalho, escolas ou hospitais sofreram um número maior do que o "normal" de casos de câncer. Locais como esses são conhecidos como clusters de câncer. A reação a isso costuma ser procurar uma causa ambiental, como fios de alta tensão, a qualidade do ar ou torres de telefonia móvel. A pressão do público leva as autoridades da saúde a alocar seus escassos recursos para encontrar a causa. No entanto, raramente a causa é encontrada, porque a observação já começou imperfeita. Esperar que todo edifício e todo local de trabalho tenham a mesma distribuição de casos de câncer que a população em geral é o mesmo que esperar que toda família tenha o mesmo número de meninos e meninas ou que todo jogo de roleta tenha o mesmo número de resultados vermelhos e pretos. Os eventos aleatórios podem produzir clusters, o que de fato ocorre. A incapacidade de reconhecer esse fato leva a um pânico desnecessário e desperdiça recursos preciosos que seriam utilizados com mais eficácia para resolver problemas reais, e não imaginários.

Conheça os riscos   Os economistas comportamentais mostraram que as pessoas em geral não são boas em pensar estatisticamente. Elas são acometidas de uma espécie de entorpecimento em relação aos números. Veja o exemplo a seguir:

"Fred é descrito pelas pessoas que o conhecem como um homem calmo, aplicado, introvertido. Ele é detalhista, não muito assertivo e não particularmente sociável."

Como ganhar sozinho na loteria

Eis um bom jeito de colocar em prática o seu conhecimento de psicologia. Se você costuma jogar na Mega-Sena e quiser maximizar seus ganhos, escolha seis números sequenciais (1, 2, 3, 4, 5, 6 ou 22, 23, 24, 25, 26, 27 ou algum outro padrão ordenado). Como esses números não "representam" o que a maioria das pessoas considera um resultado realista, poucas pessoas escolhem esse tipo de sequência numérica. E, como todas as sequências têm a mesma probabilidade de ganhar (uma chance praticamente nula), escolhendo seis números sequenciais você tem as mesmas chances de ganhar que todos os outros apostadores que jogarem em seis números aleatórios. Contudo, se por acaso os seus números forem sorteados, pelo menos você não vai ter de dividir o seu prêmio com ninguém.

Você acha que ele tem mais chances de ser um bibliotecário ou um vendedor? Quanto dinheiro você apostaria na sua resposta? Você deve achar que a resposta é óbvia: Fred é o protótipo de um bibliotecário. Mas espere um momento: quantos bibliotecários existem neste país e quantas pessoas atuam em vendas? Provavelmente cem vezes mais pessoas atuam em vendas do que em bibliotecas. E a diferença entre os vendedores é enorme, dependendo do que eles vendem. Por exemplo, Fred pode vender equipamentos altamente técnicos e especializados para cientistas e pesquisadores. Esse problema é conhecido como "ignorar a taxa de base": conhecer a probabilidade total em qualquer situação.

Conheça as suas chances Quais são as chances de ganhar na loteria? Menores do que ser atingido por um raio, mordido por uma cobra venenosa ou sofrer um acidente de avião. As pessoas continuam com medo de tubarões em águas nas quais esses peixes nunca são vistos por causa do filme *Tubarão*, lançado mais de trinta anos atrás. O mesmo vale para a compra de apólices de seguro. Será que valeria a pena fazer um seguro contra acidentes de avião ou furtos residenciais? Como você pode imaginar, valeria a pena contratar um seguro contra furtos residenciais, que são muito mais comuns. Já os acidentes de avião (felizmente) são muito raros.

Além da questão da taxa de base, há também o "viés da grandeza", que também nos induz a erros estatísticos. As pessoas prestam mais atenção a números grandes do que a números pequenos. O entorpecimento dos números (*number numbness*) pode ser visto no modo como as pessoas usam o dinheiro e pensam sobre ele. Gary Belsky e Thomas Gilovich, que escreveram um livro em 1999 sobre a economia comportamental, intitulado *Why Smart People Make Big Money Mistakes* (algo como "Por que pessoas inteligentes cometem grandes erros com o dinheiro"), deram algumas boas dicas para combater um raciocínio estatístico equivocado:

1. Não se impressione com o sucesso em curto prazo: olhe sempre as tendências de longo prazo.
2. Pense em termos de médias porque o acaso tem um grande papel nos investimentos e é fácil ser seduzido por influências do acaso em curto prazo.
3. Saiba que o tempo atua a seu favor: comece cedo e não negligencie o poder da inflação.
4. Conheça as taxas de base e tome cuidado com elas.
5. Sempre leia as letras miúdas, porque aquilo que as letras garrafais dão as letras miúdas tiram.

A ideia condensada: os nossos erros cognitivos nos dão um vislumbre da nossa mente

29 Capacidade de julgamento e resolução de problemas

"Ele tem jeito para avaliar o caráter das pessoas."
"Eu, pessoalmente, não confiaria na opinião dela."
"Acho que ele mais atrapalha do que ajuda."
"Precisamos formar um comitê, dada a importância dessa decisão." **A resolução de problemas ocupa o centro da psicologia do pensamento, que diz respeito a diferentes assuntos relacionados.**

A resolução de problemas é uma atividade intelectual, direcionada a uma meta e com um propósito definido. Alguns "problemas" são resolvidos com relativa rapidez, quase automaticamente, porque são encontrados o tempo todo. Outros problemas, contudo, requerem reestruturação, visão e recálculo. Os psicólogos da Gestalt demonstraram que às vezes a experiência prévia pode atrapalhar e prejudicar uma boa resolução de problemas quando as respostas aprendidas para problemas específicos deixam de se aplicar devido a uma mudança no problema.

> **"Verdades irracionais podem ser mais prejudiciais que erros fundamentados."**
>
> T. H. Huxley, 1960

Heurística A palavra "heurística" denota "descobrir". O conceito é usado na psicologia para descrever um método (em geral, um atalho) que as pessoas usam para tentar resolver os problemas. As heurísticas são "regras práticas", às vezes construídas com algoritmos, que são maneiras complicadas, lógicas e orientadas a procedimentos para resolver problemas.

Nos processos decisórios do dia a dia, as pessoas recorrem a uma ampla gama de heurísticas simples que, em geral, são corretas e eficazes. Elas são muito úteis para tomar decisões rápidas e em geral são empregadas quando não é

linha do tempo

1957
A ideia do *brainstorming* é proposta

1961
Os riscos da tomada de decisões em grupo são demonstrados

fácil obter informações adicionais. Na verdade, é possível aplicar muitas heurísticas ao mesmo tempo para resolver um problema.

Usamos a heurística para tomar decisões quando estamos incertos, porque somos "parcimoniosos cognitivos" e queremos poupar tempo e esforço. As heurísticas são regras simples, eficientes e programadas por processos evolutivos ou aprendidos. Elas podem explicar como as pessoas tomam decisões, formam opiniões e resolvem problemas, normalmente diante de problemas complexos ou informações incompletas. Vejamos os exemplos a seguir.

Heurística da *representatividade*: É a premissa de que os integrantes típicos (ou representativos) de um grupo ou categoria podem ser encontrados com mais frequência. Essa premissa tende a ignorar informações de taxa de base ou a ocorrência global do problema ou do grupo na população. Estudos demonstram que as pessoas tendem a acreditar que os resultados de amostras pequenas são tão válidos quanto os resultados de amostras maiores (veja o capítulo 8).

> **"Todo mundo reclama da própria memória, mas ninguém reclama da própria falta de discernimento."**
>
> Duque François de La Rochefoucauld, 1678

Heurística de *disponibilidade*: Diz respeito à facilidade de lembrar exemplos ou ocorrências e o efeito disso sobre a capacidade de julgamento. Ocorrências fáceis de lembrar, de imaginar e vívidas têm um peso desproporcionalmente maior do que deveriam. As pessoas se lembram de eventos ou exemplos concretos com mais vividez e também exageram sua importância ou sua probabilidade de voltar a acontecer em comparação com outros eventos menos memoráveis. Um exemplo disso é o fato de as pessoas acharem que têm mais chances de morrer em um acidente de avião do que em um acidente de carro, já que ocorrências de acidentes de avião são mais divulgadas e, portanto, mais fáceis de lembrar.

Heurística de *ancoragem*: Um viés cognitivo que descreve a tendência humana a confiar demais, ou a se "ancorar", em uma determinada informação ao tomar decisões. Segundo essa heurística, as pessoas começam com um ponto de referência implicitamente sugerido (a âncora) e a ajustam para chegar à própria estimativa. Em um estudo, os pesquisadores constataram que, quando solicitadas a adivinhar a porcentagem de países africanos que são membros das Nações Unidas, as pessoas que receberam a pergunta "É mais ou menos que 45%?" estimaram porcentagens mais baixas que as pessoas que receberam a pergunta "É mais ou menos que 65%?" A ancoragem e os ajustes também afetam outros tipos de estimativa, como a percepção de preços justos e de bons negócios.

1972
O pensamento de grupo é descrito

1982
Kahneman, Slovic e Tversky, *Judgement under Uncertainty: Heuristics and Biases* [Tomando decisões diante da incerteza: heurísticas e vieses]

2002
O psicólogo Kahneman ganha o Prêmio Nobel de Economia

Os vieses no mundo dos negócios O estudo dos vieses ou erros de resolução de problemas ao mundo dos negócios é conhecido como economia comportamental. Essa área se concentra em atitudes decisórias comuns voltadas a questões relacionadas com o dinheiro.

Essas atitudes distorcidas incluem:

- viés de confirmação ou quando você só procura informações que confirmam as suas ideias ou são favoráveis a elas;
- viés do otimismo, quando você acredita que tem uma capacidade de julgamento melhor que os outros e que os outros têm mais chances de serem vítimas de infortúnios do que você;
- viés de controle, quando você acredita que tem mais controle sobre o resultado de eventos organizacionais ou nacionais do que realmente tem;
- viés de excesso de confiança, quando você acredita que as suas previsões e avaliações são sempre as melhores;
- rigidez mental, quando você subestima ou exagera a importância de eventos do dia a dia.

Muitos outros vieses podem entrar em ação e eles revelam uma imagem decepcionante das pessoas convencidas de que as próprias avaliações e opiniões são excelentes, inteligentes e absolutamente racionais.

O *brainstorming* Os estudos sobre o *brainstorming* são particularmente surpreendentes. Foi sugerido que as pessoas se saem com melhores e mais numerosas soluções "criativas" ao trabalhar em grupos de *brainstorming* do que quando trabalham sozinhas. A ideia é que, ao seguir um determinado processo ("quanto mais, melhor", dizer o que vier à cabeça, as críticas são proibidas), resultados maravilhosos são obtidos. No entanto, os dados provam o contrário: na verdade, pessoas trabalhando sozinhas parecem ser mais eficazes. Por que será que isso acontece? Em primeiro lugar, as pessoas são vítimas da *apreensão de avaliação*, ou seja, as pessoas se constrangem em grupos e podem censurar as próprias boas ideias achando que os outros as desaprovarão. Em segundo lugar, a *indolência social* entra em ação e as pessoas trabalhando em grupos simplesmente deixam que os outros façam todo o trabalho. Em terceiro lugar, temos a questão do *bloqueio da produção* ou, em outras palavras, as pessoas dizem que não conseguem pensar direito com todo o burburinho gerado pelo grupo. E o veredito é... somando os resultados das pessoas que trabalham sozinhas para resolver um problema criativo, constatamos que elas se saem com respostas melhores e mais numerosas que um grupo de *brainstorming*.

> **"A marca dos níveis mais elevados de inteligência é a capacidade de cometer erros."**
> H. Price, 1953

Tomada de decisão em grupo Será que as pessoas tomam decisões melhores em grupo ou sozinhas? Alguns experimentos psicológicos e sociais fascinantes e bastante surpreendentes foram conduzidos para investigar essa questão. A ideia é que o processo decisório envolve várias etapas: nós analisamos a situação, determinamos os objetivos, determinamos como pretendemos tomar a decisão (quem, quando, como e onde) e procuramos boas soluções alternativas.

Pensamento de grupo

Muitos estudos sobre grupos que tomaram péssimas decisões levaram ao desenvolvimento do conceito de pensamento de grupo. Isso acontece quando os grupos têm a ilusão de que são invulneráveis e passam tempo demais racionalizando (em vez de serem racionais no que se refere à decisão). Eles tendem a acreditar piamente que são moral e eticamente superiores aos outros e passam muito tempo estereotipando negativamente os outros. Eles também são submetidos a uma intensa e pouco saudável "pressão à conformidade" para "andar na linha" ou "agir com lealdade". Isso os leva a censurar as próprias ideias dissidentes e eles se abstêm de apresentar contra-argumentos relevantes ou importantes. Com efeito, esses grupos em geral têm "guardas mentais" para assegurar que todos pensem da mesma forma. Isso leva a uma falsa impressão de unanimidade, mesmo na ausência de unanimidade.

Depois avaliamos as alternativas, escolhemos uma, avaliamos a nossa escolha e aprendemos com as consequências. Uma questão importantíssima, mas muitas vezes negligenciada, é o modo como a decisão é tomada – é melhor tomar a decisão sozinho, recorrer a especialistas ou formar um comitê?

A polarização de grupo Os estudos sobre a polarização de grupo são igualmente interessantes. A maioria das pessoas presume que, se as decisões forem tomadas em grupo (como em uma reunião do conselho ou em um júri criminal), os membros do grupo tendem a tomar decisões mais moderadas e menos radicais do que se a mesma decisão fosse tomada individualmente. No entanto, é o processo decisório em grupo que em geral leva a decisões mais radicais. Em primeiro lugar, muitas pessoas fazem comparações sociais, comparando-se com as outras pessoas do grupo. Assim, elas se põem a defender mais efusivamente certos valores culturais relativos à equidade, justiça, risco etc. Desse modo, em questões como a poluição ambiental ou a proteção a crianças, os grupos tendem a ser muito conservadores e avessos ao risco (mais que os indivíduos), enquanto em outras questões, como orientação vocacional ou viagens de aventura, o que acontece é o contrário. Além disso, em grupos, as pessoas podem ser expostas a algumas informações bastante convincentes apresentadas por uma pessoa confiante e articulada que as inclina a se posicionar de uma determinada maneira.

A ideia condensada: a capacidade de julgamento, em geral, é afetada pelo contexto

30 Quando você já investiu demais para desistir

O seu artista favorito vai dar um show na sua cidade e você tem ingressos. No dia do show você recebe duas notícias desoladoras: o artista está doente e será substituído; e foi marcada uma greve geral dos transportes públicos na sua cidade e você sabe que será um inferno chegar ao show e voltar para casa. O que você faria se tivesse ganhado os ingressos de um cliente agradecido ou um amigo? E se você tivesse pagado, do seu bolso, US$ 200 dólares por ingresso?

A *falácia do custo irrecuperável* mostra muito claramente que as pessoas teriam muito mais chances de hesitar em ir ao show de um artista substituto se tivessem pagado pelos ingressos do próprio bolso. Os organizadores de conferências confirmam: quanto mais as pessoas pagam pela conferência, mas propensas elas serão a comparecer (e, portanto, não cancelar sua participação). É a clássica *aversão à perda*. Um ingresso não utilizado implica uma perda e, pior ainda, seria um desperdício da sua parte.

Voltando para casa do trabalho, você vê uma grande pechincha: uma excelente refeição pronta por apenas 25% do preço normal. Você compra uma, mas, quando chega em casa, tem a ideia de chamar uma amiga para jantar. Você a convida, ela concorda e você volta à loja para comprar outra refeição pronta. Ao chegar lá você constata que, por azar, o produto não está mais em liquidação e você é obrigado a pagar o preço cheio pela refeição. E o pior ainda está por vir: você aquece as duas refeições e a sua amiga liga para dizer que teve um imprevisto e não conseguirá ir jantar com você. Com isso, você fica com duas refeições quentes que não tem como reaquecer para comer no dia seguinte. Você precisa jogar uma delas fora. Apesar de as duas refeições serem idênticas, nesse caso, as pessoas quase sempre escolhem comer a refeição pela qual pagaram o preço integral.

> **"É melhor ter amado e perdido do que jamais ter amado."**
> Alfred Lord Tennyson, 1880

linha do tempo

1968	1979
Primeiro experimento clássico	Discussão da teoria das perspectivas

O pensamento econômico Os economistas argumentam que os custos irrecuperáveis não são levados em conta na tomada de decisões racionais. Vejamos um exemplo clássico disso. Você errou ao comprar um ingresso de cinema não reembolsável, incorrendo em um custo irrecuperável. Você pode escolher entre as duas opções a seguir:

- considerando que você já pagou pelo ingresso, você pode ir ver o filme, mesmo sem querer vê-lo;
- considerando que você já pagou pelo ingresso, você se conforma com a perda e vai fazer algo mais divertido.

Você se arrepende de ter comprado o ingresso, mas a sua próxima decisão deveria se basear em você querer ou não ver o filme, não importando o preço que pagou, como se você fosse ver um filme de graça. O pensador racional provavelmente dirá que, considerando que a segunda opção envolve apenas um tipo de sofrimento (o dinheiro que você gastou/desperdiçou) enquanto a primeira opção envolve um sofrimento duplo (o dinheiro desperdiçado e o seu tempo), fica claro que a segunda opção é preferível.

Muitas pessoas odeiam "desperdiçar" recursos. Elas poderiam se sentir obrigadas a ir ver o filme mesmo contra a vontade, porque, de outra forma, estariam desperdiçando o preço que pagaram pelo ingresso. Não ir ver o filme equivaleria a jogar no lixo seu rico e suado dinheirinho. Essa é a falácia do custo irrecuperável. E o destaque é para a palavra "falácia". A rigor, esse comportamento é irracional: ele é ineficiente por alocar erroneamente os recursos (tempo), levando a uma decisão baseada em informações irrelevantes.

> **"O passado é um país estrangeiro. Lá, as coisas são feitas de um jeito diferente."**
> L. Hartley, 1950

Os custos irrecuperáveis podem levar a um aumento alarmante dos custos. Um exemplo de custos irrecuperáveis pode ser o investimento em uma fábrica, um maquinário ou um projeto de pesquisa que acaba revelando ter um valor mais baixo que o esperado, ou pior, um valor nulo. Um governo pode ter gastado US$ 100 milhões na construção de uma usina de energia nuclear bastante necessária, mas o dinheiro pode ter acabado. O valor presente é praticamente zero, porque a obra não foi concluída. No entanto, ela pode ser concluída com um investimento adicional de US$ 40 milhões ou pode ser completamente abandonada e um parque ecológico de energia eólica pode ser construído por meros US$ 20 milhões. A decisão mais racional seria abandonar a obra não concluída e construir o parque de energia eólica alternativa, apesar de isso representar a

> **"Os sonhos são sempre ambientados no passado."**
> A. Phillips, 1993

1985
Publicação de um artigo importante sobre o tema

1999
Belsky e Gilovich ajudam pessoas que sofrem de aversão à perda

2000
Cohen, *The Psychology of the Stock Market* [A psicologia do mercado de ações]

> ## Um estudo clássico
>
> Em 1968, foi conduzido um experimento que pode ser considerado o estudo clássico para investigar a questão dos custos irrecuperáveis. Dois pesquisadores abordaram 141 apostadores em corridas de cavalo: 72 apostadores tinham acabado de fazer uma aposta de US$ 2 nos últimos 30 segundos e 69 apostadores estavam prestes a fazer uma aposta de US$ 2 nos próximos 30 segundos. A hipótese dos pesquisadores era que os apostadores que acabaram de se comprometer com uma linha de ação (apostar US$ 2) reduziriam a dissonância pós-decisional por acreditar, mais do que nunca, que escolheram um cavalo vencedor. Os pesquisadores pediram que os apostadores avaliassem suas chances de ganhar em uma escala de sete pontos. As pessoas que estavam prestes a fazer uma aposta avaliaram suas chances de ter escolhido um cavalo vencedor em uma média de 3,48, correspondendo a uma "chance razoável de ganhar", enquanto as pessoas que tinham acabado de apostar avaliaram suas chances com uma classificação média de 4,81, o que correspondeu a uma "boa chance de ganhar". A hipótese dos pesquisadores foi confirmada: depois de comprometer US$ 2, as pessoas ficavam mais confiantes de que a aposta se pagaria. Os pesquisadores submeteram os patrocinadores dos cavalos a um teste complementar e (após a normalização) as constatações foram praticamente idênticas.

perda total da despesa original. Os US$ 100 milhões já investidos seriam um custo irrecuperável.

Mesmo assim, quantos políticos seriam (economicamente) irracionais e escolheriam concluir o projeto?

Os psicólogos reconhecem que os custos irrecuperáveis podem afetar as decisões devido à aversão à perda. O preço pago no passado acaba sendo visto como uma referência para o valor presente e futuro, embora o preço pago seja e deva ser irrelevante. Desse modo, esse seria um comportamento não racional. As pessoas ficam presas ao passado, tentando compensar decisões ruins e recuperar as perdas.

A falácia do custo irrecuperável também é conhecida na Europa como o "efeito Concorde". Tanto o governo britânico quanto o francês continuaram financiando, nas décadas de 1950 e 1960, o desenvolvimento do fantástico avião supersônico Concorde, mesmo depois de ter ficado claro que não havia mais bases econômicas para justificar o projeto. O projeto Concorde sempre perdeu dinheiro. O governo britânico, no fundo, sabia que o projeto era um "desastre comercial" que nunca deveria ter sido iniciado. Em público, contudo, a decisão, mais do que um mero resultado de um processo decisório ruim, foi mantida mais por necessidades políticas e para não fazer feio.

Insistir no erro Os economistas comportamentais identificaram as características de pessoas propensas a ser vítimas da aversão à perda e da falácia do custo irrecuperável. Segundo eles, um sinal clássico disso é quando você toma importantes decisões envolvendo gastos com base no quanto você já gastou em um projeto. Eles observaram que a aversão à perda está associada a uma tendência de vender investimentos vencedores com mais prontidão do que investimentos perdedores e à tendência de sair do mercado de ações quando os preços caem. Os estudiosos propõem as sugestões a seguir para tomar decisões melhores.

> **"Quem controla o passado controla o futuro."**
> George Orwell, 1948

- Avalie a sua tolerância ao risco, ou seja, teste o seu limiar para a perda e para entrar em pânico quando as coisas dão errado, para ao menos se conscientizar melhor das próprias reações.
- Diversifique de modo que, se alguma coisa der errado com um aspecto da sua empresa/investimentos/emprego, você possa reagir com menos emotividade e mais racionalidade.
- Concentre-se no quadro geral, mais amplo e completo, mantendo em vista as estratégias e metas de longo prazo para reduzir as chances de reagir exagerada e impulsivamente quando as coisas derem errado.
- Esqueça o passado: são águas passadas; não seja uma vítima de infortúnios ou decisões equivocadas. Lembre-se que não adianta tentar justificar o passado. Analise a situação no presente e no futuro.
- Tente ver as suas perdas como se fossem ganhos. Uma perda pode ensinar valiosas lições, minimizando o problema. Não dá para mudar o passado, mas é possível vê-lo de uma perspectiva diferente.
- Disperse os seus ganhos e integre as suas perdas. Tente assegurar resultados positivos em momentos diferentes e evitar más notícias chegando todas ao mesmo tempo para poder lidar com os problemas e continuar avançando.
- Relaxe e não fique obcecado com os seus investimentos. Não acompanhe as suas ações no mercado financeiro todos os dias, mas só uma vez por semana. Não deixe que a sua aversão natural à perda ameace a sua paz de espírito.

A ideia condensada: os custos irrecuperáveis afetam a tomada de decisões

31 Decisões racionais

"Por que o homem se arrepende, mesmo se empenhando em banir qualquer arrependimento, de ter se rendido a um impulso natural e não a outro; e por que, ademais, ele acredita que deveria se arrepender de sua conduta? O homem, nesse aspecto, difere profundamente dos animais inferiores."

C. Darwin, 1862

A resolução de problemas é similar à tomada de decisões, mas os dois conceitos não são equivalentes. Na resolução de problemas tentamos nos sair com boas soluções alternativas, enquanto na tomada de decisões escolhemos uma das alternativas. As pessoas tendem a tomar decisões de algumas maneiras habituais. Elas podem fazer uma lista de prós e contras. Podem consultar colegas, amigos ou parentes. As decisões podem ser tomadas individualmente ou em grupo; de maneira fria e calculista ou com uma grande dose de emotividade.

> **"Nenhuma vida está isenta de arrependimentos ou consolos."**
> A. Bennett, 1995

Nós gostamos de acreditar que, na maioria das vezes, tomamos decisões racionais. No jargão da economia, isso é chamado de maximização da utilidade. Avaliamos o que tem mais chances de ocorrer (probabilisticamente) e o valor (utilidade) desse resultado para nós. Em seguida, multiplicamos os dois e escolhemos a melhor alternativa. Isso é chamado de teoria normativa. No entanto, esse procedimento tem um importante problema: estudos de pessoas tomando decisões demonstram que elas não seguem esse processo, especialmente no que se refere a ganhos e perdas. Somos mais apegados à possibilidade de perda do que de ganho.

A teoria das perspectivas Kahneman e Tversky ganharam o Prêmio Nobel de Economia em 2002 por seus trabalhos no desenvolvimento da teoria das perspectivas, que descrevem decisões entre alternativas que envolvem risco ou, em outras palavras, alternativas com resultados incertos e probabilidades conhecidas.

Estudos demonstram que as pessoas são muito mais sensíveis às perdas do que aos ganhos, a ponto de correrem sérios riscos para evitar perdas. Isso leva as pessoas a correr para vender suas ações (de maneira imprudente) diante de uma grande queda do mercado de ações ou mandar consertar um

linha do tempo

1947
Teorias normativas
de tomada de decisões

1981
Descrição da importância
do enquadramento

carro velho caindo aos pedaços repetidas vezes porque já pagaram por tantos consertos.

As pessoas decidem quais resultados consideram basicamente idênticos, definem um ponto de referência e consideram os resultados menos satisfatórios como perdas e os resultados mais satisfatórios como ganhos. A assimetria da curva S indica a constatação de Warren Buffett de que "a resposta emocional é duas vezes mais intensa para as perdas do que para os ganhos". As pessoas são avessas ao risco (evitam correr riscos) em relação aos ganhos e, ainda por cima, são avessas à perda (apostam para evitar perdas). O valor subjetivo de um grande ganho não é muito maior que o valor subjetivo de um pequeno ganho, de modo que as pessoas têm pouco incentivo de apostar para tentar aumentar o ganho.

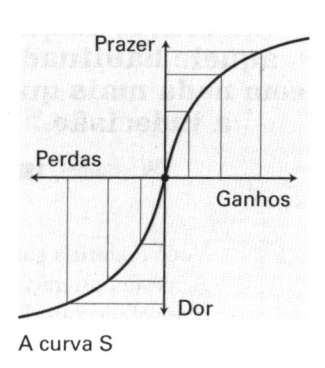

A curva S

Uma implicação importante da teoria das perspectivas é o enquadramento (*framing*) das situações de risco. O exemplo a seguir salienta o grande efeito do enquadramento sobre as pessoas.

Os participantes de um experimento foram solicitados a imaginar que eram cientistas trabalhando no surto de uma doença rara que, segundo as estimativas, mataria seiscentas pessoas. Dois programas diferentes para combater a doença foram propostos. O primeiro grupo de participantes deveria escolher entre dois programas:

Programa A: duzentas pessoas serão salvas.

Programa B: Há um terço de probabilidade de seiscentas pessoas serem salvas e dois terços de probabilidade de nenhuma pessoa ser salva.

Nesse grupo, 72% dos participantes preferiu o programa A, enquanto os 28% restantes optaram pelo programa B.

O segundo grupo deveria escolher entre dois programas:

Programa C: quatrocentas pessoas morrerão.

Programa D: Há um terço de probabilidade de nenhuma pessoa morrer e dois terços de probabilidade de seiscentas pessoas morrerem.

Nesse segundo quadro de decisão, 78% preferiu o programa De os 22% restantes optaram pelo programa C. No entanto, os pro-

> **"Enquanto o médico reflete, o paciente morre."**
> Provérbio italiano

1984
Estabelecimento da teoria das perspectivas

2000
A ciência das decisões ganha força

2002
Kahneman e Tversky ganham o Prêmio Nobel de Economia

> **"Nenhum ser humano é mais miserável do que aquele habituado com nada mais que a indecisão."**
>
> W. James, 1890

gramas A e C e os programas B e D são, na prática, idênticos. Uma alteração no quadro de decisão entre os dois grupos de participantes produziu uma inversão da preferência, com o primeiro grupo preferindo o programa A/C e o segundo grupo preferindo o programa B/D.

Os efeitos do enquadramento A maneira como uma situação é apresentada, ou enquadrada, tem um grande impacto sobre a reação das pessoas. Você preferiria ganhar um desconto de 5% ou evitar uma sobretaxa de 5%? A mesma alteração no preço apresentada, ou enquadrada de maneira diferente afeta consideravelmente o comportamento dos consumidores e constitui uma área importantíssima para o marketing. Isso explica o velho anúncio: "Não perca! Inscrições abertas só até o dia 15!".

Quando as escolhas envolvem possíveis ganhos, as pessoas tendem a evitar riscos, mas, quando as escolhas envolvem possíveis perdas, elas correrão riscos para minimizar essas perdas. Pessoas de todas as origens e idades preferem minimizar o desgosto da perda a maximizar o prazer do ganho.

Em um estudo, dois vídeos foram feitos para tentar convencer as mulheres a fazer um exame de mama e uma mamografia. Os dois vídeos eram praticamente idênticos e apresentavam os mesmos fatos médicos e estatísticos. No entanto, um deles enfatizava os ganhos dos exames, enquanto o outro salientava os riscos de não fazer os exames. Como a teoria previu, mais mulheres que assistiram ao filme focado nos riscos optaram por fazer os exames.

Estudos demonstram que, se você quiser que as pessoas tenham um comportamento preventivo saudável (como usar contraceptivos e preservativos), as melhores mensagens salientam os benefícios dessas ações. No entanto, se você quiser que as pessoas façam exames médicos de detecção (como testes de HIV), será mais interessante se concentrar no negativo. O fato de uma pessoa considerar os comportamentos como sendo de baixo risco ou de alto risco decide qual será mais eficaz, uma mensagem enquadrada na perda ou no ganho.

O que importa não é a realidade da perda, mas a percepção dessa perda. Depois de comprometermos muito tempo, dinheiro e/ou energia a qualquer causa, fica extremamente difícil nos convencer de que não foi uma boa ideia ou de que é melhor abandonar o projeto.

As pessoas empreendedoras correm mais riscos? Será que o comportamento de risco é basicamente um traço de personalidade? Algumas pessoas são claramente avessas ao risco, ao passo que outras pessoas se mostram claramente mais dispostas a correr riscos. Será que a diferença é que as pessoas avessas ao risco se preocupam muito com a segurança, enquanto os propensos ao risco, que chegam a buscá-lo, são motivados pelo desejo de ganhar? As pessoas propensas ao risco são mais corajosas diante de possíveis perdas, ao passo que as pessoas avessas ao risco são mais corajosas diante de ganhos potenciais.

Estudos conduzidos com empreendedores de sucesso revelam que eles definitivamente não são avessos ao risco. Eles tendem a ser muito ativos, curiosos e dispostos a correr riscos "moderados". São enérgicos, orientados às realizações e otimistas. São dispostos a aceitar o fracasso e aprender com os erros. Eles vão atrás das oportunidades. Nos termos da teoria das perspectivas, eles têm uma baixa aversão a perdas e riscos e são propensos ao risco. Eles tendem a reformular, ou reenquadrar, as decisões para vê-las como positivas e raramente ficam paralisados pela indecisão.

A paralisia da decisão

A teoria das perspectivas explica por que agimos quando não deveríamos e por que não agimos quando deveríamos. Curiosamente, quanto mais opções as pessoas têm na vida, mais elas tendem a não fazer nada e, quanto mais atraentes forem as opções disponíveis, mais grave é a procrastinação ou paralisia. A liberdade de escolha pode causar sérios problemas. Quanto mais você adia uma decisão, menos chances tem de vencer a hesitação. Um estudo pediu que os participantes preenchessem um questionário para ganhar uma recompensa razoável: alguns foram informados de que o prazo era de cinco dias, outros receberam um prazo de 21 dias e um terceiro grupo não recebeu prazo algum. O resultado foi que o questionário foi respondido por 66% do grupo do prazo de cinco dias, 40% dos participantes do prazo de 21 dias e apenas 25% das pessoas sem prazo.

Seguem alguns conselhos para quem sofre da paralisia da decisão:

- Reconheça que não decidir também é uma decisão. O adiamento, a procrastinação e o comportamento passivo-agressivo não são as melhores maneiras de demonstrar confiança na situação atual.
- Nunca subestime os custos de oportunidade. O custo de não fazer nada pode ser maior que o custo de uma decisão "abaixo do ideal".
- Crie um sistema de piloto automático que o obrigue a seguir certas regras e que o impeça de ficar atolado com decisões demais.
- Não se esqueça de se colocar no papel de advogado do diabo: questione premissas, comece do zero e não de onde você está hoje. Vire o problema de cabeça para baixo.

A ideia condensada: a razão afeta o comportamento de risco

32 Lembranças do passado

"A reminiscência vem de gerânios secos sem sol e poeira nos cantos, cheiros de castanhas nas ruas, e cheiros de mulher em quartos cortinados, e cigarros nos corredores e cheiros de coquetéis nos bares."

T. S. Eliot, 1945

Quase todo mundo dirá que "vem tudo de volta" ao ouvir certas músicas ou sentir certos aromas ou sabores. Um cheiro especial pode despertar memórias imediatas e vívidas. As músicas da sua adolescência podem transportá-lo imediatamente de volta a uma época e a uma torrente de sentimentos há muito esquecidos. E provar uma comida da infância ou da terra natal pode levar as pessoas a ter memórias súbitas e até bastante inesperadas.

Os profissionais de marketing sabem muito bem disso. Eles bombeiam aromas nas lojas para evocar uma estação do ano (pinhas no Natal, óleo de coco no verão) ou alguma qualidade (como limpeza ou cordialidade) na ten-

O esquecimento

Muitas pessoas mais velhas se lembram com muito mais clareza de eventos de sua adolescência do que eventos que ocorreram no ano passado. É interessante notar que a nossa capacidade de reconhecer rostos parece se manter por muito mais tempo do que a nossa capacidade de associar nomes a esses rostos.

Se você aprende uma língua estrangeira na escola ou universidade, esquece grande parte do que aprendeu nos dois a quatro anos subsequentes, mas o conhecimento retido parece se manter relativamente forte depois desse tempo, permanecendo praticamente inalterado por quarenta anos ou mais. Uma vez que você aprende a nadar, dirigir ou andar de skate, essa habilidade parece ser facilmente retida. Esse tipo de habilidade envolve os chamados ciclos fechados (*closed loops*), nos quais uma ação leva claramente à próxima. O mesmo não se aplica a habilidades de ciclos abertos (*open loops*), como a digitação, nas quais as ações são isoladas.

linha do tempo

Anos 1880
Galton investiga a memória autobiográfica

1913 a 1927
Proust, *Em busca do tempo perdido*

tativa de alterar o estado de espírito dos clientes e, em consequência, a disposição deles para comprar. Eles também podem tocar uma determinada música ambiente para tentar produzir o mesmo efeito.

A memória autobiográfica   Todos nós temos memórias do passado: da infância, da escola, da adolescência, do primeiro emprego. Temos memórias de eventos muito específicos e de eventos mais gerais. Podemos ter memórias de fatos bastante específicos (como estava o tempo no dia do nosso casamento, a marca do nosso primeiro carro) que podem ser verificados. As memórias mais intensas das pessoas costumam se referir a duas fases da vida: a adolescência e o início da idade adulta (digamos, dos doze aos 25 anos) e os últimos seis anos, mais ou menos.

> **"Muito do que lembramos é reconstruído de fragmentos armazenados."**
> J. Fodor, 1975

A maioria de nós sofre de *amnésia infantil* e lembramos muito pouco dos nossos primeiros anos de vida. Diferentes explicações foram propostas para explicar esse fato. Pode ser que o cérebro ainda estivesse subdesenvolvido e não tivesse como armazenar as informações ou pode ser que não ainda tivéssemos desenvolvido uma linguagem sofisticada o suficiente para armazenar memórias. Pode ser que a visão de mundo da criança é tão diferente da visão de mundo do adulto que, mesmo se as memórias fossem retidas, não teríamos como acessá-las.

Uma maneira de estudar o fenômeno é questionar a criança e sua mãe sobre os detalhes, digamos, do nascimento de um irmão ou irmã. Os experimentadores podem perguntar à criança quem ficou cuidando dela quando a mãe foi ao hospital ou quantas vezes a criança visitou a mãe e como foram as visitas etc. Estudos utilizando essa técnica constataram que, em geral, as crianças têm cerca de dois terços do volume de lembranças da mãe, mas, se as crianças tiverem menos de 3 anos, elas não se lembram praticamente de nada.

Uma questão importante envolve quais "fatos" lembramos e o que esquecemos e se a lembrança é sistematicamente distorcida. Ninguém duvida de que a nossa capacidade de recordar o passado pode ser afetada por fatores diferentes, como escrever um diário ou fazer gravações de áudio e/ou vídeo dos vários eventos. As memórias são distorcidas, construídas e reconstruídas ao longo do tempo, principalmente se os eventos forem recontados com frequência ou, por outro lado, muito raramente. As pessoas interpretam o sentido ou significado dos eventos, e não seus detalhes. E podem ter uma ou duas memórias muito fortes (imagens, sons) integradas a um todo. Um fato autobiográfico é completamente diferente de uma memória pessoal genérica.

1920	**Anos 1970**	**1977**
Advento das pesquisas de *biodata*	Primeiros estudos utilizando diários	Nasce o conceito da memória de lampejo

> "As nossas memórias são fichários consultados e devolvidos em desordem por autoridades que não controlamos."
>
> Cyril Connolly, 1950

Métodos Foi o grande psicólogo britânico Sir Francis Galton que começou a investigar as lembranças pessoais na década de 1880. Ele fez isso dando às pessoas uma única palavra, como "casa" ou "pai", e pedindo que elas recordassem algum evento específico associado a esse substantivo. Os detalhes, o tom e a vividez da memória eram avaliados por Galton. Outros pesquisadores desenvolveram um roteiro de entrevistas para tentar mapear as recordações individuais de pessoas e eventos e desvendar o processo da memória. O maior problema do estudo científico é verificar se essas memórias são, de fato, reais.

Também temos os fascinantes registros de um psicólogo holandês que passou mais de seis anos estudando a própria memória autobiográfica. Todos os dias ele documentava alguns eventos da própria vida, totalizando mais de 2.400 registros. Em seguida, ele testou sua memória dos eventos a cada doze meses para verificar se era capaz de responder perguntas do tipo quem, o quê, onde e quando. Ele descobriu que as perguntas mais difíceis de responder eram as do tipo "quando". Também descobriu, talvez como esperaríamos, que, quanto mais incomum e emocionalmente envolvente foi o evento, melhor era a memória desse evento. Curiosamente, quanto mais desagradável era a memória, mais rapidamente ela parecia ser esquecida. Algumas coisas pareciam ter sido completamente esquecidas, mas, com estímulos ou dicas suficientes, quase tudo foi lembrado.

Estudos demonstraram que o modo como as memórias são sondadas afeta a recordação. Pedir para a pessoa reconhecer em vez de recordar as coisas faz uma grande diferença, sendo que o primeiro método leva a muito mais recordações que o último. O nível de recordação também depende muito de os eventos terem sido formalmente registrados em um diário (ou até em vídeo).

Memórias distorcidas, nebulosas, confabuladas Uma importante distinção é entre a *verdade* e a *precisão*. Se uma pessoa recorda a essência de uma situação (experiência e sentimentos em geral), essa recordação pode ser descrita como verdadeira, mas só é precisa se estiver correta em todos os detalhes. Nesse sentido, a maioria das memórias autobiográficas são verdadeiras. A maioria das pessoas tem lembranças autobiográficas relativamente livres de erros. Em outras palavras, elas se lembram corretamente de sua vida em geral, mas, se solicitadas a dar informações detalhadas, elas cometem erros.

Algumas pessoas, geralmente aquelas com amnésia causada por lesões cerebrais, têm memórias nebulosas. Isso significa que elas parecem se lembrar de algumas coisas em alguns momentos, mas, em outros momentos, elas não se lembram de nada. Assim, elas parecem ter as informações armazenadas, mas às vezes têm dificuldade de acessar essas informações. Ainda outros pacientes com lesão cerebral fazem relatos autobiográficos extremamente detalha-

> ### Memórias de lampejo
>
> O termo memória de lampejo (*flashbulb memory*) se refere a lembranças pessoais bastante memoráveis, em geral bem específicas, sobre um evento importante.
>
> O termo foi introduzido em 1977 em pesquisas para investigar as memórias do assassinato de John Kennedy em 1963. Seis fatores são associados às memórias de lampejo:
>
> - local, ou onde o evento ocorreu;
> - evento em curso, ou o que você estava fazendo no momento do evento;
> - natureza do informante, ou como você ficou sabendo do evento;
> - o efeito sobre outras pessoas;
> - a sua própria reação emocional;
> - o que aconteceu imediatamente depois do evento.
>
> Algumas memórias autobiográficas são assim, mas normalmente se referem a acontecimentos históricos famosos.

dos de eventos, mas esses relatos são claramente equivocados. Outros parecem incapazes de distinguir entre memórias autênticas e memórias inventadas ou confabuladas e sofrem dos chamados problemas "disexecutivos". No entanto, é muito raro acontecer isso.

Biodata Muitas pessoas afirmam que o passado profetiza o presente ou, em outras palavras, que a sua história pessoal explica em grande parte o tipo de pessoa que você é hoje. Daí o fascínio pelas biografias. Psicólogos clínicos, mas também empresariais, têm se interessado por esse fenômeno na tentativa de prever o desempenho das pessoas em funções específicas, levando em consideração o número de escolas ou faculdades diferentes nas quais você estudou; se é o filho mais velho; se foi eleito presidente da classe na escola; com quantos anos você se casou e assim por diante. Normalmente, o *biodata*, ou dados biográficos, se refere à história pessoal, educacional e profissional de uma pessoa, inclusive fatos sobre sua saúde, seus relacionamentos, seus passatempos, suas finanças e seus hábitos pessoais. Esse método de seleção tenta assegurar que só os fatos biográficos sejam admitidos como evidência.

A ideia condensada: a memória pode ser acionada por diferentes estímulos

33 O que a testemunha viu

Você conseguiria identificar com precisão a pessoa que lhe vendeu o jornal hoje de manhã? E se você fosse acordado no meio da noite por um assaltante que você só consegue ver de relance? Você tem certeza de que seria capaz de apontar para a pessoa certa em uma sessão de reconhecimento de suspeitos na delegacia de polícia? Quantas pessoas estão mofando na prisão em virtude de uma identificação confiante, porém equivocada, só porque "têm cara de bandido"? E quantas pessoas saem impunes de crimes terríveis por não terem sido identificadas por uma ou mais testemunhas?

> **"A memória das testemunhas oculares parece ser especialmente vulnerável ao modo como as perguntas são feitas."**
> S. Fiske e S. Taylor, 1991

A psicologia da identificação por testemunhas oculares é uma das áreas mais importantes da psicologia aplicada, na intersecção entre a psicologia e a manutenção da ordem pública. Advogados, juízes, policiais e psicólogos estão muito cientes dos frequentes abusos da lei decorrentes de condenações injustas. Eles sabem que uma identificação tem um enorme poder de influenciar os jurados, especialmente se a testemunha parecer lúcida, confiante e articulada.

Os jurados exageram a importância dos relatos das testemunhas oculares: os índices de condenação sobem de 20% para 70% com apenas um depoimento de uma testemunha. A maioria das pessoas é completamente alheia ao modo como muitos fatores diferentes podem influenciar equivocadamente a recordação dos eventos. Más condições de visualização, pouco tempo de exposição e estresse são os fatores mais conhecidos, mas expectativas, preconceitos, estereótipos pessoais e perguntas sugestivas também podem levar a relatos errôneos.

A testemunha Sexo, idade, raça, bem como personalidade e grau de escolaridade e, talvez o mais importante, formação e experiência com observação de eventos e pessoas... todas essas características de uma testemunha

linha do tempo

1890
William James fala da memória imaginada

1904
Início dos estudos sobre a recordação de eventos

podem influenciar a precisão da lembrança. Homens e mulheres notam coisas diferentes, mas não foram encontradas evidências conclusivas no que diz respeito à influência das diferenças sexuais na precisão dos testemunhos oculares. As pessoas mais velhas podem não ter uma visão e uma memória tão boas e sabemos que jovens adultos apresentam o melhor desempenho nessa tarefa. Somos melhores em identificar pessoas do nosso próprio grupo racial.

Fatores contextuais Uma série de fatores situacionais é associada ao evento testemunhado. Eles incluem o tipo de crime; a complexidade, a duração e o envolvimento concreto no evento; bem como fatores simples como a iluminação, a hora do dia e o número de outras pessoas presentes. Quanto mais a testemunha ocular se estressou, menor é a precisão de sua lembrança.

Outro fator é o "efeito do foco na arma", no qual, se o incidente envolver uma arma de fogo ou faca, a arma acaba chamando muita atenção das testemunhas e a precisão da identificação é prejudicada.

Os fatores sociais Fatores sociais são associados às restrições e aos regulamentos dos tribunais e ao status social do interrogador. As expectativas das pessoas podem ter grandes efeitos. Preconceitos culturais, preconceitos latentes, atitudes políticas, todos esses fatores têm um efeito. A linguagem utilizada no tribunal também pode afetar muito a lembrança das testemunhas. Em um estudo famoso, palavras diferentes foram utilizadas para se referir a um acidente de carro: "pancada", "colisão", "contato", "batida", "esmagamento". As palavras influenciaram a recordação posterior. Assim, se a palavra "esmagamento" fora usada, as pessoas tinham mais chances de relatar erroneamente que viram vidro quebrado do que se a palavra "batida" fosse utilizada.

> **"Todas as técnicas que alegam proporcionar esse tipo de '*playback*' de memória – sendo que o melhor exemplo disso é a hipnose – foram consideradas insatisfatórias... a teoria do gravador é falsa."**
> **Henry Gleitman, 1981**

Alguns problemas das interrogações Muitos fatores importantes são associados aos métodos e às técnicas de interrogação, como sessões de identificação de suspeitos e retratos falados. Pense em algo tão simples, porém importante, quanto uma sessão de identificação de suspeitos. A primeira questão é: o suspeito deve ou não ser incluído na sessão? Sabemos, com base em evidências que, quando o verdadeiro criminoso não está presente, um falso suspeito tem uma chance consideravelmente maior de ser incorretamente identificado. Se a testemunha for informada que o culpado pode ou

1976
Comitê jurídico britânico (Comitê Devlin) sobre testemunhos oculares

1979
Loftus, *Eyewitness Testimony* [Testemunho ocular]

1988
Criação da entrevista cognitiva

não estar presente, a probabilidade de erro diminui acentuadamente em comparação com casos nos quais a testemunha presume que o culpado deve estar presente.

O administrador da sessão de identificação pode facilmente "vazar" informações e influenciar a testemunha. Por isso, recomenda-se que a sessão seja conduzida por uma pessoa não envolvida no caso. Em seguida, ajuda se as testemunhas receberem um *feedback* sobre seus erros caso apontarem para "inocentes conhecidos" que participaram da sessão de identificação como possíveis suspeitos, mas que não tiveram qualquer relação com o crime. Os inocentes, naturalmente, devem se parecer com as descrições de testemunhas. Se o criminoso for lembrado como sendo alto, careca, magro e de óculos, todos os suspeitos inocentes devem ter essas características, porque sabemos que qualquer pessoa com essas características (seja ela inocente ou culpada) tem mais chances de ser identificada como o criminoso. Sabemos também que os erros têm mais chances de ocorrer se as testemunhas virem todos os suspeitos simultaneamente e não em sequência.

Quando as testemunhas identificam um suspeito, há sempre algum elemento de dúvida. No entanto, elas tendem a se mostrar mais confiantes posteriormente em comparação com o momento da identificação do suspeito, mesmo quando estiveram relativamente incertas em relação à decisão. "Talvez" ou "pode ser" muitas vezes se transforma em "com certeza". Portanto, para reduzir erros, é aconselhável registrar a confiança da testemunha no exato momento da primeira identificação.

O trabalho experimental Um dos primeiros experimentos envolveu mostrar aos participantes o vídeo de um acidente de carro e, em seguida, perguntar a um grupo "Qual era a velocidade dos carros quando um *bateu* no outro?" e, a outro grupo, "Qual era a velocidade dos carros quando eles *entraram em contato?*" As respostas se revelaram diretamente relacionadas com a força sugerida pelo verbo, com uma variação de 50 a 65 quilômetros por hora. Perguntas sugestivas, com apenas algumas alterações sutis na linguagem podem levar, de maneira replicável, a um enorme efeito sobre o testemunho. "Você viu *um*..." em comparação com "Você viu *o*..." é apenas um exemplo de como alterar uma única palavra pode influenciar as testemunhas.

A maioria das testemunhas quer fazer de tudo para ajudar e, no caso de um crime violento ou uma agressão, ainda tem o incentivo adicional de ajudar a polícia a capturar um criminoso violento. As testemunhas acreditam que a polícia não faria uma sessão de identificação de suspeitos, a não ser que tivesse um bom suspeito. Embora as testemunhas se esforcem para identificar o verdadeiro criminoso, quando estão incertas – ou quando nenhum suspeito na sessão de identificação corresponde à recordação –, elas podem identificar a pessoa que mais corresponde à sua lembrança do criminoso. E muitas vezes elas escolhem o suspeito errado.

Os jurados podem desconhecer os fatores capazes de interferir na percepção da testemunha ocular, como o efeito do foco na arma ou fatores que afetam

Fatores a serem considerados

Advogados e jurados costumam ser encorajados a levar em consideração uma série de fatores antes de dar muito crédito a um testemunho ocular.

- Será que a testemunha teve uma boa oportunidade de observar a pessoa?
- A capacidade da testemunha estava prejudicada por bebidas alcoólicas, drogas ou ferimentos?
- A testemunha e o acusado se conhecem?
- Eles são da mesma raça?
- Há quanto tempo o evento aconteceu?
- Como o acusado foi identificado (em fotografias, em uma sessão de identificação de suspeitos)?
- A testemunha estava confiante na identificação inicial?

o armazenamento da memória, como o efeito de exposições prévias em sessões de identificação de suspeitos. Isso pode explicar por que uma revisão de 205 casos de prisão injusta revelou que 52% dos casos foram associados com um testemunho ocular equivocado.

Foi constatado que qualquer testemunho dado de maneira assertiva e positiva é considerado mais preciso e verdadeiro. Sabemos que, quanto mais tempo passar a partir da ocorrência do evento, menos lembramos. Também sabemos que é sempre mais fácil lembrar cenas vívidas, surpreendentes ou originais do que cenas mundanas. Dessa forma, várias técnicas, como a entrevista cognitiva, foram concebidas para melhorar a recordação das testemunhas oculares. Essa técnica encoraja vários atos específicos: contar a história na sequência cronológica e de trás para a frente, bem como de diferentes pontos de vista; relatar todos os detalhes lembrados, por mais triviais que sejam.

A ideia condensada: as testemunhas oculares muitas vezes identificam o suspeito errado

34 Inteligência artificial

"Não deveríamos precisar invocar quaisquer entidades ou forças para explicar os fenômenos mentais se podemos chegar a uma explicação em termos de um possível computador eletrônico."

M. G. Kendall, 1950

Fato ou ficção? Muitas pessoas sonham em criar máquinas inteligentes e algumas parecem ter conseguido: robôs capazes de montar carros; máquinas capazes de jogar xadrez e vencer grandes mestres enxadristas. Muitos mitos antigos contêm referências a máquinas pensantes, escravos autômatos ou monstros assustadores que, uma vez criados, tornam-se incontroláveis.

No decorrer de todo o século passado, futuristas escreveram sobre maravilhosos novos mundos nos quais as máquinas se encarregarão de todo trabalho penoso e maçante ou, por outro lado, dominarão o mundo. Hoje em dia, a inteligência artificial (AI) ocupa o cerne de uma ampla gama de inovações, como robôs, novos diagnósticos médicos até brinquedos sofisticados.

> "A máquina não pode pensar da mesma maneira que um livro não pode lembrar."
> L. S. Hearshaw, 1987

Definição Segundo a definição moderna, inteligência artificial é o estudo e a criação de *agentes inteligentes*, sistemas capazes de perceber o ambiente e agir para maximizar suas chances de sucesso. O termo inteligência artificial também é usado para descrever uma propriedade de máquinas ou programas: a inteligência demonstrada pelo sistema. Os pesquisadores esperam que as máquinas um dia poderão demonstrar raciocínio lógico, conhecimento, planejamento, aprendizagem, comunicação, percepção e a capacidade de se locomover e manipular objetos. A inteligência geral (ou "inteligência artificial forte") ainda não foi atingida e constitui um objetivo de longo prazo das pesquisas na área.

História A inteligência artificial tem pouco mais de sessenta anos de idade. Engenheiros e matemáticos brilhantes construíram e programaram os primeiros computadores capazes de resolver complexos problemas lógicos e até falar. Governos e universidades investiram verdadeiras fortunas nesse tipo de pesquisa e,

linha do tempo

1941 — Primeiro computador eletrônico

1955 — Desenvolvimento do primeiro programa de inteligência artificial

nos anos 1960, previsões otimistas alardeavam o que as máquinas poderiam ser programadas para fazer. No entanto, esses anúncios foram seguidos de decepção e desilusão da década de 1980 até os anos 2000. O novo milênio tem testemunhado um ressurgimento da ideia, graças ao grande aumento do poder de computação, bem como tentativas de ajudar a resolver problemas bastante específicos.

Métodos Algumas máquinas foram desenvolvidas para apresentar um desempenho melhor do que os seres humanos em tarefas específicas. Um exemplo famoso é o Deep Blue, que derrotou o então mestre enxadrista Garry Kasparov em um jogo de xadrez em maio de 1997. Programas como esse são especializados em apenas uma área, e sua base de conhecimento é criada por seres humanos.

Os pesquisadores da inteligência artificial se dedicam a desenvolver uma série de ferramentas ou métodos concebidos para ajudá-los a realizar sua difícil tarefa. Essas ferramentas e métodos incluem uma função de busca ou o modo como as máquinas exploram seu "alvo". Em seguida, elas precisam de um sistema lógico. Esses sistemas, por sua vez, podem evoluir e formar sistemas probabilísticos para chegar a conclusões. No cerne desse trabalho estão sistemas que ajudam a classificar informações e, em seguida, sistemas que controlam ações uma vez que as informações são classificadas.

> **"A questão que queríamos perguntar é a seguinte: 'Um computador digital, da forma como ele é definido, é capaz de pensar?' Ou, em outras palavras, 'Realizar a instanciação ou a implementação do programa de computador certo com os *inputs* e os *outputs* certos constituiria o pensamento ou bastaria para pensar?' A essa pergunta... a resposta é claramente 'não'."**
>
> John Searle, 1984

Programas de computador estão sendo desenvolvidos para aprender com a experiência. Um exemplo é o Soar (sigla de "*state, operator and result*", ou estado, operador e resultado), que resolve problemas começando com um estado inicial e aplicando operadores até atingir o estado de resultado. O Soar usa a criatividade para sair de um impasse e é capaz de aprender com a experiência, armazenando as soluções e utilizando-as para resolver um problema semelhante no futuro. Esses atributos são importantes para o desenvolvimento da inteligência artificial, por possibilitar o sistema a resolver uma grande variedade de problemas com mais eficiência. Contudo, e ainda mais importante, o Soar, ao resolver os problemas, se comporta de maneira similar a um ser humano. Os dois aprendem com a experiência, resolvem problemas e geram curvas de aprendizagem com um formato bastante semelhante.

1964
Introdução da ideia da lógica fuzzy

1970
Criação de sistemas especialistas

1997
O Deep Blue vence Garry Kasparov

A ética da inteligência artificial

Os críticos têm observado que, tradicionalmente, os maiores interessados na inteligência artificial são órgãos públicos de defesa e grandes corporações, especialmente empresas de informática. Será que isso significa que precisamos nos voltar às possíveis questões éticas da inteligência artificial? Todos os avanços científicos têm consequências sociais.

Conhecimento é poder: o conhecimento costuma ser neutro e pode ser aplicado de maneiras diferentes. Por exemplo, temos a energia nuclear e, por outro lado, as armas nucleares. Tanto os criminosos quanto os profissionais de prevenção de crimes e apreensão de criminosos podem usar exatamente os mesmos equipamentos para coletar e processar dados.

O que as máquinas inteligentes deveriam ser capazes de fazer? Os defensores da chamada "inteligência artificial forte" acreditam que as máquinas devem e serão capazes de superar ou exceder as capacidades humanas de pensar, resolver problemas e aprender. No início, o cerne da questão era a capacidade dos pesquisadores da área da inteligência artificial a construir sistemas capazes de resolver problemas repetidamente com eficiência e precisão. Isso envolvia escrever algoritmos para realizar ações como decifrar códigos ou resolver quebra-cabeças. Visto dessa forma, parecia possível ensinar as máquinas a raciocinar ou, em outras palavras, serem logicamente dedutivas. O fato de tantos estudos psicológicos terem mostrado que os seres humanos muitas vezes são ilógicos, irracionais e ineficientes na resolução de problemas só encorajou os pesquisadores da inteligência artificial a mostrar como as máquinas seriam capazes de superar os seres humanos. Mais recentemente, pesquisadores têm demonstrado como as máquinas podem ser capazes de usar até informações incompletas, irrelevantes e distorcidas para tomar decisões.

Planejamento, armazenamento e aprendizagem A tecnologia da inteligência artificial é utilizada para fazer previsões sobre o futuro e, portanto, planejar para o futuro. Isso inevitavelmente envolve uma função de planejamento. Será que poderemos criar máquinas inteligentes, capazes de definir ou escolher metas e objetivos e efetivamente atingir essas metas e objetivos?

Os pesquisadores da inteligência artificial não se interessam apenas pelo "pensar", mas também pelo conhecimento. Uma questão crucial para a inteligência artificial é o modo como as máquinas coletam, categorizam e acessam o conhecimento. O conceito de aprendizagem se relaciona com essa questão. Será que as máquinas podem ser ensinadas a aprender? Será que elas são capazes de lembrar atuações corretas e incorretas e, com base nisso, aprender o que fazer e o que evitar? Será que elas conseguem lidar com informações completamente novas com base na programação que receberam?

Máquinas também estão sendo programadas para ter uma sofisticada percepção sensorial. Essas percepções podem incluir ver (câmeras), ouvir (microfones) ou sentir (sinais concretos) e, em seguida, reconhecer objetos reais. Atualmente, essa capacidade está passando do reconhecimento de objetos para o mundo muito mais empolgante do reconhecimento facial e de pessoas.

As pesquisas da inteligência artificial também estão avançando no importante e complicado campo do processamento de linguagem natural. Muitas pessoas sonham com uma máquina capaz de anotar ditados. Outras pessoas sonham com máquinas capazes de ler livros (em voz alta) ou até traduzir com precisão de uma língua para a outra. Progressos têm sido realizados em todas essas frentes.

Máquinas criativas? Seríamos capazes de criar máquinas criativas? A criatividade, em geral, significa produzir algo ao mesmo tempo original e útil. Igualmente controversa é a ideia de ser possível criar máquinas social e emocionalmente inteligentes. Para tanto, uma máquina deve ser capaz de interpretar ou detectar emoções de uma pessoa (ou de outra máquina) e, em seguida, reagir apropriadamente a essa pessoa ou máquina. Uma máquina emocionalmente inteligente e socialmente habilidosa precisaria ser mais do que apenas educada, mas também agradável e sensível.

O teste de Turing Em 1950, o matemático inglês Alan Turing propôs um critério muito simples: um computador mereceria ser considerado inteligente se pudesse ludibriar um ser humano para acreditar que a máquina era outro ser humano. No início dos anos 1960, pesquisadores desenvolveram um programa de computador paranoico que batizaram de PARRY. O programa podia ser configurado em dois modos: pouco ou muito paranoico. O teste envolveu um grupo de psiquiatras qualificados entrevistando o "paciente" por meio de um teletipo, um teclado datilográfico usado para enviar e receber mensagens. O estudo constatou que nenhum dos entrevistadores acreditou ter entrevistado um computador. Em um estudo ainda mais interessante, um grupo de psiquiatras recebeu várias transcrições de entrevistas com pacientes paranoicos, sendo que algumas transcrições eram reais e outras foram geradas por computador. Os psiquiatras foram claramente incapazes de distinguir entre os dois.

Pelo critério do teste de Turing, já faz um bom tempo que temos máquinas inteligentes, computadores programáveis que conseguem se passar por seres humanos. Na década de 1960, os computadores já eram capazes de conversar – a rigor, receber e responder perguntas – sobre todo tipo de questão, inclusive questões que poderiam ser levantadas em uma consulta psiquiátrica. Estritamente falando, essas máquinas não ouviam nem falavam, mas respondiam perguntas digitadas com respostas digitadas. As máquinas passavam no teste se o interlocutor acreditava estar se comunicando com uma pessoa de verdade.

> **"A verdadeira questão não é se as máquinas pensam, mas se as pessoas pensam."**
>
> B. F. Skinner, 1969

A ideia condensada:
as máquinas podem pensar como os seres humanos?

35 No mundo dos sonhos

Por que entramos várias vezes num mundo de fantasia quando dormimos? Por que observamos eventos imaginários e nos envolvemos em comportamentos imaginários e o que isso significa? Será que os sonhos são um portal para o nosso inconsciente? Será que é realmente possível interpretar os nossos sonhos?

> **"O sonho é o reflexo das ondas da vida inconsciente na superfície da imaginação."**
> H. Amiel, 1989

Os sonhos podem ser assustadores ou reconfortantes. Os sonhos são fantásticos no sentido de que coisas ilógicas e impossíveis podem acontecer neles. Nos sonhos você consegue voar, os mortos voltam à vida e objetos inanimados podem falar.

O sono REM A maioria de nós sonha em média uma ou duas horas por noite, tendo uma variedade de sonhos. A maioria dos sonhos é completamente esquecida, levando algumas pessoas a afirmar que não sonham. Pesquisadores descobriram que, se as pessoas forem despertadas imediatamente depois de um episódio de sono envolvendo o movimento rápido dos olhos (REM), muitas conseguem lembrar seus sonhos com bastante precisão. Uma pessoa despertada durante o sono REM quase sempre relatará um sonho, muitas vezes com um grande nível de detalhamento. Esses relatos indicam que as pessoas estão conscientes durante o sono, embora nem sempre se lembrem da experiência. Estudos de ondas cerebrais demonstram que o cérebro fica bastante ativo durante o sono REM. Também sabemos que os homens são propensos a ter ereções e as mulheres, um maior fluxo sanguíneo para a vagina, nessa fase do sono.

Tipos de sonhos Dizem que a palavra "*dream*", sonho, em inglês, é derivada das palavras para "alegria" e "música". Muitas pessoas falam de vários tipos diferentes de sonhos: dos extremamente lúcidos até os vagos; de pesadelos a sonhos maravilhosos.

Crianças dos três aos oito anos de idade muitas vezes relatam ter pesadelos, mas tudo indica que elas não aparecem muito nos próprios sonhos antes dos

linha do tempo

50 d.C.
Inúmeras menções na Bíblia

1899
Freud, *A interpretação dos sonhos*

três ou quatro anos de idade. Muitas pessoas relatam sonhos recorrentes, temendo alguns e ansiando por outros. Algumas pessoas acreditam que seus sonhos são proféticos. Quase dois terços das pessoas afirmam que já tiveram sonhos do tipo *déjà vu*.

Alguns sonhos parecem ser interculturalmente comuns a todas as pessoas em todas as épocas. O sonho de voar é bastante comum: pessoas relatam que podem voar como um pássaro, talvez como um nadador que nada de peito. Outras relatam o sonho de cair, no qual elas passam um bom tempo caindo de edifícios altos ou em poços escuros. Ou elas simplesmente tropeçam e caem bastante. Muitos sonham que de repente estão nus e morrendo de vergonha na frente das pessoas. O sonho de perseguição também é bastante comum: normalmente o sonhador é implacavelmente perseguido ou talvez esteja perseguindo as pessoas. Os estudantes conhecem bem o sonho da prova/exame, no qual eles têm um branco durante uma prova ou, pior ainda, ficam paralisados e não conseguem escrever. O sonho de perder os dentes também é surpreendentemente comum.

> **"Os sonhos só fazem sentido no contexto da vida de quem sonha."**
> D. Broadribb, 1987

Interpretações Como seria de se esperar, várias interpretações foram propostas para esses sonhos. Será que o sonho dos dentes caindo indica que nos preocupamos demais com a nossa aparência física? Ou será que representa a perda de poder, o envelhecimento ou o medo de nunca ser ouvido ou de ser ignorado? Os dentes talvez representem "armas orais" e estão caindo porque você disse mentiras sobre os outros. Também foi sugerido que os dentes simbolizam o dinheiro e, se você sonha com dentes caindo, isso indica que você espera que uma "fada do dente" mágica apareça para lhe dar uma fortuna.

Mas como interpretar o sonho de estar nu? Será que o sonho indica vulnerabilidade e vergonha? Você estaria ocultando alguma informação, escondendo um relacionamento, fazendo algo que não deveria e se sentindo culpado por isso? Pior ainda, será que você teme ser descoberto, desacreditado e ridicularizado? Ou será que o sonho significa que você se sente despreparado para algum grande teste ou tarefa? Uma característica curiosa desse sonho é que você percebe que está nu, mas ninguém parece reparar nisso. Isso poderia indicar que você se preocupa, mas no fundo sente que as suas preocupações são infundadas.

Ideias freudianas Sigmund Freud propôs que os sonhos surgem dos nossos conflitos internos entre os desejos inconscientes e as proibições de satisfazer esses desejos, que aprendemos com a sociedade. Desse modo, todos os sonhos representam desejos insatisfeitos, cujo conteúdo é simbolicamente

---

1934
Jung, *Memórias, sonhos, reflexões*

1957
Constatada a conexão entre o sono REM e os sonhos

2004
Lohff, *The Dream Directory* [O diretório de sonhos]

encoberto. O conteúdo latente é transformado em conteúdo manifesto (o enredo), que precisa ser explicado para supostamente revelar os desejos inconscientes da pessoa. Assim, os sonhos são simbólicos, ou metáforas dos nossos verdadeiros sentimentos ocultos.

> **"Os resíduos do dia são transformados em sonho pela elaboração onírica, tornando-se, assim, inócuos pelo sono."**
> Sigmund Freud, 1932

A interpretação dos sonhos foi o método favorito de Freud para identificar esse conflito, de modo que ele encorajava as pessoas a falar sem restrições sobre seus sonhos. Na opinião dele, os sonhos dizem respeito ao passado e ao presente da pessoa, e surgem de regiões internas desconhecidas. Todo sonho em sua essência é uma tentativa de realização do desejo. Os sonhos são a "estrada real que conduz ao inconsciente". Vários processos ocorrem durante os sonhos, como a *condensação*, no qual os temas são reduzidos a imagens únicas, como uma porta aberta ou um rio fluindo nas profundezas. Os analistas se interessam particularmente no processo do *deslocamento*, no qual pessoas, objetos e certas atividades substituem um ao outro. Os sonhos também envolvem o processo de *transformação*, no qual as pessoas são transformadas e aparecem maiores ou menores, mais velhas ou mais jovens, mais ou menos poderosas.

A teoria freudiana leva a várias previsões envolvendo a análise dos sonhos. Assim, os homens devem ter mais sonhos de ansiedade de castração do que as mulheres, que, por sua vez, teriam mais sonhos relacionados à inveja do pênis. Os sonhos dos homens envolveriam mais desconhecidos do sexo masculino com os quais os sonhadores lutariam (o pai na fase edipiana do desenvolvimento).

Os críticos observam que, se os sonhos não passam de uma realização de desejos, por que, então, tantos sonhos são negativos? Além disso, Freud fundamentou sua teoria nos poucos sonhos (menos de 10%) que são lembrados e articulados pelos pacientes. Em terceiro lugar, a interpretação dos sonhos

A psicologia evolucionista

Os psicólogos evolucionistas observaram que muitos sonhos envolvem situações de ameaça e perigo e argumentam que a função desses sonhos é representar ameaças reais do dia a dia para que possamos enfrentá-las e praticar diferentes reações. Se isso fosse verdade, a maioria das pessoas deveria relatar sonhos realistas sobre ameaças concretas no presente ou no passado. No entanto, essa explicação parece ter três problemas. Em primeiro lugar, muitos sonhos são sobre eventos e emoções positivas, envolvendo especialmente a gratificação sexual. Em segundo lugar, muitos sonhos parecem envolver o "processamento" de informações do dia ou de um passado recente, informações estas que não foram necessariamente estressantes ou ameaçadoras. Em terceiro lugar, não é claro se os sonhos de fato ensinam ou incentivam uma melhor adaptação, um conceito central da psicologia evolutiva.

envolve um sério problema de confiabilidade, com diferentes terapeutas propondo interpretações muito diferentes. Em quarto lugar, como Jung observou, os sonhos parecem ter um conteúdo similar ao longo do tempo e em diferentes culturas, podendo ser profundamente repressivos ou, por outro lado, surpreendentemente liberais.

> "Nunca pude concordar com Freud que o sonho é uma 'fachada' por trás da qual se oculta o significado – um significado já conhecido, porém maliciosamente, por assim dizer, negado à consciência."
>
> Carl Jung, 1963

Estudos físicos Pesquisadores propuseram uma explicação para os sonhos que não envolve conflitos ou desejos inconscientes. Na fase REM do sono, um circuito de neurônios secretores de acetilcolina na ponte (uma estrutura cerebral) é ativado, estimulando movimentos rápidos dos olhos, a ativação do córtex cerebral e a paralisia muscular, o que nos leva a ver imagens. Os movimentos dos olhos durante um sonho correspondem razoavelmente ao conteúdo do sonho. Em outras palavras, os movimentos dos olhos são o que se esperaria se os eventos do sonho de fato estivessem ocorrendo. As imagens evocadas muitas vezes incorporam memórias de episódios ocorridos recentemente ou sobre os quais a pessoa tem pensado. Podemos presumir que os circuitos responsáveis estão mais ativos devido à sua utilização recente. Os pacientes que aguardam um grande procedimento cirúrgico revelam seus temores nos sonhos duas ou três noites antes da cirurgia. Seus medos raramente são expressos diretamente, com sonhos envolvendo bisturis ou salas de cirurgia. A referência é indireta, em uma forma condensada e simbólica. Os sonhos muitas vezes expressam o que é mais importante na vida de uma pessoa no momento e não algum conceito profundo de realização de desejos inconscientes.

A ideia condensada: será que os sonhos nos dão vislumbres do nosso inconsciente?

36 Memórias reprimidas

"Se quisermos mudar algo em uma criança, devemos primeiro verificar se não é algo que seria mais proveitoso mudar em nós mesmos."

Carl Jung, 1954

A essência do conceito de repressão é afastar ou contornar alguma coisa. Na psicologia, é a ideia de banir da consciência conteúdos mentais específicos para evitar emoções angustiantes.

Memórias recuperadas Houve muitas acusações de abuso infantil em consequência de "memórias reprimidas recuperadas". Criminosos que cometeram atos violentos parecem incapazes de lembrar o crime com precisão, possivelmente por tê-lo reprimido. Alega-se que, no processo psicoterapêutico, adultos são capazes de recuperar lembranças de abuso na infância reprimidas há muito tempo. Tanto o agressor quanto a vítima têm razões para reprimir os terríveis eventos, mas, como seria de se esperar, é muito difícil provar isso. Também foi sugerido que as memórias do passado são muito facilmente distorcidas pelo modo como são evocadas em terapia e em tribunais. Estudos experimentais demonstraram com bastante clareza que pessoas normais e saudáveis podem ser convencidas de que memórias falsas e incorretas realmente aconteceram. Médicos admitem que é perfeitamente

No sofá, no cinema e nos tribunais

A repressão tem sido investigada em consultórios, laboratórios e tribunais. Alguns dos casos psicológicos mais fascinantes envolvem, essencialmente, a repressão. Desse modo, há casos de *amnésia histérica*, definida como um estado de fuga no qual as pessoas perdem completamente a memória, em geral como resultado de um trauma. Outro exemplo é o caso igualmente raro do *transtorno de personalidade múltipla*, no qual as pessoas têm personalidades bastante diferentes que parecem desconhecer uma à outra. Esses casos são especialmente interessantes para romancistas e cineastas.

linha do tempo

1894
Freud, *Estudos sobre a histeria*

1915
Freud, "Repressão"

possível para as pessoas desenvolverem memórias "ilusórias" em vez de "reprimidas e recuperadas".

Sabemos que as memórias recuperadas têm características semelhantes. A maioria é composta de memórias de mulheres envolvendo vários episódios nos quais o pai se entregou a alguma prática sexual imprópria antes do oitavo aniversário da menina. Essas memórias são "recuperadas" em sessões de terapia e um quinto dos casos é denunciado à polícia. É interessante notar que estudos de abusos verificados constataram que as meninas foram abusadas depois dos oito anos de idade, e raramente pelo pai ou padrasto.

Freud e repressão Aquilo do qual temos consciência em qualquer determinado momento representa apenas a ponta de um *iceberg*. A maioria dos nossos pensamentos e ideias é completamente inacessível no momento (pré-conscientes) ou é completamente inacessível em qualquer momento (inconscientes). Muitos desses pensamentos e ideias foram empurrados para o inconsciente devido à repressão, de modo que as experiências ameaçadoras ou desagradáveis são "esquecidas". Elas podem tornar-se inacessíveis, trancafiadas longe da nossa consciência. Essa é uma importante forma de defesa do *ego*. Freud apontou esse mecanismo como um pilar essencial "sobre o qual toda a estrutura da psicanálise repousa".

A repressão é o processo de empurrar os pensamentos para o inconsciente e impedir os pensamentos dolorosos ou perigosos de entrar na consciência, na forma de ingenuidade aparentemente inexplicável, lapsos de memória ou falta de conscientização da própria situação e condição. A emoção é consciente, mas a ideia por trás dela se faz ausente.

As guerras internas que todos travamos dentro nós mesmos, de acordo com Freud, seguem o mesmo processo. O conflito começa quando os impulsos provenientes do *id* e várias memórias associadas são empurrados para o inconsciente. No entanto, esses impulsos se recusam a permanecer no inconsciente e encontram escoadouros substitutos que levam a uma série de defesas adicionais erguidas para reforçar a repressão original, manter afastado o

> **"A civilização e a educação superior têm uma grande influência no desenvolvimento da repressão... e o resultado é que aquilo que antes era agradável agora parece inaceitável e é rejeitado com toda a força psíquica possível."**
> Sigmund Freud, 1920

1957
Descrição do transtorno de personalidade múltipla

1961
Repressores e sensibilizadores

1991
Estilo de enfrentamento defensivo/repressivo

dilúvio proveniente do *id* e permitir que o *ego* mantenha sua autoestima. A repressão ocupa o cerne do antagonismo entre o *id* e o *ego*.

Freud desenvolveu suas ideias ao estudar a histeria. Ele acreditava que a repressão dividia a consciência e o *ego*, e gerava dissociações na personalidade. O processo da repressão impedia a descarga saudável e normal das emoções e da excitação, que ficavam represadas. Isso também impedia algumas ideias de serem associadas com outras ideias para que as crenças fossem devidamente integradas entre si. A repressão basicamente enfraquecia a personalidade: era um sabotador interno causando discórdias e rixas. Foi só mais tarde que Freud veio a acreditar que a repressão era um mecanismo de defesa normal, saudável e comum.

Duas fases levam uma pessoa à repressão. A repressão *primária* é o processo de determinar o que é o *self* e o que é outro; o que é bom e o que é ruim. Ao final dessa fase, a criança é capaz de distinguir entre os desejos, os medos, o *self* e os outros. Já a repressão *secundária* começa quando a criança percebe que agir motivada por alguns desejos pode resultar em ansiedade. Essa ansiedade leva à repressão do desejo. A ameaça de punição relacionada a essa forma de ansiedade, quando internalizada, torna-se o *superego*, que intercede contra os desejos do *ego* sem a necessidade de qualquer ameaça externa identificável.

Costuma-se alegar que os eventos traumáticos são reprimidos, mas, ao que parece, o trauma fortalece as memórias com mais frequência devido a sensações emocionais ou físicas intensificadas. Um problema, do ponto de vista objetivo das pesquisas, é que uma "memória" deve ser medida e registrada pelas ações ou expressões conscientes de uma pessoa, que podem ser filtradas pelos pensamentos e motivações atuais.

Repressores e sensibilizadores No início dos anos 1960, psicólogos classificavam as pessoas em repressoras ou sensibilizadoras. Imagine que você será submetido a uma grande cirurgia daqui a duas semanas. Algumas pessoas tentariam esquecer a cirurgia preenchendo o tempo com distrações (pessoas repressoras), enquanto outras pessoas não parariam de falar sobre a cirurgia (pessoas sensibilizadoras). Os dois tipos de pessoas lidam com a ansiedade de maneiras diferentes, e buscou-se descobrir qual abordagem é psicologicamente mais saudável e adaptativa. Essa ideia voltou a ganhar força na década de 1990, quando os pesquisadores identificaram os repressores como sendo um traço de personalidade decidido por dois fatores: ansiedade e defensividade. Os repressores são pessoas de baixa ansiedade e bastante defensivas, que parecem ativamente engajadas em manter a si mesmas, e não aos outros, convencidas de que não são propensas a emoções negativas. São pessoas interessantes e atípicas por insistirem em alegar que são saudáveis e ajustadas, mas, ao medir as respostas fisiológicas e comportamentais dessas pessoas, particularmente as emoções negativas, observa-se que elas reagem com muita intensidade. Elas parecem estar se enganando ou tentando dar a impressão de serem resilientes e tranquilas enquanto, na realidade, isso está bem longe de acontecer.

A psicologia cognitiva A proposição do "esquecimento motivado", segundo a qual a motivação é ao mesmo tempo inconsciente e aversiva, nunca foi demonstrada em pesquisas controladas. Para os psicólogos cognitivos, a repressão não passa de esquecer algo desagradável. Assim, estudos foram realizados nos quais os experimentadores eram desagradáveis (ou agradáveis) com os participantes que tentavam aprender alguma coisa e, posteriormente, foi constatado que os participantes lembravam menos quando a experiência foi negativa em comparação com uma experiência positiva.

Estudos demonstram que, quando as pessoas são solicitadas a escrever sobre sua infância até os oito anos de idade, cerca de 50% delas têm memórias predominantemente positivas, 30% têm memórias principalmente negativas e 20% têm memórias em grande parte neutras. No entanto, esse pode não ser um exemplo da repressão em ação, mas apenas sugerir que a maioria das pessoas tem uma infância feliz. Outro estudo revelou boas evidências da repressão: mães que tinham acabado de dar à luz foram solicitadas a relatar a qualidade e a intensidade da dor pela qual acabaram de passar no parto. Elas foram solicitadas a repetir o relato alguns meses depois e todas contaram terem sentido menos dor.

> **"O processo de repressão que se estabelece no quarto ano de vida aproximadamente é, por sorte, temporariamente suspenso."**
>
> Karl Marx, 1920

Outra teoria descritiva afirma que a repressão não passa de um caso especial de falha de recuperação da lembrança. Talvez as lembranças não sejam reprimidas por um censor, mas só sejam difíceis de acessar devido a uma insuficiência das chamadas "pistas de recuperação" relevantes. A ansiedade pode afetar esse processo, talvez bloqueando o rearquivamento ou impedindo as pistas de recuperação, mas não é a causa do processo. Essa interpretação da repressão como um bloqueador da recuperação faz parte de uma abordagem mais geral.

A ideia condensada: a repressão é um esquecimento intencional, porém inconsciente

37 Na ponta da língua

Você está no seu sofá, assistindo a um programa de perguntas e respostas na TV. O apresentador faz uma pergunta sobre um assunto que você domina. Você sabe que sabe a resposta, mas não consegue lembrar. Você tem a nítida sensação de que sabe a resposta. Você sabe que a resposta começa com "B" e tem três sílabas, mas a palavra não lhe vem à cabeça. Você tem um bloqueio de memória. Um estudo analisou uma pessoa tentando se lembrar do nome alemão Kepler. A pessoa sabia que o nome era "estrangeiro" e começava com "K", então chutou Keller, Kellet, Kendler e Klemperer. Ela sabia que Keller era mais parecido com o nome correto, mas simplesmente não conseguia lembrar o nome Kepler.

Lembrar é um processo automático. A recuperação das informações na memória em resposta a um estímulo é a parte específica da memória que é automática. O que às vezes requer esforço é tentar chegar aos pensamentos internos que levam à recuperação das informações. A recuperação de memórias implícitas é automática: um determinado estímulo evocará uma resposta automática. Por exemplo, andar de bicicleta ou escrever o próprio nome. Como fazemos essas coisas automaticamente?

O fenômeno ponta da língua No entanto, a memória, não raro, falha. Cometemos erros e temos dificuldade de recuperar as informações que queremos. Os psicólogos tentam encontrar as razões para isso. E o que esses deslizes nos dizem sobre o funcionamento da nossa memória? Uma importante área desse campo de estudo é o fenômeno ponta da língua, quando sabemos algo que não conseguimos lembrar imediatamente. O fenômeno ponta da língua é uma experiência praticamente universal de recuperação de memória envolvendo a dificuldade de lembrar uma palavra ou um nome bastante conhecido. Quando o fenômeno ponta da língua ocorre, as pessoas sentem que estão prestes a lembrar a palavra bloqueada. Embora não consigam lembrar a palavra, elas têm a sensação de que a palavra bloqueada está, por assim dizer, "na ponta da língua". A inacessibilidade e a sensação de iminência são duas características definidoras do fenômeno ponta da língua.

linha do tempo

300 a.c.
Aristóteles relata que o fenômeno ponta da língua ocorre principalmente com nomes

1965
Primeiro estudo para investigar a "sensação de saber"

A busca ativa de estímulos evocativos da resposta adequada, como o fenômeno ponta da língua exemplifica, é chamada de recordação.

Estudos preliminares O fenômeno tem sido extensivamente investigado desde o primeiro estudo empírico conduzido em 1966. Verificou-se que as pessoas conseguem se lembrar de muita coisa sobre a palavra que está na ponta da língua e a reconhecem imediatamente se a palavra lhes for apresentada. Mais tarde, os pesquisadores encontraram evidências do chamado "efeito da irmã feia", que implica a repetição de palavras erradas/diferentes

A sensação de saber

Os psicólogos desenvolveram sofisticados experimentos e teorias sobre a sensação de saber. De acordo com uma abordagem, chamada de *monitor interno*, temos uma sensação de saber quando "não encontramos registro de um item que consta do diretório". Os estudiosos discutem se o problema ocorre em função da maneira como codificamos ou da maneira como decodificamos as informações. Ou seja, será que isso depende de como e de onde a informação é armazenada e não de como ela é recuperada? Também sabemos que as pessoas são capazes de distinguir facilmente entre um estado subjetivo de lembrar e o saber: lembrar é a lembrança consciente, enquanto saber é uma sensação de familiaridade acompanhada da incapacidade de lembrar.

como único resultado, ao buscar a palavra correta na memória. As palavras do tipo "irmã feia" são superficialmente semelhantes, mas parecem ser utilizadas com mais frequência que a palavra bloqueada.

As pessoas tentam todo tipo de técnicas para se "desbloquear", e isso pode ser muito frustrante. Elas buscam a solução tanto no mundo interno quanto externo. Algumas pessoas repassam o alfabeto ou tentam imaginar alguma coisa relevante. Elas também podem perguntar aos outros ou procurar a resposta no ambiente. Às vezes, a palavra surge espontaneamente sem qualquer razão aparente.

Curiosamente, foi demonstrado que dar pistas ou dicas a uma pessoa pode ter um efeito negativo, mais atrapalhando do que ajudando. Quando as pessoas vasculham a memória em busca da resposta, tudo o que elas parecem lembrar é a pista ou a dica, o que as tira do caminho certo.

Então, o que aprendemos? Em primeiro lugar, o fenômeno ponta da língua é uma experiência comum, se não universal. Um pesquisador analisou

1966
Primeiro estudo sobre o fenômeno ponta da língua

1984
Primeiro estudo do "efeito da irmã feia"

1991
Primeiro artigo de revisão sobre o fenômeno

51 idiomas e descobriu que 45 deles incluem expressões que utilizam a palavra "língua" para descrever o fenômeno ponta da língua. Em segundo lugar, isso ocorre com bastante frequência, em geral uma vez por semana, mas pode aumentar com a idade. Em terceiro lugar, o fenômeno muitas vezes envolve nomes próprios e conseguimos lembrar a primeira letra da palavra. Podemos nos lembrar dos passatempos, da profissão e da cor do cabelo da pessoa, mas não do nome. Em quarto lugar, felizmente costumamos resolver o problema mais ou menos 50% das vezes.

Teorias Uma teoria proposta para explicar a ocorrência do fenômeno sugere que a explicação pode estar no som da palavra. Em vez do foco na importância da informação semântica – o significado da palavra –, pode ser que o som da palavra seja mais importante. As palavras contêm vários tipos de informação, incluindo:

- informação semântica (significado);
- informação lexical (letras);
- informação fonológica (som).

Esses tipos de informação são mantidos em partes distintas da memória. As informações são conectadas de modo que, quando, por exemplo, você lê a palavra "velcro", a informação lexical, proveniente das letras, aciona a informação conectada de som e a informação conectada de significado, informando como pronunciar a palavra e o que ela significa. Quando você tenta pensar em uma palavra, em oposição a ouvir ou ler a palavra, você geralmente começa com o significado ("aquele negócio que gruda, que tem um lado macio e ganchinhos no outro lado"). Se a conexão entre esse significado e as informações do som não for suficientemente forte, a informação de som não será ativada o suficiente para possibilitar a recuperação completa.

Outros teóricos acreditam que o fenômeno ponta da língua ocorre devido a conexões fracas entre o significado e o som de uma palavra. As conexões são fortalecidas quando as palavras são bastante utilizadas. Elas também são mais fortes quando a palavra acabou de ser usada. Outra possível explicação pode ser o enfraquecimento das conexões com a idade. Isso pode explicar por que a palavra perdida nos surge de repente na cabeça. Pode ser que você tenha lembrado um som semelhante ao da palavra buscada.

> **"O ritmo de uma palavra perdida pode estar lá sem um som para vesti-la. Todos conhecem o efeito irrefutável do ritmo de algum verso esquecido, dançando inquieto em sua mente, buscando ser preenchido com as palavras."**
>
> William James, 1890

O fenômeno ponta da língua tem sido estudado em três subdisciplinas diferentes: psicolinguística, perspectivas de memória e metacognição. As duas primeiras apontam para o acesso direto e se concentram no fenômeno ponta da língua como uma paralisação temporária da recuperação lexical. Essa abordagem associa o fenômeno ponta da língua a outros erros da língua falada, como lapsos de linguagem e confusão de palavras. O fenômeno ponta da língua sugere um colapso dos processos de recuperação da memória. A abordagem psicolinguística considera o fenômeno ponta da língua uma janela para a recuperação de palavras.

O enfoque no acesso direto das teorias da psicolinguística e das perspectivas de memória se divide em três hipóteses básicas. A primeira é a hipótese de bloqueio, segundo a qual o fenômeno ponta da língua ocorre porque as pessoas reconhecem as palavras bloqueadoras como incorretas, mas não conseguem recuperar a palavra correta, porém inibida. A segunda é a hipótese da ativação incompleta, que sugere que o fenômeno ponta da língua é causado por uma sensibilidade à existência de uma palavra não lembrada na memória, acompanhada da incapacidade de recuperar o acesso da palavra na memória consciente. A terceira hipótese é o modelo de déficit de transmissão, segundo o qual o fenômeno ponta da língua ocorre quando a representação semântica da palavra é ativada, mas falhamos em acionar a representação fonológica completa da palavra.

> **"A memória em alguns momentos é tão retentiva, tão prestativa, tão obediente, em outros é tão confusa e fraca e ainda em outros é tão tirânica e descontrolada."**
> Jane Austen, 1810

Corroborando as abordagens do acesso direto, temos a capacidade de reconhecimento das palavras do fenômeno ponta da língua por parte dos participantes das pesquisas e a capacidade de dar informações parciais sobre essas palavras. O reconhecimento da palavra correta após a ocorrência do fenômeno ponta da língua é muito maior que o reconhecimento da palavra correta quando os participantes não vivenciam o fenômeno ponta da língua. Além disso, as pessoas em geral recordam informações fonológicas relacionadas às palavras do fenômeno ponta da língua, como a primeira letra da palavra, o número de sílabas e a sílaba tônica.

Já os modelos metacognitivos se concentram no papel dos processos de monitoramento e controle na cognição. Essa abordagem vê o fenômeno ponta da língua como uma inferência baseada em informações não relativas à palavra buscada e acessíveis às pessoas que tentam lembrar a palavra.

A ideia condensada: os erros que cometemos revelam o funcionamento da memória

38 Estágios psicossexuais

"O conceito de sexualidade de Freud é absolutamente elástico e tão vago que pode incluir praticamente tudo."

Carl Jung, 1960

Freud revolucionou a maneira como pensamos e falamos sobre nós mesmos. Muitas de suas ideias básicas entraram no imaginário popular, e termos provenientes de suas teorias, como "obsessão anal", "símbolo fálico" e "inveja do pênis", foram adotados na linguagem cotidiana. Freud foi um pensador extremamente original e sem dúvida um dos maiores pensadores dos séculos XIX e XX. Ele desenvolveu uma teoria altamente controversa, na verdade, mais de uma teoria, sobre o desenvolvimento da personalidade, a saúde mental e as doenças mentais.

A teoria freudiana: os fundamentos As teorias freudianas fazem uma série de suposições:

- O comportamento resulta de batalhas e concessões entre forças, motivações e necessidades potentes e muitas vezes inconscientes.
- O comportamento pode refletir uma motivação de maneira bastante sutil ou disfarçada.
- O mesmo comportamento pode refletir diferentes motivações em ocasiões diferentes ou em pessoas diferentes.
- As pessoas podem ser mais ou menos conscientes das forças que orientam seu comportamento e dos conflitos que o motivam.
- O comportamento é governado por um sistema energético, com uma quantidade relativamente fixa de energia disponível em qualquer determinado momento.
- O objetivo do comportamento é o prazer (a redução da tensão, a liberação de energia); esse é o princípio do prazer.
- As pessoas são motivadas principalmente por instintos sexuais e agressivos.
- A expressão dessas motivações pode entrar em conflito com as demandas da sociedade, de modo que a energia que seria liberada para realizar essas motivações deve encontrar outros canais de liberação.
- Os seres humanos têm um instinto de vida (*eros*) e um instinto de morte (*thanatos*).

linha do tempo

1901
Freud, *Sobre a psicopatologia da vida cotidiana*

1908
Freud escreve sobre o erotismo anal

Antes de descrevermos a teoria psicossexual, dois fatores devem ser esclarecidos. *Em primeiro lugar*, as pessoas têm três níveis de consciência: consciente (aquilo do qual estamos cientes), pré-consciente (aquilo do qual podemos estar cientes se prestarmos muita atenção) e inconsciente (aquilo do qual não podemos estar cientes, exceto em circunstâncias excepcionais). A terapia muitas vezes se volta justamente a trazer o inconsciente ao âmbito do consciente.

> **"Foram verificados sinais de atividade corporal na infância à qual somente um arcaico preconceito negaria o nome de sexual."**
> **Sigmund Freud,** 1920

Em segundo lugar, a personalidade tem uma estrutura. Ela resulta de três fatores: o *id*, inconsciente e sempre presente, que é a base biológica da personalidade; o *ego*, parcialmente consciente, que se desenvolve no primeiro ano de idade e é o executivo psicológico da personalidade; o *superego*, que se desenvolve dos três aos cinco anos de idade e é o componente social e moral da personalidade.

A teoria dos estágios psicossexuais de Freud postula quatro fases – oral, anal, fálica e genital –, sendo que cada uma se caracteriza por uma zona erógena específica que constitui a voz proeminente do prazer. Segundo a teoria, os problemas passando de um estágio ao próximo residem no cerne da personalidade adulta. Se um problema passar por um estágio sem qualquer crise, fixação ou regressão, ele não marca ou influencia a personalidade adulta. No entanto, os problemas decorrentes desses estágios marcam, influenciam ou afetam a pessoa por toda a vida. Assim, alguns traços da personalidade adulta resultam de experiências na infância. Além disso, padrões opostos podem ser verificados como reações ao mesmo problema.

Aprendizagem De acordo com a teoria, todos nós passamos por essas fases, que nos caracterizam pelo resto da vida. Esse é o cerne da teoria da personalidade freudiana. Assim, enquanto os psicólogos biológicos veriam traços de personalidade, como a extroversão e a introversão, como sendo determinados por processos fisiológicos, os freudianos consideram que o desenvolvimento da personalidade decorre de experiências na primeira infância, em grande parte esquecidas. Dessa forma, teoricamente e de maneira até certo ponto antiética, seria possível moldar a personalidade de uma criança de acordo com o que se faz com ela na primeira infância.

Oralidade A primeira fase, a fase oral, dura até mais ou menos os dezoito meses de idade. A fonte de conflito diz respeito à alimentação. A boca, os lábios e a língua constituem a zona erógena. A questão envolve o desmame de líquidos para começar a se alimentar de sólidos, mas também envolve morder quando os dentes nascem.

1949
Blum conduz os primeiros estudos de grande escala sobre o desenvolvimento psicossexual

1968
Kline começa a investigar a personalidade anal

1980
Kline desenvolve um questionário para avaliar os tipos oral e anal

Portanto, as crianças que têm problemas nessa fase se tornam personalidades orais, por serem desmamadas cedo ou tarde demais ou por sofrerem privações ou excessos orais. Muitas atividades adultas são bastante orais: comer, beber, beijar, falar, fumar e mastigar. O *pessimista oral privado* pode, de acordo com a teoria, usar a boca como uma punição. Eles podem ser muito sarcásticos e escolher profissões como advogado ou dentista. Alguns podem aderir a modismos alimentares, enquanto outros podem ser proibicionistas de bebidas. Eles podem ser puristas do discurso, podem roer as unhas ou morder canetas. Eles podem ser fanáticos por filmes de vampiros ou defender as virtudes do vegetarianismo.

Traços das fases psicossexuais do desenvolvimento

	Anormais	Normais	Anormais
Traços orais	otimismo	↔	pessimismo
	credulidade	↔	desconfiança
	espírito de manipulação	↔	passividade
	admiração	↔	inveja
	petulância	↔	autorrebaixamento
Traços anais	mesquinhez	↔	excesso de generosidade
	constrição	↔	expansividade
	teimosia	↔	aquiescência
	ordem	↔	desordem
	pontualidade rígida	↔	impontualidade
	meticulosidade	↔	sujidade
	precisão	↔	imprecisão
Traços fálicos	vaidade	↔	auto-ódio
	orgulho	↔	humildade
	imprudência	↔	timidez
	insolência	↔	encabulamento
	gregário	↔	isolado
	elegância	↔	simplicidade
	castidade	↔	promiscuidade
	alegria	↔	tristeza

Por outro lado, os *otimistas orais indulgentes* podem se tornar comediantes ou especialistas em doces, vinhos ou gastronomia. Eles são mais propensos a fumar, tocar instrumentos de sopro e não de corda ou percussão e gostar de alimentos quentes, leitosos e suaves. Dessa forma, tanto os otimistas orais (excessos) quanto os pessimistas orais (privações) convivem com seus problemas originários da alimentação na primeira infância, mas de maneiras bem diferentes.

Analidade A segunda fase é a fase anal, na qual a fonte de conflito é livrar-se das fraldas e aprender a ir ao banheiro sozinho. A questão preponderante nessa fase é o controle: a criança descobre que pode controlar, agradar ou frustrar os pais expelindo ou retendo as fezes. Os freudianos acreditam que essa fase é associada com o comportamento hostil, sádico e obsessivo que pode se manifestar posteriormente.

Os traços anais são ordem, parcimônia e obstinação. Foi sugerido que as atitudes em relação ao tempo, à limpeza e às finanças são associadas com essa fase. Dessa forma, uma pessoa *anal eliminativa* é generosa, bagunçada e caótica, enquanto uma pessoa *anal retentiva* é mesquinha, meticulosa e diligente. O mundo anal é o mundo da burocracia mesquinha, dos controladores de qualidade e dos banqueiros. A teoria também nos deu as ideias da fixação anal e do erotismo anal, que se estenderam ao vocabulário popular.

Fálica A fase fálica é caracterizada pelo famoso complexo de Édipo (e de Electra). Os genitais compõem a zona erógena, e essa fase dura dos dois aos cinco anos de idade. Freud considerou essa fase como sendo o cerne das neuroses. O menino de cinco anos de idade supostamente (e inconscientemente) sente, ao mesmo tempo, um profundo amor pela mãe e um grande ódio pelo pai. No entanto, nenhuma sociedade tolera o incesto, o que leva ao complexo de castração, a crença de que o pai se vinga dos ciúmes do filho por meio da castração, o que anula o complexo.

A fase é caracterizada pela vaidade ou pela imprudência na idade adulta ou o contrário. Assim, a resolução insatisfatória desse conflito pode levar ao excesso tanto de promiscuidade quanto de castidade. Pode levar a uma fixação aos pais ou a um apego ao passado. Orgulho e dúvida, ousadia e timidez são características de personalidade associadas à fase fálica.

A fase fálica é seguida da *latência* e, em seguida, da *fase genital*, que ocorrem a partir da idade adulta. As fontes de conflito são variadas e dizem respeito a muitas das dificuldades que todas as pessoas têm: desenvolver relações saudáveis, conseguir e manter um emprego, curtir a vida. É uma questão de encontrar o que os freudianos chamam de mecanismos de defesa adaptados e saudáveis.

> **Crítica**
>
> As ideias freudianas ainda atraem descrença, indignação e repúdio. Algumas teorias foram colocadas em teste e consideradas insatisfatórias. Alguns pesquisadores demonstraram que aspectos da teoria são indubitavelmente verdadeiros. Por mais de cinquenta anos, muitas das ideias de Freud foram testadas. Algumas hipóteses específicas foram corroboradas, mas muitas despencaram diante de uma rigorosa experimentação científica. Apesar de apenas alguns poucos psicólogos parecerem fundamentar suas ideias ou terapias nos estágios psicossexuais, muitos termos freudianos foram entusiasticamente adotados no vocabulário leigo.

A ideia condensada: o desenvolvimento psicossexual tem quatro fases.

39 Estágios cognitivos

"A existência de estágios morais implica que o desenvolvimento moral possui um componente estrutural básico. Embora motivações e influências sejam envolvidas no desenvolvimento moral, elas são, em grande parte, mediadas por mudanças nos padrões de pensamento."

Lawrence Kohlberg, 1973

Freud, usando uma expressão que se tornou célebre, chamou as crianças de "perverso-polimorfas", querendo dizer com isso que a perversidade pode assumir muitas formas. Todos os psicólogos do desenvolvimento enfrentam a intimidante, mesmo que fascinante, tarefa de explicar como bebês irracionais, ilógicos e egocêntricos se desenvolvem para se tornar adultos funcionais, racionais e lógicos. Como crianças de oito anos conseguem entender coisas que crianças de seis anos não conseguem? Como as crianças aprendem a se adaptar ao mundo?

Talvez o psicólogo do desenvolvimento mais famoso e influente tenha sido o biólogo suíço francófono, Jean Piaget. Ele desenvolveu uma teoria de quatro estágios para o desenvolvimento cognitivo que continua até hoje sendo discutida, debatida e criticada.

Os conceitos centrais O maior interesse de Piaget foi explicar como as crianças aprendem a se adaptar a seu mundo. A teoria se concentra no crescimento por adaptação e ajuste e envolve uma série de conceitos fundamentais. O primeiro é chamado de *esquemas*. Um esquema descreve as ações tanto físicas quanto mentais envolvidas em entender e conhecer o mundo. Os esquemas são categorias de conhecimento que nos ajudam a interpretar e compreender o mundo. Um esquema inclui tanto uma categoria de conhecimento quanto o processo de obtenção desse conhecimento.

Com as experiências, novas informações são utilizadas para modificar, acrescentar ou alterar esquemas previamente existentes. Por exemplo, uma criança pode ter um esquema referente a um animal de estimação, como um cachorro. Se a única experiência da criança for com cães de grande porte, ela

linha do tempo

1929
Piaget, *A representação do mundo da criança*

1932
Piaget, *O juízo moral na criança*

pode acreditar que todos os cachorros são grandes, ruidosos e possivelmente agressivos. Vamos supor, então, que a criança veja um pequeno cão de colo. Ela absorverá essa nova informação, modificando o esquema já existente para incluir esse conhecimento.

O segundo conceito é a *acomodação*, que se refere à forma como a pessoa se altera ou se ajusta para lidar com novas ideias no meio social e físico. O terceiro conceito é a *assimilação*. As pessoas lidam com o meio ambiente em termos de seus esquemas cognitivos. Em outras palavras, elas lidam com novas informações com base nas informações que já têm. Eles assimilam o novo no velho.

Isso nos leva ao quarto conceito, o *equilíbrio*. À medida que as crianças avançam pelos estágios de desenvolvimento cognitivo, é importante manter um equilíbrio entre a aplicação do conhecimento anterior (assimilação) e as mudanças de comportamento para conciliar os novos conhecimentos (acomodação). Esse processo, chamado de equilibração, explica como as crianças são capazes de passar de um estágio de pensamento ao próximo. Elas são motivadas a usar novos conhecimentos e habilidades para impedir o estado desagradável de desequilibração. Elas resolvem os problemas seguindo em frente.

Quatro estágios

1. Estágio sensório-motor: Essa fase dura do nascimento até os dois anos de idade, mais ou menos. É a fase da inteligência em ação. O bebê aprende muito chutando, puxando e torcendo objetos e se movendo em seu ambiente. A principal realização é o conceito da permanência do objeto, quando o bebê se conscientiza da existência de objetos mesmo quando eles não estão à vista.

2. Estágio pré-operatório: Essa fase ocorre entre os dois e sete anos de idade, aproximadamente. Ela acontece com o desenvolvimento da linguagem e das brincadeiras. As coisas ainda são parcialmente mágicas e a realidade ainda não é firme. O pensamento nessa fase é dominado pela percepção e a criança nota que as coisas nem sempre são o que parecem. As crianças nessa fase só prestam atenção a um aspecto de uma dada situação. Isso é chamado de *centração*, e produz erros demonstrados em estudos de *conservação*. A conservação refere-se à compreensão de que certos aspectos de um objeto permanecem os mesmos apesar de várias alterações.

Em um experimento famoso, Piaget deu a uma criança dois copos do mesmo tamanho e formato, contendo o mesmo volume de líquido. Quando a

1966
Publicação da teoria do desenvolvimento moral de Kohlberg

1971
Piaget, *Biologia e conhecimento*

Anos 1980
Início dos questionamentos e das críticas a Piaget

> **"O saber não implica fazer uma cópia da realidade, mas sim reagir à realidade e transformá-la."**
>
> Jean Piaget, 1971

criança concordou que os dois copos tinham a mesma quantidade de água, toda a água de um copo foi vertida em um terceiro copo, que era mais alto e mais fino. As crianças pré-operacionais disseram que o novo recipiente continha mais líquido ("porque é mais alto") ou que o copo original é que continha mais líquido ("porque é mais largo"), apesar de o conteúdo ser claramente o mesmo. A criança centra-se, ou se foca, em apenas uma dimensão (altura ou largura).

As crianças pré-operacionais não possuem o que se conhece como *reversibilidade*: a capacidade de desfazer mentalmente, ou reverter, alguma operação realizada anteriormente. Além de contarem demais com a percepção, as crianças pré-operacionais também demonstram egocentrismo. Elas presumem que seu modo de pensar sobre as coisas é o único modo de pensar possível.

3. Estágio operatório concreto: Essa fase ocorre entre os sete e onze anos de idade, mais ou menos. Nesse estágio, o modo de pensar das crianças se torna muito menos dependente da percepção e elas são capazes de usar uma série de operações lógico-matemáticas. Essas operações incluem as ações indicadas por símbolos como +, –, ÷, ×,> (maior que), < (menor que) e =. Uma operação como "maior que" deve ser considerada ao lado da operação "menor que". Uma criança só entende o significado de "A é maior que B" se perceber que essa afirmação tem o mesmo sentido que "B é menor que A". No entanto, nessa fase, o modo de pensar da criança é dirigido a situações concretas. A capacidade de fugir das limitações da realidade imediata para o reino das ideias abstratas só é encontrada no quarto estágio.

4. Estágio operatório formal: As crianças de onze ou doze anos em diante entram no último estágio de desenvolvimento. Nessa fase, elas desenvolvem a capacidade de pensar em termos de estados possíveis de mundo (e não apenas reais e concretos). Em outras palavras, as pessoas na fase das operações formais são capazes de manipular ideias em uma extensão muito maior que as pessoas que ainda se encontram na fase de operações concretas. Para as crianças que estão nessa fase, o pensamento é sempre mais abstrato, seguindo os princípios da lógica formal. Elas são capazes de gerar várias hipóteses e proposições abstratas e até usar a lógica proposicional usando operadores lógicos do tipo "como-se" e "se-então".

A teoria de Piaget, como era de se esperar, tem sido alvo de críticas, mas continua influente devido à implicação de que as crianças são capazes de aprender em vários estágios por estarem prontas para aprender. A teoria também sugere como as crianças devem ser ensinadas, principalmente por meio do processo de autodescoberta ativa, com brinquedos e atividades. A teoria também articula o que deve ser ensinado à criança.

Estágios ou sequências Quase todas as teorias que envolvem estágios – estágios mentais/cognitivos ou uma adaptação a estágios de perda – se baseiam em duas suposições fundamentais. A primeira suposição é que os estágios são distintos, e não contínuos. Um estágio implica a ideia de que as fases são bastante distintas umas da outras, e que o que poderíamos pensar ser capazes de fazer ou acreditar em um estágio difere muito em relação ao estágio anterior ou ao próximo estágio. Em termos de desenvolvimento, isso significa que as aptidões ou capacidades cognitivas que marcam um estágio são completamente ausentes nos estágios anteriores.

A segunda premissa é o conceito de uma sequência rigorosa. Isso significa que a pessoa deve percorrer as fases ou os estágios em uma ordem rigorosamente prescrita, sem pular alguma fase ou, ainda mais improvável, regredir a uma fase anterior. Alguns defensores dos estágios reativos psicológicos sugerem que, além de avançar, também é possível voltar. No entanto, isso não ocorre tanto na literatura sobre o desenvolvimento cognitivo.

Evidências sugerem que os marcos (ou estágios) de desenvolvimento cognitivo não são tão perfeitos ou claros quanto os teóricos gostam de alegar, mas fica claro que realmente existe uma sequência de desenvolvimento. Crianças de sete anos são capazes de dominar conceitos que crianças de quatro anos não conseguem. Com efeito, muitas práticas pedagógicas e recomendações para os pais se baseiam no conceito de sequências similares aos estágios de desenvolvimento.

> **Piaget revisitado**
>
> Estudos recentes dos estágios cognitivos de Piaget sugerem que ele e alguns pesquisadores contemporâneos subestimaram as habilidades das crianças. Além disso, pensadores contemporâneos afirmam que é importante diferenciar o desempenho (ser capaz de realizar uma tarefa) da compreensão (saber sobre alguma coisa). Parece que, quando uma criança é testada, ela costuma demonstrar uma maior compreensão do que capacidade de desempenho, o que tem implicações para a comprovação da teoria de Piaget.

A ideia condensada: a teoria do desenvolvimento cognitivo de Piaget

40 Animais com crise de identidade

Volta e meia ouvimos falar de animais que "acham" que pertencem a uma espécie diferente. Cachorros achando que são gatos; ovelhas ou porcos aparentemente se comportando mais como cachorros; até patos achando que têm pais humanos.

Lorenz A demonstração psicológica mais famosa desse fenômeno foi publicada na obra de Konrad Lorenz (1907-1989), ganhador do Prêmio Nobel e uma figura importante na etologia, o estudo do comportamento animal. Ele descobriu que gansos-bravos chocados em incubadora se vinculavam à primeira coisa em movimento que viam de maneira bastante específica nas primeiras 36 horas de vida. Ele chamou o processo de *imprinting*, que em português também é conhecido como "cunhagem" ou "estampagem". Esse período específico passou a ser conhecido como o período crítico. Os gansinhos se vincularam às botas escuras de Lorenz e o seguiam da mesma forma como outros filhotes de ganso seguiriam a mãe. Muitas fotos encantadoras foram tiradas de Lorenz caminhando seguido pelos gansinhos ou até nadando com seus "filhos". Lorenz descobriu que gralhas que se vinculavam a ele o presenteavam com minhocas suculentas (muitas vezes colocando-as em seu ouvido). No entanto, felizmente, elas procuravam outras gralhas quando ficavam sexualmente excitadas, demonstrando que alguns comportamentos são mais afetados pelo *imprinting* do que outros. Os filhotes de pato chegavam a se vincular a objetos inanimados, como um balão vermelho e até uma caixa de papelão.

A rigor, esse fenômeno é chamado de *imprinting filial*, quando o recém-nascido começa a reconhecer os pais. O processo tem início antes mesmo do nascimento, quando o recém-nascido ouve a voz inconfundível dos pais. A ideia é que o *imprinting* é inato e instintivo, e não aprendido. É um processo essencial para a vida e a sobrevivência. Contudo, até os comportamentos inatos são modificados pelo aprendizado. Assim, os gatos são "programados" para caçar ratos, mas precisam aprender com a mãe a arte da caça aos ratos. Da mesma forma, algumas espécies de pássaros sabem cantar, mas "aprendem a melodia" com outros pássaros da mesma espécie.

linha do tempo

1000 a.C.
Agricultores antigos usam o *imprinting* na pecuária

1871
Darwin escreve sobre o comportamento instintivo

Hoje, considera-se que o processo de *imprinting* é muito mais "plástico" e "indulgente" do que se pensava inicialmente. Para ser um alvo apropriado (ou seja, uma "mãe" na formação de um vínculo social), qualquer animal ou objeto inanimado deve proporcionar conforto.

***Imprinting* experimental**   O *imprinting* pode envolver os sentidos da visão, da audição e do olfato. Basicamente, o *imprinting* determina as preferências de um animal a uma determinada espécie. Além disso, o *imprinting* é mais intenso quando o animal está sob estresse.

Esse conceito tem sido utilizado para ajudar a treinar aves órfãs (condores, águias, gansos) que não tiveram a oportunidade de aprender com os pais. Assim, as aves podem ser ensinadas a se comportar como se um ultraleve fosse o pai ou a mãe e, se necessário, a seguir a aeronave ao longo de rotas migratórias.

Período crítico

O período crítico também pode ser chamado de período sensível. Trata-se de um período fixo no início da vida pós-natal. Em patos e gansos, esse período é de 24 a 48 horas após o nascimento. Em gatos, é de duas a sete semanas; em cães, de duas a dez semanas; e, em primatas, de seis a doze meses.

O *imprinting* é uma intersecção entre o instinto e a aprendizagem. O processo não envolve apenas aprender. Essa ideia é corroborada por três tipos de elementos.

Em primeiro lugar, o *imprinting* só ocorre em um intervalo temporal fixo e rigoroso, o período crítico. O aprendizado depois desse período tem efeitos diferentes e menos intensos. Em segundo lugar, o processo de *imprinting* é irreversível. Em outras palavras, o aprendizado não é esquecido, mas, sim, fixo. Em terceiro lugar, o *imprinting* é específico a cada espécie. Ele ocorre com todos os animais de uma determinada espécie, independentemente de outras diferenças entre eles.

O *imprinting* atua para proporcionar o reconhecimento de parentes, para ajudar na ligação social e na seleção de parceiros. Os animais devem reconhecer imediatamente o pai ou a mãe, que deve protegê-los e alimentá-los. Esse mecanismo garante fortes laços sociais entre os filhos e os pais.

***Imprinting* sexual**   O *imprinting* sexual é a ideia de que um animal começa a desenvolver a preferência sexual – ou seja, a escolha de parceiros – com base nas espécies às quais ele está vinculado e não na própria espécie, caso tenha se vinculado a uma espécie diferente. Alguns observadores especulam

---

1900
Nasce a ciência da etologia

1935
Lorenz publica um artigo preliminar sobre o *imprinting*

1957
Psiquiatras investigam o *imprinting* sexual

> **As aves aquáticas criadas por galinhas, em geral, não são sexualmente vinculadas a galinhas.**
> Konrad Lorenz, 1973

que isso, em parte, pode explicar os variados fetiches sexuais, muitas vezes estranhos, que as pessoas podem ter por materiais como látex, pelagem de animais ou até objetos como sapatos.

Foi observado um padrão de *imprinting* sexual reverso, que parece ter evoluído para suprimir uma endogamia potencialmente desastrosa. Com esse efeito, pessoas que crescem juntas, em claras unidades familiares de proximidade doméstica, nos primeiros anos de vida (até mais ou menos os cinco ou seis anos de idade) mais tarde parecem especialmente não atraídas sexualmente entre si. Por outro lado, crianças de sexos opostos separadas no nascimento muitas vezes são especialmente atraídas sexualmente caso se encontrarem mais tarde.

O *imprinting* nos seres humanos O *imprinting* em aves já foi mais que comprovado. No entanto, o *imprinting* em mamíferos é mais raro. Os primatas nascem muito mais indefesos e "incompletos", com um cérebro bastante imaturo. A mãe tem um papel fundamental de provedora, protetora, cuidadora e companheira. A formação de vínculos e o crescimento levam mais tempo para se estabelecer.

O *imprinting* em parceiros humanos Muitas pessoas comentam que seus amigos parecem ser atraídos por "tipos" semelhantes. Um amigo pode só ter namoradas de cabelos curtos e escuros ou uma amiga pode se sentir atraída repetidamente por homens altos e sardentos. Desde as obras posteriores de Freud, uma sugestão é que talvez sejamos particularmente atraídos a pessoas que nos lembram de nossos pais (ou até repelidos por elas). Essa ideia está de acordo com o conceito *imprinting*: a exposição na infância a determinadas características dos pais afeta a preferência por parceiros na idade adulta.

Filhas de pais mais velhos escolhem parceiros mais velhos; filhos de casamentos inter-raciais têm mais chances de escolher um parceiro da raça oposta e não da mesma raça. A cor dos cabelos e dos olhos também foi investigada.

As pessoas escolhem parceiros que se assemelham mais ao pai ou à mãe do sexo oposto do que ao pai ou à mãe do mesmo sexo. E as pessoas tendem a escolher parceiros com olhos e cabelos de cor similar.

> **Em casais mais velhos, não raro se descobrem características que dão ao homem e à mulher o aspecto de irmão e irmã; do mesmo modo, pode-se notar em um dono e um cão que passaram algum tempo juntos similaridades ao mesmo tempo tocantes e cômicas.**
> Konrad Lorenz, 1954

Aprendizagem em fases ou estágios

Evidências indicam que há períodos críticos para o aprendizado na vida de uma pessoa, e o termo "*imprinting*" é utilizado para descrever qualquer tipo de aprendizagem que ocorre em uma determinada fase da vida. Assim, evidências se acumulam para corroborar a existência de períodos críticos para, por exemplo, aprender uma segunda língua. O período de até cinco anos de idade parece ser o mais propício para a aquisição da fluência em outras línguas. Desse modo, se uma pessoa (num caso raro e desventurado) não for exposta a qualquer língua antes de chegar à puberdade, é possível que ela jamais seja capaz de adquirir adequadamente a sintaxe de sua "língua materna" mais adiante. O argumento da "janela de oportunidade biológica" para a aprendizagem de uma segunda língua é bastante polêmico. Alguns acreditam que o período crítico só se aplica para a pronúncia, enquanto outros alegam que ele inclui tanto a sintaxe quanto o vocabulário.

Alguns estudiosos especulam que pode até haver um período crítico para a aquisição de habilidades musicais e de composição e também para desenvolver as preferências musicais. Além disso, a aquisição de competências sociais e inteligência emocional parece indicar um período crítico em torno da puberdade.

Esse efeito de *imprinting* humano é uma forma de aprendizado social. Não se sabe ao certo se isso ocorre em um estágio ou uma idade específica nem se afeta todas as pessoas. E o fenômeno não precisa necessariamente ocorrer na infância.

> **"Quando as pessoas são livres para fazer o que querem, elas normalmente imitam umas às outras."**
> Eric Hoffer, 1955

A ideia condensada: filhotes de pato literalmente aprendem a "amar quem (ou o que) estiver por perto".

41 Tabula rasa

> "Um dos princípios mais fundamentais do marxismo e das doutrinas comunistas é que a personalidade das pessoas é moldada por sua classe econômica e por seu papel na luta de classes, uma posição tão ambientalística quanto se pode imaginar."
>
> George Albee, 1982

Segundo a hipótese da *tabula rasa*, as pessoas nascem sem qualquer conteúdo genético, inato ou evolutivo, ou processos que se desenvolvem, se manifestam, com o tempo. Assim, elas são "tábuas em branco", um disco vazio no qual dados são armazenados de modo que suas experiências pessoais determinam quem elas são, o que elas se tornam e em que acreditam.

História Tanto Aristóteles quanto São Tomás de Aquino pareciam favorecer essa radical escola de pensamento voltado a fatores "ambientais" ou "adquiridos" em oposição à escola focada em fatores "hereditários" ou "inatos". A escola essencialmente platônica se contrapôs a essa abordagem, favorecendo a ideia de que a mente ou o espírito humano "pré-existia" em alguma forma já desenvolvida no Céu. O conceito moderno se fundamenta principalmente nas ideias de John Locke, o filósofo empírico inglês do século XVII que considerava que a mente, no momento do nascimento, era vazia, em branco e livre de qualquer conhecimento ou processos para adquirir e armazenar o conhecimento, mas também livre de unidades pré-determinadas ou inatas. Nesse sentido, as pessoas são livres para criar o próprio destino e identidade. Elas são, portanto, capitãs do próprio navio, donos da própria sorte, autores da própria mente... e do próprio futuro.

> **"Educa a criança no caminho em que deve andar e, quando envelhecer, ela não se desviará dele."**
> Provérbios

Em certa extensão, o debate sobre a *tabula rasa* tem sido caracterizado como um debate sobre o inato *versus* o adquirido, sendo que cada fator é visto à exclusão do outro. Esse debate dividiu a psicologia, com influentes movimentos como o movimento da eugenia e ruidosos detratores do conceito da *tabula rasa*. Com efeito, as tendências têm oscilado entre dois posicionamentos radicais. Dessa forma, a identidade de gênero, a homossexualidade etc., têm sido vistas como sendo quase exclusivamente determinadas por fatores genéticos ou, no outro extremo, completamente "construídas socialmente".

linha do tempo

300 a.C.
Aristóteles define o conceito

1700
Locke lança a ideia do "autor livre"

Muitos argumentam que é impossível separar o inato do adquirido. Ainda assim, o debate do livre-arbítrio contra o determinismo costuma ser o pano de fundo para as discussões da *tabula rasa*.

Crenças sobre a natureza humana Jeremy Bentham (1748--1832) descreveu o homem como um ser racional, que faz escolhas e toma decisões em termos de autointeresse esclarecido. Gustave Le Bon (1841-1931), por outro lado, salientou a irracionalidade e a impulsividade dos homens em uma multidão. Thomas Hobbes (1588-1679) via o homem como egoísta, desagradável e brutal, cujas aspirações precisavam ser contidas por um governo forte. Jean Jaques Rousseau (1712-1778) considerava que as restrições da civilização eram a força que agia para destruir a nobreza do homem natural, o "bom selvagem".

> **"As primeiras mensagens escritas na *tabula rasa* podem não ser necessariamente as mais difíceis de apagar."**
> **Jerome Kagan, 1976**

Os psicólogos experimentais e sociais têm tentado explicitar os determinantes, a estrutura e as consequências de várias "filosofias da natureza humana". Segundo um psicólogo, foram propostas seis crenças básicas (e seus opostos) sobre a natureza humana. A primeira é que as pessoas são (ou não são) basicamente confiáveis, morais e responsáveis. A segunda é que as pessoas são capazes de controlar os resultados de suas ações e têm um entendimento de si mesmas ou, por outro lado, carecem de autodeterminação e são irracionais. A terceira crença é que as pessoas são altruístas, abnegadas e sinceramente interessadas pelos outros, ou o contrário. A quarta é que as pessoas são capazes de manter suas crenças apesar de pressões opostas do grupo ou, pelo contrário, cedem a pressões do grupo e da sociedade. A quinta crença é que as pessoas diferem umas das outras em termos de personalidade e interesses e podem mudar com o tempo ou, por outro lado, não podem ser mudadas com o tempo. A sexta e última crença é que as pessoas são complexas e difíceis de entender ou, pelo contrário, são simples e fáceis de entender. Essas crenças podem ser reduzidas a duas dimensões: positivo-negativo (força de vontade, confiança, independência e altruísmo) e multiplexidade (variabilidade e complexidade), que são, de modo geral, independentes uma da outra.

> **"O ladrão e o assassino seguem a natureza tanto quanto o filantropo."**
> **T. H. Huxley, 1873**

Biologia, evolução e a tábua em branco A objeção mais clara e mais efusiva à teoria da *tabula rasa* vem dos psicólogos evolucionistas. Eles desprezam o mito da *tabula rasa* e do bom selvagem, que, segundo eles, é alimentado por imperativos políticos e não por fatos científicos. As pessoas que temem ou antipatizam com os conceitos de determinismo ou de desigualdade, ou ambos, rejeitam as claríssimas e esmagadoras evidências da evolução.

> **"A natureza sempre teve mais poder que a educação."**
> Voltaire, 1739

A posição da psicologia evolucionista é muito clara: o ser humano (corpo e mente) foi projetado pela seleção natural para se comportar de determinadas maneiras. O cérebro é o produto da adaptação evolucionária. Somos "programados" e, nesse sentido, "predestinados" a nos comportar de maneiras específicas. Desse modo, continuamos sendo "macacos nus". Assim, por exemplo, há uma boa razão para todos nós termos uma queda por doces na infância.

O argumento é que a seleção de parceiros é basicamente uma questão de reprodutividade. Nós evoluímos para procurar parceiros que nos ajudarão a criar filhos saudáveis e, dessa forma, assegurar a continuidade dos nossos genes. Assim, os homens são atraídos por determinadas mulheres em virtude principalmente da capacidade delas de ter filhos. O tamanho (índice de massa corporal) e o formato do corpo (proporção entre cintura e quadril e proporção entre pernas e corpo) são importantes indícios de fecundidade. Os homens são "programados" para procurar indicadores de juventude e saúde. Em consequência, eles consideram importantes características como olhos grandes, pele clara, simetria, cabelos louros (só para caucasianas). As mulheres, por outro lado, procuram sinais de saúde, dominância e riqueza. Em consequência, elas procuram homens altos com ombros e peito largos, mas cintura fina. Elas são atraídas por voz grossa e indicativos de inteligência social. A riqueza também é importante porque as mulheres buscam recursos para cuidar dos filhos pequenos.

Para os psicólogos evolucionistas, somos projetados para detectar a qualidade do parceiro. Os homens são inconscientemente atraídos por mulheres no auge do seu potencial de reprodução. No contexto da psi-

A política da natureza humana

Os textos políticos expressam crenças tanto explícitas quanto implícitas a respeito das origens da natureza humana. Desse modo, o comunismo parece presumir que os aspectos egoístas, competitivos e de ostentação da natureza humana não são naturais, mas o produto de condições socioeconômicas e políticas. Da mesma forma, o liberalismo parece presumir que todas as pessoas têm um forte desejo de conquistar a plena liberdade, enquanto os conservadores têm uma visão negativa do homem, acreditando que as pessoas são naturalmente egoístas, agressivas e anárquicas.

Será que as crenças sobre as características da natureza humana têm uma relação direta com a orientação política da pessoa de maneiras previsíveis e lógicas? Por exemplo, os esquerdistas tendem a atribuir a origem da maioria das características humanas ao ambiente, enquanto as pessoas de direita apontam para fatores genéticos, embora existam grandes diferenças dependendo das características consideradas (por exemplo, personalidade ou características físicas). Assim, pode ser possível identificar a orientação política de uma pessoa pedindo que ela opine sobre a questão do inato ou adquirido, ou vice-versa.

> "Dê-me uma dúzia de crianças saudáveis, bem formadas e o meu próprio mundo especificado para criá-las e eu garanto que poderei pegar qualquer uma ao acaso e treiná-la para se tornar o tipo de especialista que eu escolher – um médico, advogado, artista, comerciante e, sim, até mesmo um mendigo e ladrão –, independentemente de talentos, inclinações, tendências, aptidões, vocação e raça de seus antepassados."
>
> J. Watson, 1930

cologia evolucionista, as mulheres resolveram seu "problema de detecção" evoluindo uma preferência pelo status elevado (particularmente em relacionamentos de longo prazo) em relação a outros fatores, como a atratividade. Isso acontece porque, quanto mais superior for o status de um homem, maior será sua capacidade de controlar os recursos. O status elevado na maioria das sociedades é associado à riqueza e ao poder, e também pode ser associado à inteligência, estabilidade emocional e escrupulosidade, que, por si só, também são características desejáveis. Em consequência, a rivalidade entre os homens para atrair as mulheres se concentra na aquisição e na ostentação de indicativos de recursos. Nos homens, portanto, a beleza varia de acordo com o tamanho de sua conta bancária.

Os homens, por outro lado, resolveram o problema da detecção do máximo potencial reprodutivo das mulheres favorecendo características que indicam um alto potencial reprodutivo, a juventude ou a fertilidade em detrimento de atributos que sinalizam, digamos, o status. Esses fatores incluem lábios carnudos, pele clara, pele macia, olhos claros, cabelos brilhantes, bom tônus muscular e boa distribuição de gordura corporal, um andar jovial, uma expressão facial animada e um alto nível de energia. Apesar de homens e mulheres poderem valorizar a mesma característica no parceiro (como atratividade, status, estabilidade emocional e assim por diante), eles atribuem importâncias diferentes a essas características em decorrência de sua herança evolutiva.

A ideia condensada: será que a nossa mente é apenas uma tábua em branco quando nascemos?

42 O poder do condicionamento

"Acredito que não serei considerado imprudente se expressar a crença de que experimentos para investigar as atividades nervosas superiores de animais produzirão não poucas indicações para orientar a educação e a autoeducação do homem."

I. Pavlov, 1928

A capacidade e a clara disposição dos animais de circo de fazer truques em resposta aos "comandos" dos treinadores costumavam fascinar nossos pais e avós. As pessoas ainda gostam de ver focas, golfinhos e até baleias assassinas se apresentando em grandes aquários públicos. A questão é: como os animais podem ser treinados para executar essas tarefas interessantes e surpreendentes?

Cães e sinetas O reflexo condicionado foi descoberto por Ivan Pavlov (1849-1936), um fisiologista russo e ganhador do Prêmio Nobel. O conceito desenvolvido por ele foi incorporado à cultura popular devido ao famoso exemplo dos "cães de Pavlov". Todos os animais salivam quando estão com fome e quando veem ou sentem o cheiro de uma comida da qual gostam. Esse reflexo natural evoluiu para facilitar o processo de ingestão e digestão dos alimentos. Pavlov começou realizando procedimentos cirúrgicos em cães para medir a qualidade e a quantidade da salivação em preparação do alimento para uma boa digestão.

Pavlov descobriu que, se uma sineta sempre fosse tocada logo depois que o cão via a carne, com o tempo bastaria tocar a sineta sem mostrar a carne para o cão começar a salivar. Só o som da sineta já bastava para acionar o sistema digestivo fisiológico. O processo também funciona com pessoas, com todos os alimentos e com muitos sons diferentes. O condicionamento é mais eficaz se o estímulo incondicionado (a comida) ocorrer quase simultaneamente com o estímulo condicionado (a sineta) e quando os dois estímulos são fortes e intensos (um grande e suculento bife e um som muito alto da sineta).

linha do tempo

Anos 1870
Pavlov demonstra o condicionamento

Anos 1940
Skinner estende consideravelmente o conceito

A teoria Um reflexo condicionado ocorre em condições específicas, quando um estímulo indiferente (ou irrelevante) é emparelhado ou combinado com um determinado estímulo que, em geral, produz uma resposta específica. Depois de um tempo repetindo essa ação, o estímulo indiferente consegue, por si só, produzir essa resposta específica. Esse é o estímulo condicionado que causa o reflexo ou, em outras palavras, o estímulo indiferente que provoca a resposta condicionada. Para preservar o reflexo, a associação deve ser completada. Se a sineta tocar repetidas vezes, mas sem a presença da carne, a resposta tem menos chances de ocorrer. Desse modo:

- a comida é um estímulo incondicionado;
- a salivação em resposta à comida é um reflexo incondicionado;
- o som da sineta é o estímulo condicionado;
- a salivação ao estímulo apenas da sineta é o reflexo condicionado.

> **"Aquele que não faz uso da vara odeia seu filho, mas o que o ama desde cedo o castiga."**
> Provérbios

A resposta condicionada pode se voltar a excitar e aumentar as chances de um comportamento ou o contrário, tentando inibir esse comportamento. Os resultados são claros e previsíveis: a intensidade do condicionamento aumenta a cada repetição, mas cada repetição intensifica menos o condicionamento em relação à repetição anterior. Dito de outra forma, depois de um tempo, a intensidade do reforço cai.

Superstições condicionadas Uma história famosa ilustra o que os psicólogos chamaram de "comportamento supersticioso". Um etólogo tinha

---

Extinção

O condicionamento também pode ser alterado. Ele pode ser desfeito com a mesma facilidade com que se estabeleceu. Isso pode acontecer pelo processo de extinção experimental e ocorre como um resultado de repetições reforçadas. Com o tempo, se a comida não se seguir ao toque da sineta, o cão deixa de salivar ao som da sineta. No entanto, se a resposta salivar desaparecer, ela pode ser recondicionada retomando a situação de condicionamento. Na verdade, mesmo depois de sua extinção, não leva muito tempo para recuperar o condicionamento com repetições de reforço. Além disso, uma resposta extinta pode ressurgir depois de um intervalo de descanso, em um processo chamado de recuperação espontânea.

1944
O foco começa a se deslocar para a punição

1958
É lançada a ideia da dessensibilização sistemática

1969
Jahoda, *A psicologia da superstição*

um laboratório cheio de pombos. Os pombos demonstravam ser capazes de reconhecer e distinguir entre diferentes formas e cores. Eles já estavam acostumados com a velha rotina de "ganhar comida pela resposta correta".

Num fim de semana, o pesquisador foi para casa, mas se esqueceu de desligar os alimentadores de alguns pássaros. Os alimentadores eram acionados a cada meia hora, liberando uma porção da saborosa guloseima. Naturalmente, para os pássaros, parecia que eles tinham sido recompensados por algo que estavam fazendo. Assim, eles repetiam o comportamento a cada 30 minutos... e lá vinha a recompensa. Alguns bicavam a gaiola, outros levantavam as duas asas, alguns davam piruetas no fundo da gaiola e ainda outros arrulhavam, agradecidos. A comida era distribuída incondicionalmente, mas os pombos viram "conexões" e fizeram associações causais, acreditando que foram eles que ocasionaram a justa recompensa.

> **"É óbvio que os diferentes tipos de hábitos baseados em formação, educação e disciplina de qualquer espécie não passam de uma longa cadeia de reflexos condicionados."**
> I. Pavlov, 1928

Em outro estudo famoso envolvendo crianças de três a seis anos, os pesquisadores deixaram uma caixa de plástico para colocar bolinhas de gude e um palhaço mecânico do tamanho de uma criança, apelidado de Bobo. No início do experimento, cada criança pôde escolher um brinquedinho que queria ganhar. Depois o boneco Bobo lhes foi apresentado e elas foram informadas que, de tempos em tempos, o palhaço liberaria uma bola de gude que a criança deveria colocar na caixa de plástico. Quando um número suficiente de bolas de gude fosse coletado, a criança ganharia o brinquedo. Bobo foi programado para liberar bolinhas em um intervalo fixo, independentemente do comportamento da criança. As crianças foram observadas por um espelho bidirecional em uma sessão de oito minutos por dia, durante seis dias. Os resultados mostraram que 75% das crianças desenvolveram uma resposta supersticiosa distintiva. Algumas crianças ficavam na frente do boneco Bobo fazendo caretas para ele; outras tocavam no rosto ou nariz do boneco; ainda outras bamboleavam e rebolavam o quadril. Uma menina sorria para Bobo e outra o beijava no nariz. Em todos os casos, as crianças exibiram esses comportamentos repetidamente em várias sessões. Todas elas acreditavam que suas ações eram recompensadas com as bolinhas de gude. Desse modo, elas foram submetidas a um condicionamento clássico.

O poder da música Os publicitários sabem que as pessoas associam determinadas músicas com certos eventos, estados de espírito e produtos, alterando seu comportamento de compra. Na verdade, as pessoas podem ser influenciadas por estímulos musicais sem jamais se conscientizarem claramente da música tocando ao fundo.

Em um estudo musical, os psicólogos tocaram uma música tradicional francesa (acordeão) ou uma música tradicional alemã (bandinha de metais) em uma loja e observaram que o tipo de vinho que os clientes compraram correspondeu ao tipo de música tocada. Nos dias de música francesa, 77% dos vinhos vendidos foram franceses e, em dias de música alemã, 73% dos vinhos vendidos foram alemães. As pessoas tiveram três ou quatro vezes mais chances de escolher um vinho que correspondia à música tocada do que um vinho que não correspondia à música.

O medo condicionado   O condicionamento clássico influencia não só o comportamento, mas também as emoções. É possível condicionar um animal a responder a um sinal e logo suprimir a resposta associando-a também a algum evento desagradável, como um choque elétrico ou um banho de água fria. Nos seres humanos, tem sido possível induzir e curar respostas fóbicas pelo condicionamento. Assim, é possível levar uma criança pequena a ter medo de gatos, assustando-a com um ruído alto a cada vez que ela ouvir, ver ou tocar um gato. Isso deve resultar rapidamente na "felinofobia". No entanto, a fobia pode ser extinta expondo gradativamente a criança a um gato e recompensando-a com estímulos agradáveis.

> **"Aprender sem pensar é inútil. Pensar sem aprender é perigoso."**
> Confúcio, 551-479 a.C.

A dessensibilização sistemática foi descrita pela primeira vez pelo neo-behaviorista Joseph Wolpe (1958) e a técnica foi considerada útil para pacientes capazes de identificar um foco específico para explicar suas ansiedades, como o medo de ambientes fechados ou de falar em público. Os pacientes são solicitados a imaginar cenas causadoras desse tipo específico de ansiedade enquanto o terapeuta os ajuda a manter um estado de relaxamento. O emparelhamento de relaxamento com o confronto da ansiedade reduz o medo pelo processo da "inibição recíproca". Se os pacientes conseguirem manter um estado de relaxamento diante dos estímulos causadores de ansiedade, os estímulos perderão a força.

A ideia condensada: as repostas podem ser aprendidas.

43 Behaviorismo

"O behaviorista se desvencilha de todas as concepções medievais. Ele elimina de seu vocabulário todos os termos subjetivos, como sensação, percepção, imagem, desejos e até pensamento e emoção."

J. B. Watson, 1926

A história do behaviorismo

O behaviorismo foi uma força dominante na psicologia por mais de cem anos. De Ivan Pavlov (1849-1936) a B. F. Skinner (1904-1990), que negou que as pessoas tinham livre-arbítrio ou autonomia moral. O behaviorismo, em formas ligeiramente diferentes, dominou as pesquisas e o pensamento psicológico por cinquenta anos.

Os behavioristas foram grandes inimigos dos psicólogos da Gestalt, dos psicanalistas e dos psicólogos humanistas. Os primeiros behavioristas, como John B. Watson, abandonaram o que chamavam de "introspecção".

O behaviorismo era a ciência do que era possível, à exclusão de todo o resto, observar e medir de maneira confiável: o comportamento. Essa abordagem celebrava o empirismo ingênuo.

O behaviorismo é uma ideologia (como muitos "ismos"), com critérios, crenças ou axiomas centrais. Precisamos de evidências comportamentais observáveis para demonstrar as teorias. Assim, não é possível conhecer ou distinguir entre dois estados de espírito (atitudes, crenças, valores etc.) a menos que possamos observar e mensurar o comportamento específico associado a cada um deles.

A filosofia As origens filosóficas do behaviorismo se fundamentam em vários movimentos filosóficos, como o positivismo lógico e o empirismo britânico. Os positivistas lógicos insistiam no princípio da verificação, segundo o qual os conceitos mentais na verdade se referem a tendências comportamentais, de modo que podem e devem ser especificados em termos de comportamento. Os empiristas britânicos insistiam que entendemos o mundo (exclusivamente) por meio da experimentação e da observação. Também acreditavam que as pessoas desenvolvem um conhecimento de seu ambiente e das outras pessoas por meio da aprendizagem associativa entre experiên-

linha do tempo

1913
Watson defende o behaviorismo

1927
Pavlov apresenta as ideias centrais

cias (ou estímulos) e ideias (ou comportamentos). Por conseguinte, as pessoas entendem a estrutura do mundo por meio de associações clássicas.

Os behavioristas que afirmam que sua psicologia é *a* psicologia do comportamento (definitivamente não a ciência da mente, do coração ou da alma) argumentam que é possível compreender os processos psicológicos sem qualquer referência a eventos mentais internos como crenças ou memórias. Eles argumentam com fervor que todo vocabulário relativo a estados internos, mentais, pode ser completamente erradicado da psicologia e substituído por conceitos estritamente comportamentais. O behaviorismo pretende ser reconhecido como uma ciência natural, como a física ou zoologia.

Naturalmente, com o passar dos anos, versões ligeiramente diferentes foram sendo propostas. Desse modo, temos o behaviorismo fisiológico, ou *clássico*. Essa abordagem desenvolveu seu próprio jargão. Assim, se cães ou ratos só forem alimentados depois de executar uma tarefa – empurrar uma alavanca ou se movimentar de uma determinada maneira quando um som é tocado ou uma luz é acesa –, eles são propensos a repetir esse comportamento. Desse modo, o som ou a luz são estímulos discriminativos, realizar o movimento ou pressionar a alavanca são as respostas, a comida é o reforço e as ações repetidas são histórias de aprendizagem.

O behaviorismo *metodológico* é a doutrina que determina como conduzir pesquisas científicas aceitáveis e empíricas. De acordo com essa abordagem, os eventos mentais internos são entidades privadas irrelevantes. O behaviorismo usa e abusa do termo "análise experimental do comportamento". Com efeito, várias sociedades e periódicos acadêmicos foram batizados com esse termo.

Talvez a abordagem comportamental mais conhecida seja o behaviorismo *radical*, de B. F. Skinner. Ele foi um defensor tão efusivo do behaviorismo que escreveu romances sobre utopias behavioristas e criou a própria filha de acordo com os rigorosos princípios de suas crenças. O behaviorismo radical não aceitava a existência e a "experimentação" de estados mentais. Além disso, essa versão do behaviorismo não aceitava que os sentimentos causam o comportamento, mas sim que alguns comportamentos podem ser manifestações de sentimentos.

Os behavioristas tendem a se concentrar em comportamentos identificáveis e bastante específicos que, eles acreditam, podem ser forjados por esquemas de reforço

> **"Creio que uma análise científica do comportamento deve presumir que o comportamento de uma pessoa é controlado por suas histórias genética e ambiental e não pela própria pessoa como um agente iniciador."**
>
> **B. F. Skinner, 1974**

1938
Skinner, *O comportamento dos organismos*

Anos 1950
O behaviorismo atinge seu auge

1977
Bandura, *Social Learning Theory* [Teoria da aprendizagem social]

bem planejados. Alguns behavioristas, contudo, se dispõem a aceitar que somos mais do que simples produtos da nossa história pessoal de reforços. Também somos afetados pelos nossos fatores biológicos pessoais e, em alguns casos, pela cultura, que na prática é constituída dos comportamentos comuns ao nosso clã ou grupo.

Os behavioristas formaram sociedades e fundaram periódicos especializados. Eles recomendavam um tipo específico de terapia, inevitavelmente chamado de terapia comportamental. Essa terapia tem sido utilizada para tratar pacientes e crianças com distúrbios mentais, bem como adultos "normais" com problemas específicos.

Para além da liberdade e da dignidade B. F. Skinner – talvez o teórico behaviorista mais conhecido, efusivo e didático – escreveu, em 1971, um livro intitulado *Para além da liberdade e da dignidade*, que se tornou bastante popular. Skinner odiava os mentalistas, que acreditavam que um *homúnculo* ou um "homenzinho" (talvez a mente, a vontade ou a alma) habita na nossa cabeça.

O behaviorismo de Skinner é determinista e tecnológico. Além disso, ele acreditava que o behaviorismo é uma força que pode ser utilizada para o bem, ajudando a resolver problemas sociais como a superpopulação, as guerras etc. Sua ambição era que a humanidade abandonasse todos os conceitos obscuros e inúteis de liberdade e dignidade pessoal que, na opinião dele, só levavam a um modo de pensar equivocado.

Skinner não acreditava no livre-arbítrio e, por conseguinte, na ideia de que as pessoas poderiam ou deveriam se vangloriar de determinadas ações ou se culpar por outras ações. Todo o nosso comportamento é influenciado pela nossa história passada de reforços. Skinner não acreditava em punição, porque isso pressupõe que as pessoas podem ter livre-arbítrio em relação a seu comportamento. Se vemos uma pessoa orientada, compelida ou constrangida a se comportar de uma determinada maneira, acreditamos que ela é menos merecedora de louvor ou culpa por exercer menos livre-arbítrio. No entanto, todos os nossos comportamentos são moldados dessa forma.

Skinner rejeitava a ideia do behaviorismo como uma psicologia de caixa preta ou do "organismo vazio". Mesmo assim, ele deixou claro que somos produtos do nosso ambiente, do nosso aprendizado e, mais especificamente, dos nossos esquemas de reforço.

A teoria da aprendizagem social Albert Bandura (nascido em 1925) desenvolveu a teoria da aprendizagem social, também chamada de teoria social-cognitiva, uma elaboração do behaviorismo puro ou radical. Como todos os behavioristas, ele enfatiza o papel da aprendizagem social, acreditando que só podemos realmente entender (e, portanto, prever) o comportamento de uma pessoa quando levamos em consideração todos os fatores do ambiente ou contexto social e físico no qual ela se encontra, por opção ou acidente.

A abordagem de Bandura inclui vários conceitos importantes. O primeiro conceito é a *aprendizagem observacional* ou modelagem. A ideia é que muitas vezes aprendemos observando e imitando pessoas que agem como modelos. Dessa forma, obtemos um reforço indireto (*vicarious reinforcement*) quando vemos os outros sendo recompensados ou punidos por suas ações. Daí o poder da televisão e dos filmes para incentivar mudanças de comportamento ao mostrar atores atraentes e confiáveis realizando determinadas ações para receber determinadas recompensas.

> "O behaviorismo poderia ser descrito de maneira precisa e breve como uma psicologia que deixa a psicologia de fora."
>
> G. D. Martin, 1976

Um dos pilares da teoria da aprendizagem social é a ideia de *autoeficácia*, que é a crença de uma pessoa no que se refere à sua capacidade de realizar uma tarefa específica ou lidar com uma situação específica. A avaliação da autoeficácia em qualquer situação depende de quatro fatores: a história de aprendizagem ou o sucesso e o fracasso da pessoa em situações similares; experiências indiretas de destaque (conhecimento de como os outros se comportam em situações similares); reforço ou persuasão verbal/social ou a medida na qual os outros incentivam ou persuadem a pessoa a agir nessa situação; e excitação emocional ou sentimentos de ansiedade ou angústia associados a um possível fracasso. As avaliações de autoeficácia afetam a motivação, a definição de metas etc., na escola, no trabalho e em terapia. Quanto mais as pessoas acreditam que sabem o que devem fazer, têm experiências de sucesso e querem evitar o fracasso, mais chances têm de buscar o sucesso.

Um último conceito é a *autorregulação*, que implica usar pensamentos/crenças para controlar o comportamento. Os pensamentos e as crenças são recursos pessoais utilizados no comportamento de autogratificação e punição. Eles resultam de observar o próprio comportamento e julgar o modo como ele ocorre e o modo como ele se compara com o comportamento dos outros. As pessoas reagem com prazer e orgulho ao sucesso, e dor e autocrítica ao fracasso. Com os processos de autorregulação, elas tendem a repetir os comportamentos que reforçam seus sentimentos de autoestima ou autovalorização e a evitar aqueles comportamentos que levam a sentimentos de derrota e autoaversão. A autorregulação motiva as pessoas a estabelecer padrões que elas têm condições de atingir, o que, por sua vez, reforça seu senso de autoeficácia. Desse modo, fatores internos – auto-observação, autorreação, autorreforço – são vistos como forças motivadoras.

A ideia condensada: o comportamento é influenciado pela experiência.

44 Esquemas de reforço

"Eu não poderia ter previsto que, entre os reforços que explicam o meu comportamento científico, as opiniões alheias não têm tanta importância, mas tudo indica que é isso que acontece."

B. F. Skinner, 1967

Na psicologia, reforçar significa fortalecer uma resposta. O reforço é a principal "arma" do arsenal dos adestradores de animais. Um animal, seja ele um elefante na selva, um leão de circo ou um rato branco de laboratório, pode ganhar um saboroso petisco depois de realizar uma determinada ação ou comportamento. A comida é um reforço. O objetivo é estimular o animal a repetir a ação com a maior frequência e rapidez possível sob as mesmas condições. Uma recompensa, seja ela qual for, pode ter seu poder de reforço avaliado exclusivamente pela rapidez e regularidade na qual altera o comportamento depois de ser recebida.

Os diferentes tipos de reforço Os behavioristas distinguem entre diferentes tipos de reforços. Desse modo, há reforçadores *primários* (comida, sexo) que todos os animais querem e dos quais precisam ao longo da vida. O poder desses reforços depende do estado dos animais (até que ponto eles estão com fome, com sono etc.). Os reforços *secundários* ocorrem com o aprendizado, associando um comportamento com uma resposta: o toque de uma sineta com a salivação, o cheiro de desinfetante com um hospital etc. Todo tipo de coisa pode se tornar um reforço secundário. Alguns deles, como o dinheiro, são bastante genéricos enquanto outros (um determinado som ou cheiro, por exemplo) são muito específicos.

É possível montar uma hierarquia de reforços para um indivíduo (ou uma espécie) no que se refere à potência relativa dos diferentes reforços.

Treinadores, líderes e gestores classificam as pessoas de acordo com um esquema de reforço, ou reforçamento. Em outras palavras, quando respostas complexas são desejadas, pode ser interessante usar a modelagem (*shaping*).

linha do tempo

Anos 1920	1953
Pavlov usa pela primeira vez o termo "reforço"	Skinner fala de reforço negativo

Isso envolve reforçar positivamente as respostas que compõem a resposta mais complexa até a resposta desejada ser obtida.

Técnicas motivacionais da teoria da aprendizagem

Procedimento	No trabalho	Efeito comportamental
Reforço positivo	O gestor elogia o subordinado quando o trabalho é concluído no prazo	Reforça o comportamento desejado
Reforço negativo	O gestor adverte o subordinado a cada vez que o trabalho é entregue com atraso	Reforça o comportamento desejado
Punição	O gestor aumenta a carga de trabalho do subordinado a cada vez que o trabalho é entregue com atraso	Enfraquece o comportamento indesejado
Extinção	O gestor ignora o subordinado a cada vez que o trabalho é entregue com atraso	Enfraquece o comportamento indesejado

As pessoas aprendem a adotar comportamentos que levam a resultados positivos e a realizar ações que são prazerosas. O processo pelo qual as pessoas aprendem a realizar ações que levam a resultados desejáveis é conhecido como *reforço positivo*. Para uma recompensa servir como um reforço positivo, ela deve depender do comportamento específico desejado.

As pessoas também aprendem a realizar determinadas ações que lhes permitem evitar consequências indesejáveis. Eventos desagradáveis, como repreendas, rejeições, demissões e rebaixamento de cargo são algumas das consequências de determinadas ações no trabalho. O processo é conhecido como *reforço negativo*, ou *aversão*.

A *punição* envolve apresentar uma consequência indesejável ou aversiva em resposta a um comportamento indesejado. Enquanto o reforço negativo remove um estímulo aversivo, aumentando assim a força da resposta que levou à sua remoção, a punição aplica um estímulo aversivo, reduzindo a força da resposta que provocou a apresentação do estímulo.

A associação entre um comportamento e suas consequências também pode ser enfraquecida pelo processo da *extinção*. Quando uma resposta que já foi recompensada no passado deixa de ser recompensada, ela tende a enfraquecer e se extinguir aos poucos. Ignorar solicitações e o comportamento talvez seja a maneira mais comum de extingui-los.

1967
Argyle usa o termo "recompensação" (*rewardingness*) na psicologia social

1974
Skinner, *Sobre o behaviorismo*

1994
Kohn, *Punidos pelas recompensas*

Estímulo apresentado ou retirado	Desejabilidade do estímulo	Contingência	Força da resposta	Exemplo no ambiente de trabalho
Apresentado	Agradável	Reforço positivo	Aumenta	Elogios de um superior incentivam o comportamento elogiado
	Desagradável	Punição	Diminui	Críticas de um superior desencorajam o comportamento punido
Retirado	Agradável	Extinção	Diminui	Um superior que deixa de elogiar uma ajuda recebida reduz as chances de o subordinado ajudar no futuro
	Desagradável	Reforço negativo	Aumenta	Críticas futuras são evitadas ao fazer o que o superior deseja

As contingências do reforço As quatro contingências do reforço podem ser definidas em termos da apresentação ou retirada de um estímulo agradável ou desagradável. Comportamentos positiva ou negativamente reforçados são fortalecidos e comportamentos punidos ou extintos são enfraquecidos.

Os esquemas de reforço podem ser basicamente classificados em quatro tipos.

Nos *esquemas de intervalo fixo*, o reforço é aplicado na primeira ocorrência do comportamento desejado depois de transcorrido um determinado tempo. As recompensas são apresentadas em uma base regular e fixa. Os esquemas de intervalo fixo não são especialmente eficazes para manter o desempenho desejado no trabalho, embora sejam amplamente utilizados.

Já nos *esquemas de intervalo variável*, um tempo variável deve transcorrer entre a aplicação dos reforços. Por exemplo, um auditor que faz auditorias-surpresa em diversas filiais de uma empresa em média a cada oito semanas (por exemplo, em uma ocasião o intervalo entre as visitas pode ser de seis semanas e, em outra ocasião, de dez semanas) usa um esquema de intervalo variável. Como o funcionário não tem como saber exatamente quando será recompensado, ele tende a apresentar um bom desempenho por um período relativamente longo.

Nos *esquemas de razão fixa*, o reforço é aplicado na primeira ocorrência do comportamento desejado depois da realização de um determinado número de ações desejadas. Qualquer sistema de pagamento por tarefa constitui um esquema de reforço de razão fixa.

Já nos *esquemas de razão variável* um número variável de respostas desejadas (com base em alguma média) deve ser realizado entre a aplicação dos reforços. O exemplo clássico da eficácia dos esquemas de razão variável é uma máquina caça-níqueis.

Uma das principais críticas ao conceito é o fato de ele ser circular: a força da resposta é aumentada por reforços que, por sua vez, aumentam a força da resposta. No entanto, os defensores observam que os reforços aumentam a força da resposta devido a seu efeito sobre o comportamento (e não o contrário).

Punidos pelas recompensas Será que as crianças teriam um desempenho melhor na escola se notas altas fossem reforçadas por estrelinhas douradas, prêmios ou até recompensas em dinheiro? Será que os planos de incentivo aumentam a produtividade no trabalho? O que é melhor fazer, elogiar ou pagar pelo desempenho?

Alguns estudos demonstram que os alunos recompensados por resolver problemas tornam-se mais lentos do que os alunos não recompensados; que artistas criativos são menos criativos quando são contratados para criar; que as pessoas recompensadas por um comportamento sensato, como parar de fumar ou usar o cinto de segurança, têm menos chances de mudar o comportamento no longo prazo do que as pessoas não recompensadas.

> **É provável que reagir ao choro de uma criança faz mais efeito do que reforçar o choro. Isso reforça o enfrentamento ativo do ambiente, agindo para obter um retorno de pessoas e objetos.**
>
> L. Yarrow, 1975

Contestando os mais importantes princípios da teoria do reforçamento, Alfie Kohn argumenta que, quanto mais qualquer atividade (produtividade, notas escolares, criatividade) for reforçada em uma pessoa, mais essa pessoa perderá o interesse na atividade pela qual está sendo recompensada. Em outras palavras, a motivação extrínseca (receber uma recompensa) reduz a motivação intrínseca (a diversão da atividade).

Kohn argumenta que os sistemas de recompensa podem ser econômicos (por exemplo, estrelas douradas), fáceis de administrar, e parecem levar a efeitos imediatos. Em longo prazo, contudo, eles são ineficazes por uma série de razões.

Muito se discute se a literatura experimental acadêmica, já bastante vasta, basicamente corrobora ou não a posição de Kohn. As controvérsias seguem estrepitosas, mas levaram as pessoas a refletir seriamente sobre o uso e o possível abuso de esquemas de reforço na escola e no trabalho.

A ideia condensada: o comportamento é influenciado por suas consequências

45 Dominando a complexidade

"Há uma tendência a definir a psicologia no que me parece ser uma maneira curiosa e basicamente não científica, associando-a apenas com o comportamento ou apenas com o processamento de informações e somente com certos tipos de interação de ordem inferior com o ambiente... e [uma tendência] a excluir da psicologia o estudo do que chamo de competência."

N. Chomsky, 1977

Até por volta da década de 1960, a psicologia se encontrava cindida por um triunvirato: os psicanalistas antiquados; os behavioristas do "admirável mundo novo"; e os humanistas dissidentes. No entanto, a década de 1960 testemunhou o início de um movimento que viria a perdurar até o fim do século: a revolução cognitiva. O movimento nasceu principalmente porque os behavioristas pareciam incapazes de explicar adequadamente como dominamos as habilidades de ordem superior: como falamos, como raciocinamos, como aprendemos.

A aprendizagem observacional Enquanto os behavioristas insistiam que aprendemos praticamente de tudo por meio do condicionamento operante, os teóricos da aprendizagem social argumentavam que também aprendemos com rapidez e eficácia pela observação. Expandimos o nosso conhecimento e habilidades observando os outros (modelos) com atenção. Ninguém duvida que crianças e adultos são capazes de aprender indiretamente, observando o que os outros fazem e as consequências das ações alheias.

Por exemplo, muitas pessoas se preocupam com o que as crianças aprendem assistindo a televisão. Essas pessoas temem que as crianças podem querer copiar o que veem na TV, como palavrões, agressividade, egoísmo. Curiosamente, no entanto, as pessoas não parecem tão preocupadas em utilizar a TV para ensinar virtudes e bom comportamento. Afinal, as crianças copiam modelos tanto agressivos quanto altruístas.

Em um estudo famoso que utilizou um boneco, crianças pequenas foram divididas em três grupos. Cada grupo viu um filme no qual um adulto tratava

linha do tempo

1960
Bandura demonstra a aprendizagem observacional

1965
Chomsky dá início a uma revolução linguística

um boneco inflável com agressividade, batendo nele com um martelo, jogando-o no ar e gritando expressões de revistas em quadrinhos, como "Bum!" ou "Pá!". Como condição do estudo, outro adulto aparece no filme e dá doces ao ator por seu excelente desempenho; repreende e bate no ator por ele ter se comportado mal com o boneco; ou não faz nada. Feito isso, o mesmo boneco foi apresentado às crianças "experimentais". Como previsto, as que viram o modelo sendo recompensado pela agressão se mostraram mais propensas a serem agressivas com o boneco.

Aprendizagem implícita   Será que você consegue aprender sem ter consciência de estar aprendendo? Na aprendizagem implícita, é possível demonstrar que as pessoas adquirem informações complexas sem conseguirem se lembrar conscientemente do que exatamente aprenderam.

Algumas evidências sugerem que partes diferentes do cérebro são responsáveis pela aprendizagem explícita em oposição à aprendizagem implícita. E ainda não se sabe ao certo se a aprendizagem explícita é seguida da aprendizagem implícita ou o contrário. Por conseguinte, podemos falar de uma memória explícita, na qual as pessoas são capazes de fazer descrições verbais conscientes e, por outro lado, de uma memória implícita, na qual elas são incapazes de fazer esse tipo de descrição. A diferença por vezes é chamada de

Expertise

Muitos profissionais desenvolvem uma gama impressionante de habilidades. Algumas são habilidades "perceptivas-motoras", como aprender a jogar tênis a ponto de poder competir em Wimbledon ou "aprender" a se tornar um grande mestre do xadrez. A aquisição dessas habilidades parece passar por algumas fases claras: uma fase *cognitiva* ou de compreensão, seguida de uma fase de *prática* ou associativa e, por fim, uma fase *autônoma*, na qual as pessoas se tornam mais rápidas e precisas.

Os psicólogos têm estudado especialistas em comparação com novatos. Os especialistas parecem ter um banco de conhecimento muito bem organizado ou modelos, ou *templates*, referentes a possíveis eventos/posições/circunstâncias que ocorreram no passado. Eles claramente aprenderam a examinar, pesquisar e avaliar situações com muita eficiência de maneira quase inconsciente. O desenvolvimento da expertise requer mais que mero talento e prática. Na verdade, envolve desenvolver um banco de conhecimentos processuais e utilizá-lo para garantir um excelente desempenho.

Anos 1980
Início das investigações sobre a aprendizagem implícita

Anos 1990
Estudos para investigar como as pessoas se tornam especialistas

2000
Avanços na neuropsicologia cognitiva da aprendizagem

memória declarativa em oposição à memória processual. Um bom exemplo é observar e conversar com esportistas habilidosos e talentosos que aprenderam todo tipo de movimentos físicos eficazes, mas não conseguem articular o que fazem.

Aprendizagem de línguas Aprender idiomas é fundamental para a sobrevivência. No entanto, dominar a língua nativa é claramente um processo bastante complexo, realizado por quase todas as crianças com grande facilidade.

Os behavioristas afirmam que a linguagem é adquirida como qualquer outro repertório comportamental. Uma criança pronuncia uma palavra e, se o comportamento for recompensado ou reforçado, ela a repete. As crianças são intensa, constante e efusivamente recompensadas pelos pais e cuidadores por se aproximarem sucessivamente à fala precisa. O processo começa com a imitação, seguindo princípios behavioristas simples e clássicos.

Estudos mostram que os pais de fato costumam se interessar muito no desenvolvimento da linguagem nos filhos. No entanto, eles recompensam uma elocução não só por ser gramaticalmente correta, mas também se for considerada "gentil e sincera".

O problema da teoria dos behavioristas é que as crianças aprendem a língua rápido demais e com precisão demais para essa aprendizagem ser baseada nos princípios de imitação e reforço. As crianças são criativas com a fala e não raro produzem frases que nunca poderiam ter ouvido antes. A teoria claramente falha em explicar o rápido desenvolvimento de regras gramaticais complexas. É muito claro que os pais não passam muito tempo "moldando a gramática" dos filhos e, mesmo assim, as crianças aprendem com uma velocidade surpreendente.

As interações entre mãe e filho parecem ser as mais relevantes e foram meticulosamente estudadas. Muitas mães conversam com os filhos sobre os acontecimentos do dia e objetos comuns, muitas vezes alterando e redirecionando o tema de seus monólogos a objetos muito específicos que a criança está olhando.

As mães parecem começar utilizando a "fala de bebê", com frases curtas, simples, muito descritivas. À medida que a criança cresce, as frases aumentam em extensão e complexidade e as mães sempre se mantêm "à frente" da criança tentando, desse modo, ensinar e incentivar o filho. Apesar de toda essa ajuda e dos reforços tanto específicos quanto não específicos, não se sabe ao certo se esse processo leva ao desenvolvimento da linguagem no mundo todo, com todas as línguas e por toda a história.

Chomsky e a estrutura profunda Mais de cinquenta anos atrás, Noam Chomsky apresentou um questionamento claro e bastante influente à abordagem behaviorista. Ele propôs uma teoria "nativista", que argumenta que as crianças já nascem com o conhecimento da estrutura da linguagem humana. Todos os seres humanos de todas as culturas têm um dispositivo natural de aquisição da linguagem.

Chomsky traçou a distinção entre a estrutura *profunda* e a *superficial*. Uma estrutura superficial refere-se a uma frase linguística, mas com um significado profundo. Dessa forma, a frase: "Você terá sorte se conseguir convencê-lo a trabalhar para você" pode ter dois significados: "Você terá sorte se ele escolher trabalhar na sua empresa" ou "Você terá sorte se conseguir que ele faça qualquer trabalho". De forma similar, podemos ter duas sentenças diferentes (diferentes estruturas superficiais), mas com o mesmo significado, ou a mesma estrutura profunda. Desse modo, "O velho professor deu a aula" tem exatamente o mesmo significado que "A aula foi dada pelo velho professor".

Um conceito relacionado é o da *gramática transformacional*, considerada inata. Trata-se de um mecanismo que nos possibilita expressar corretamente o significado com as palavras. Chomsky demonstrou os *universais linguísticos* para corroborar sua teoria. Em outras palavras, todas as línguas humanas têm várias características em comum: substantivos, verbos e adjetivos, bem como vogais e consoantes. Isso explica por que as crianças não demoram a adquirir qualquer idioma ao qual são expostas, independentemente de ser ou não a língua nativa dos pais.

> **"Agindo ativamente para obter *feedback* de pessoas e objetos."**
> L. Yarrow, 1975

A explicação nativista sugere que a aprendizagem de línguas depende da maturação biológica. No entanto, críticos alegam que essa abordagem é mais descritiva do que explicativa. Ou seja, a teoria não chega a propor uma explicação detalhada e precisa de como a aquisição da linguagem realmente funciona. Além disso, todos concordam que as experiências pessoais das crianças afetam o desenvolvimento da linguagem. Argumenta-se que os universais linguísticos podem meramente refletir o fato de que as pessoas enfrentam as mesmas demandas em todas as culturas e é isso, e não algum dispositivo inato, que realmente determina a linguagem.

A ideia condensada: a aprendizagem de ordem superior requer mais que apenas o condicionamento

46 Frenologia

"Nenhum fisiologista que pondere calmamente sobre a questão [a verdade da frenologia]... consegue resistir por muito tempo à convicção de que partes diferentes do cérebro atuam em diferentes tipos de ação mental."

Herbert Spencer, 1896

A frenologia se fundamenta em uma ideia simples muito difundida nos dias de hoje. O cérebro é o "órgão da mente" e é estruturado de modo que diferentes partes são responsáveis por diferentes funções. Assim, diferentes partes do cérebro refletidas no formato da cabeça controlam diferentes funções. No entanto, os frenologistas acreditavam, em primeiro lugar, que o tamanho da área cerebral "exclusiva" a uma determinada função é proporcional à "importância" dessa faculdade mental. Em segundo lugar, que a craniometria (que é a medição de fatores como o tamanho e o formato do crânio) representa o formato do cérebro e, por conseguinte, todas as funções humanas. Em terceiro lugar, eles acreditavam que as faculdades tanto morais quanto intelectuais são inatas.

História As raízes da frenologia remontam dos gregos antigos e talvez sejam ainda mais remotas. Muitos praticantes foram basicamente fisionomistas, voltados a interpretar a natureza pelo formato das coisas. Muitos livros sobre artes e ciência, especialmente dos séculos XVII e XVIII, apresentavam imagens, silhuetas e esboços ilustrando princípios fisionômicos. O sistema moderno foi desenvolvido por Franz Gall, que publicou seu tratado em 1819. Ele acreditava que seu mapa do cérebro associava áreas cerebrais, que ele chamava de "órgãos", a funções específicas que ele chamava de "faculdades".

Em 1896, Sizer e Drayton publicaram um manual de frenologia intitulado *Heads and Faces, and How to Study Them* [Cabeças e rostos e como estudá-los]. O manual mostrava como identificar retardados mentais e poetas, bem como pessoas com tendências criminosas e pessoas com caráter moral. Para o leitor moderno, o tratado é ao mesmo tempo divertido e bizarro.

Os vitorianos levaram a frenologia muito a sério. Seus bustos, moldes, periódicos, paquímetros e máquinas sobrevivem até hoje, especialmente os sofisticados bustos de porcelana branca, produzidos pela London Phrenology Company. Os vitorianos tinham cirurgias, escolas, alimentos e médicos frenológicos.

linha do tempo

1810
Gall desenvolve o sistema

1824
Fundação do *Phrenology Journal*

Eles mediam cabeças com entusiasmo. O tamanho da cabeça sugeria o tamanho do cérebro, que, por sua vez, indicava a capacidade mental e o temperamento da pessoa – ou pelo menos era o que eles acreditavam. O tamanho da cabeça de homem tinha, em média, 56 centímetros, e a cabeça de uma mulher tinha aproximadamente 1,5 a 2 centímetros a menos, em média. Considerava-se que o tamanho da cabeça era diretamente proporcional à capacidade cerebral e ao intelecto, exceto quando as pessoas sofriam de hidrocefalia. No entanto, o formato era mais importante que o tamanho. Eles acreditavam que uma boa cranioscopia poderia revelar talentos especiais. Os frenologistas faziam diagnósticos e previsões sobre as motivações, as aptidões e o temperamento dos pacientes. Em suma, a cabeça era a manifestação da mente e da alma de uma pessoa.

> **"Entre os neurocientistas, atualmente a frenologia tem uma reputação melhor que a psiquiatria freudiana, uma vez que a frenologia foi, de maneira rudimentar, uma precursora da eletroencefalografia."**
>
> **Tom Wolfe,** 1997

Os frenologistas vitorianos atuavam como identificadores de talentos. Alguns se voltavam a fazer comparações entre países, analisando, por exemplo, as diferenças entre ingleses e franceses. Os frenologistas também analisavam esqueletos, como os ossos e o crânio do célebre arcebispo Thomas Beckett. A Rainha Vitória contratou frenologistas para "interpretar" seus filhos, convencida pelos argumentos de que esses cientistas não só detinham o conhecimento como também as chaves para sucesso moral, profissional e do desenvolvimento.

Vários grupos e indivíduos foram grandes defensores e promotores da frenologia. Eles incluíram nazistas e colonialistas interessados em usar evidências frenológicas da superioridade de determinados grupos. Esse tipo de aplicação maculou a frenologia até hoje.

Interpretação da cabeça   A interpretação tradicional da cabeça começa examinando o formato geral da cabeça. Uma cabeça arredondada supostamente indica uma natureza forte, confiante, corajosa e às vezes inquieta. Uma cabeça quadrada revela uma natureza sólida, confiável, profundamente reflexiva e orientada a objetivos. Uma cabeça mais larga sugere um caráter enérgico, expansivo, enquanto uma cabeça mais estreita indica uma natureza mais retraída, introspectiva. Um formato ovoide denota um intelectual. Em seguida, o frenologista passa delicadamente, mas com firmeza, os dedos sobre o crânio do paciente para sentir os contornos do crânio. Ele mede o tamanho individual das áreas cranianas referentes a cada faculdade e avalia

1838
Smith, *The Principles of Phrenology* [Os princípios da frenologia]

1902
Hollander, *Scientific Phrenology* [Frenologia científica]

2000
As cabeças frenológicas de porcelana da London Phrenology Company continuam vendendo bem

sua proeminência em comparação com outras partes da cabeça. Considerando que o cérebro é constituído de dois hemisférios, cada faculdade pode ser duplicada, de modo que o frenologista examina os dois lados do crânio.

Uma faculdade pouco desenvolvida em comparação com as outras indica uma insuficiência dessa qualidade específica na personalidade, ao passo que uma faculdade bem desenvolvida indica uma presença considerável da qualidade em questão. Desse modo, um pequeno órgão de "alimentatividade" indica que o paciente come pouco e é enjoado para a comida, possivelmente um abstêmio; se essa faculdade for bem desenvolvida, isso indica uma pessoa que aprecia comer e beber; e uma faculdade superdesenvolvida sugere um glutão que também pode beber em excesso.

A cabeça frenológica tem mais de quarenta regiões, mas isso depende da lista ou do sistema utilizado. Alguns incluem conceitos bastante antiquados, como vinte "Veneração", representando o respeito pela sociedade, suas regras e instituições; 26 "Contentamento", que representa alegria e senso de humor; e 24 "Sublimidade", o amor por conceitos grandiosos. A cabeça frenológica também pode conter regiões para uma "Amatividade" (apelo sexual); três "Filoprogenitividade" (amor filial ou paternal); dez "Alimentatividade" (apetite ou apreciação de alimentos); 31 "Eventualidade" (memória); e cinco "Habitatividade" (amor pelo lar).

Sentimentos e propensões

As áreas da cabeça também foram descritas ou classificadas em oito sentimentos ou propensões.

- As propensões "domésticas" são características comuns ao homem e aos animais e são basicamente responsáveis pelas nossas emoções e reações instintivas a objetos e eventos.
- As propensões "egoístas" suprem as necessidades do homem e o ajudam a se autoproteger e autopreservar.
- Os sentimentos de "autorrespeito" se voltam ao interesse pessoal e à expressão da personalidade.
- As faculdades "perceptivas" são responsáveis pela consciência do ambiente.
- As propensões "artísticas" levam à sensibilidade e à aptidão nas artes e na criação artística.
- As faculdades "semiperceptivas" em áreas como literatura, música e linguagem são responsáveis pela apreciação do ambiente cultural.
- As faculdades "reflexivas", "de raciocínio" e "intuitivas" dizem respeito aos estilos de pensamento.
- Os sentimentos "morais", inclusive as faculdades religiosas, humanizam e elevam o caráter.

Crítica Apesar da popularidade da frenologia, a ciência de corrente predominante sempre rejeitou essa linha como uma forma de charlatanismo e pseudociência. A ideia que irregularidades na cabeça se relacionam à estrutura da personalidade e ao desenvolvimento moral foi descartada como uma mera bobagem. As evidências foram avaliadas e consideradas insatisfatórias.

A ascensão da neurociência ajudou a demonstrar que muitas das alegações da frenologia são fraudulentas. No entanto, alguns mitos sobre o cérebro continuam populares, como a ideia de que só usamos 10% do cérebro no processamento normal do dia a dia. Também é possível encontrar mitos sobre a energia cerebral, sintonizadores do cérebro e tônicos cerebrais, que parecem tão plausíveis quanto à frenologia.

> **A noção de que saliências no crânio correspondem a áreas superdesenvolvidas do cérebro é, naturalmente, um absurdo e a reputação científica de Gall foi seriamente arruinada pela frenologia de sua criação.**
> R. Hogan e R. Smither, 2001

No entanto, alguns aspectos da frenologia parecem se manter relevantes até os dias de hoje. Sabemos, por exemplo, que o tamanho do cérebro se correlaciona positivamente com os resultados em testes de capacidade mental de indivíduos da mesma espécie e entre espécies diferentes. Sabemos também que o tamanho da cabeça é correlacionado com o tamanho do cérebro. Com efeito, psicólogos passaram quase cem anos demonstrando a existência de uma modesta relação entre o tamanho da cabeça (altura e largura) e o QI. No entanto, quando corrigida para o tamanho corporal, essa relação cai e pode até ser anulada. Utilizando técnicas sofisticadas de escaneamento cerebral, cientistas têm procurado evidências da relação entre o tamanho do cérebro e o QI. Mais uma vez, os resultados não são muito conclusivos.

As novas tecnologias aumentaram o nosso conhecimento da neuropsicologia cognitiva e da psiquiatria e instigaram o nosso interesse por essas áreas. Agora, somos capazes de mapear eletrônica e metabolicamente o cérebro eletrônico. Estudando vítimas de acidentes e pessoas "normais", estamos desenvolvendo um novo mapa detalhado do cérebro e identificando quais "partes" são proeminentemente responsáveis por quais funções. Essa "eletrofrenologia", contudo, se baseia em fundamentos empíricos e não tem qualquer relação com as ideias antiquadas, pré-científicas e moralistas dos fundadores da frenologia.

A ideia condensada: alguns aspectos da frenologia continuam relevantes até hoje

47 O cérebro dividido

A maioria de nós gosta de se considerar fria, racional e objetiva. Achamos que preferimos seguir uma lógica analítica, baseada em dados. Esperamos tomar decisões sensatas e ponderadas na nossa vida. Gostaríamos de achar que pensamos com a cabeça. Somos advertidos a não deixar o nosso coração dominar a nossa cabeça. Somos aconselhados, ao tomar grandes decisões, a "dar um tempo" e não nos precipitar.

No entanto, como todos nós sabemos, também "pensamos" com o coração.

É bastante popular a ideia de que a nossa personalidade e comportamento têm dois lados. Temos, afinal, dois olhos, duas mãos, duas pernas. Temos dois ouvidos e dois braços, e dois seios ou dois testículos. Dois dos nossos órgãos mais importantes parecem ter duas metades separadas e "separáveis". Em consequência, muito se fala de uma estrutura e um funcionamento distintos para o lado esquerdo e para o lado direito do cérebro. Essa ideia remonta de centenas de anos. O fascínio pela lateralidade gerou muitas ideias e práticas estranhas. Algumas pessoas achavam que o cérebro dual levava a uma personalidade dual. Outras concluíram que a natureza humana tinha uma dimensão boa e outra má. Assim, o lado direito, por ser inferior ao lado esquerdo, era primitivo, embrutecido e rudimentar. O lado esquerdo, por sua vez, era considerado a faceta criativa, feminina e empreendedora, intimidada pelo lado direito, dominante.

Parte desse mito se justifica pela linguagem. As palavras latina, anglo-saxã e francesa para "esquerdo" implica características negativas como desastrado, desajeitado, inútil, ou fraco, enquanto a palavra "direito" denota correto, hábil e destro.

O mito A ideia é basicamente a seguinte: o lado esquerdo do cérebro é o cérebro lógico. É o hemisfério que processa fatos, conhecimento, ordem e

linha do tempo

1888
Primeiro estudo observando diferenças entre os sexos no formato da mão (razão 2D/4D)

1960
Primeira cirurgia de cisão hemisférica cerebral

padrões. É a região que lida com a matemática e a ciência. É o centro do pensamento e processamento abstratos e detalhistas. O lado esquerdo do cérebro é associado às palavras "lógico", "sequencial", "racional", "analítico", "objetivo" e "orientado a partes". A maioria das organizações educacionais e de negócios foi criada por pessoas dominadas pelo lado esquerdo do cérebro para se ocupar de atividades dominadas pelo lado esquerdo do cérebro de maneiras dominadas também pelo lado esquerdo do cérebro. Da mesma forma, como o mundo tem muito mais destros (pessoas que usam preferencialmente a mão e o pé direitos), controlados pelo lado esquerdo do cérebro, uma pequena minoria das pessoas (cerca de 10%) é canhota por ser controlada pelo hemisfério direito.

> **"Não há razão alguma para acreditar que os dois hemisférios correspondem à distinção entre pensamento racional *versus* intuitivo, processos analíticos *versus* artísticos ou à diferença entre as filosofias de vida ocidentais e orientais."**
> H. Gleitman, 1981

Por sua vez, o hemisfério direito é considerado um tanto quanto vago e impreciso. Ele é o centro das emoções, dos símbolos e das imagens. É onde a filosofia e a religião são processadas. É o território do quadro geral (o todo), o domínio da fantasia e das possibilidades. O lado direito do cérebro é associado às palavras "aleatório", "intuitivo", "holístico", "sintetizador" e "subjetivo". Os alunos com o hemisfério direito dominante têm uma preferência pela visão mais abrangente: o quadro geral vem antes dos detalhes. No entanto, eles não se interessam muito pelo planejamento sequencial, revisão gramatical e ortográfica e outros detalhes "triviais". Não gostam de símbolos, mas se destacam na intuição. Gostam de coerência e sentido, mas se baseiam em fantasias, não na realidade.

Os consultores, instrutores e educadores que defendem a teoria do "cérebro dual" costumam mencionar o experimento do cérebro dividido, no qual o canal – o corpo caloso – entre os hemisférios é cortado. Eles também mencionam estudos nos quais rostos são "remontados" usando duas imagens direitas ou duas imagens esquerdas. No entanto, eles tendem a pegar essa teoria dos dois cérebros e dar um rápido e imaginativo salto (típico de pessoas com o hemisfério direito dominante) sem qualquer base em evidências concretas.

Pesquisas do cérebro dividido   As cirurgias de cisão hemisférica cerebral começaram a ser realizadas na década de 1960 para aliviar casos de epilepsia de difícil tratamento. Esses procedimentos possibilitaram a investigação da maneira como cada lado funcionava sem a interferência do outro.

Anos 1970	**1996**	**2002**
Publicação de livros populares sobre "pensamento, administração e criatividade" dos hemisférios esquerdo e direito do cérebro	Fundação do periódico acadêmico *Laterality*	McManus, *Right Hand, Left Hand* [Mão direita, mão esquerda]

Dessa forma, o hemisfério esquerdo parecia ser capaz de fazer coisas que o hemisfério direito não conseguia (como, por exemplo, funções relacionadas à linguagem) e vice-versa. Parecia que grande parte do processamento da linguagem ocorre no hemisfério esquerdo, mas, se essa região sofrer uma lesão na infância, parte dessas funções podem ser assumidas pelo hemisfério direito. Pesquisas continuam sendo conduzidas com a ajuda de novas tecnologias para investigar o funcionamento do cérebro.

Os verdadeiros cientistas do cérebro sabem que grande parte desse mito envolvendo o cérebro esquerdo e direito não passa de uma metáfora. As pessoas não são dominadas pelo hemisfério esquerdo ou direito, mas os cientistas sabem que certas partes do cérebro, que podem ser localizadas no hemisfério esquerdo ou direito, de fato controlam diferentes funções.

Lateralidade   A rigor, a lateralidade é uma questão de preferência. Podemos tender a usar o ouvido, a mão ou o pé esquerdo ou direito. No total, cerca de 85% a 90% das pessoas são destras (usam mais a mão e o pé direito), mas essa proporção cai para pessoas que favorecem o olho e o ouvido direito. Os animais também demonstram ter preferências e é muito raro encontrar um verdadeiro ambidestro. Já a lateralidade cruzada é muito mais comum, e se refere a pessoas que realizam diferentes tarefas com mais facilidade e precisão com uma mão do que com a outra (escrever, jogar tênis ou tocar violino).

Devido à predominância dos destros, o mundo, ao que parece, foi criado para eles. Desse modo, os canhotos podem ter dificuldade de usar abridores de lata e tesouras. Comer com a mão direita é uma exigência em algumas culturas e é difícil escrever a bela e complexa caligrafia chinesa com a mão esquerda. No entanto, os canhotos podem contar com uma vantagem em determinados esportes, particularmente esportes do tipo "um contra um", no qual eles têm mais chances de enfrentar adversários destros. Eles também têm tido mais sucesso em duelos, em parte devido ao fator surpresa que pode beneficiá-los.

Uma grande variedade de teorias foi desenvolvida para tentar explicar as grandes diferenças de lateralidade, sendo que algumas têm mais base empírica que outras. Algumas teorias evolucionistas argumentam que os canhotos sobreviveram por se beneficiar de algumas vantagens nos combates. Algumas teorias ambientais afirmam que a pessoa nasce canhota devido a algum tipo de estresse no momento do nascimento. Teorias sociológicas e antropológicas se referem ao estigma social associado ao sinistrismo (também chamado de canhotismo) e à repressão de crianças canhotas por professores e pais.

> **"Acredito ser capaz de provar que:**
> **1. Todo hemisfério é um órgão de pensamento completo, distinto e perfeito.**
> **2. Um processo separado e distinto de pensar ou raciocinar pode ocorrer simultaneamente em cada hemisfério."**
>
> A. Wigan, 1844

Assimetria corporal

A assimetria corporal também tem sido objeto de investigações. É possível avaliar a chamada assimetria flutuante mensurando a largura do tornozelo e do pulso, o comprimento da orelha, dos dedos das mãos e dos pés e a largura do cotovelo e observando as diferenças entre diferentes indivíduos. Vários estudos demonstraram que a falta de simetria pode ser associada a problemas de saúde. Quanto mais assimétrico você for em qualquer parte do corpo, mais propenso será a ter uma ampla gama de problemas de saúde. No entanto, os estudos nessa área de investigação ainda são bastante preliminares.

As diferenças entre os sexos no que se refere à simetria também têm atraído muito interesse, com destaque para a razão 2D/4D, que mostra diferenças sistemáticas entre os sexos e que tem sido associada a diversas aptidões e preferências. Estudos são conduzidos para investigar todo tipo de fatores, inclusive opções vocacionais, preferências e interesses musicais, relacionados à medida extremamente simples da diferença do comprimento entre os dedos indicador e anelar de cada mão (a razão 2D/4D). Essa medida controversa tem sido associada à orientação sexual, grau de atratividade e agressividade.

Os homens, em geral, possuem uma razão de comprimento menor entre os dedos indicador (2D) e anelar (4D) em comparação com as mulheres. A ideia é que o comprimento dos dedos pode ser uma consequência de ficar "de molho em testosterona no útero" (exposição a andrógenos pré-natais), o que leva a mais ou menos masculinização do indivíduo e que se manifesta em tudo, desde a agressividade até as preferências ao homossexualismo ou heterossexualismo.

Já se sabe desse fato há mais de cem anos, mas foi só na última década que as pesquisas na área de fato decolaram. É uma área de pesquisa ativa e bastante polêmica, com muitos resultados duvidosos.

Atualmente, no entanto, o consenso confirma as teorias genéticas e biológicas que demonstram com relativa clareza que a lateralidade é hereditária. Essas teorias marcam uma importante distinção entre canhotos naturais, aprendidos e patológicos. Dados de todo tipo, alguns bastante questionáveis, sugerem que o sinistrismo é associado com problemas psicológicos muito específicos, como o retardamento mental, bem como fatores positivos, como a criatividade. Isso levou a algumas teorias não comprovadas e ao desenvolvimento de ainda mais mitos.

A ideia condensada: a teoria do cérebro dividido estaria correta?

48 Afasia

Às vezes, quando as pessoas estão muito cansadas, muito chateadas ou bêbadas, elas dizem que "não conseguem encontrar a palavra certa" para dizer algo que conhecem bem. Ou, sem qualquer razão, elas parecem não entender o que alguém diz. Elas podem estar sofrendo de uma afasia leve temporária.

Definição

Afasia é uma perda da capacidade de produzir e/ou compreender a linguagem, devido a uma lesão em áreas do cérebro especializadas nessas funções. No jargão psicológico, a afasia foi definida como "uma redução multimortalidade da capacidade de decidir (interpretar) e codificar (formular) elementos linguísticos significativos, prejudicando a capacidade de ouvir, ler, falar e se expressar". Na década de 1880, foi proposto que a afasia não era apenas a "perda das palavras", mas a perda da capacidade de usar palavras para transmitir informações. O problema não resulta de déficits no funcionamento sensorial, intelectual ou psiquiátrico, nem se deve a fraqueza muscular ou transtorno cognitivo.

Problemas especiais   O termo "afasia", em geral, refere-se a uma família de distúrbios da comunicação bastante diversificados, relacionados principalmente com a linguagem oral ou escrita. Assim, depois de uma lesão cerebral, os pacientes podem ter problemas bastante específicos, como dificuldade de ler e possivelmente também de escrever. Alguns não conseguem completar frases que estão dizendo por não conseguirem lembrar as palavras certas para concluir o pensamento. Outros respondem perguntas com respostas irrelevantes e inadequadas ou com várias palavras inventadas (neologismos). Dessa forma, "afasia" é um termo genérico para descrever vários problemas de linguagem. É possível relacionar bem mais que uma dezena de sintomas (como, por exemplo, a incapacidade de nomear objetos ou repetir uma frase, de falar espontaneamente ou até ler), sendo que todos eles se qualificam como sintomas da afasia.

Algumas pessoas perdem a memória especificamente para o som e o significado das palavras, enquanto outras parecem esquecer como coordenar o mo-

linha do tempo

Anos 300 a.C.
Platão usa o termo para denotar mudez

1864
Trousseau revive o termo

vimento da língua e dos lábios para pronunciar corretamente as palavras. Elas simplesmente não conseguem falar certas palavras.

Estudos preliminares com pacientes afásicos levaram à descoberta da dominância cerebral: a descoberta de que são os danos no hemisfério esquerdo (e não direito) que se associam à afasia. Com efeito, a afasia sempre empolgou os psicólogos dedicados ao mapeamento cerebral, ocupados em identificar áreas lesionadas/danificadas muito específicas no cérebro que levam a problemas específicos de comunicação.

> **"A fala constitui o maior interesse e a mais singular realização do homem."**
> N. Wiener, 1950

Localizando a afasia Normalmente, as afasias resultam de danos (lesões) nos centros da linguagem do cérebro. Essas áreas são quase sempre localizadas no hemisfério esquerdo e, na maioria das pessoas, é onde se encontra a capacidade de produzir e compreender a linguagem. No entanto, em um número muito pequeno de pessoas, a habilidade linguística se localiza no hemisfério direito. De um jeito ou de outro, lesões nessas áreas de linguagem podem ser provocadas por um acidente vascular cerebral ou um traumatismo cerebral. A afasia também pode desenvolver-se aos poucos, como no caso de um tumor cerebral.

Diferentes tipos de afasia ocorrem dependendo de onde as lesões cerebrais se localizam no cérebro. Os dois tipos mais comuns são a afasia *não fluente* e a afasia *receptiva*, causadas quando a lesão se localiza na área de Broca e na área de Wernicke, respectivamente. A afasia não fluente é caracterizada por uma fala lenta, difícil e, como o nome indica, não fluente. Com base nisso, os psicólogos descobriram que a área de Broca, no córtex de associação motora do lobo frontal esquerdo, é responsável por memórias motoras: a sequência de movimentos musculares necessária para enunciar as palavras. Além disso, lesões na área de Broca muitas vezes produzem o agramatismo, caracterizado pela incapacidade de compreender regras sintáticas complexas (por exemplo, pessoas que sofrem desse problema raramente utilizam os elementos funcionais, como artigos, preposições etc.).

A área de Wernicke parece ser responsável pelo reconhecimento da fala, e a afasia receptiva é caracterizada pela má compreensão da fala e pela produção de palavras sem sentido. As pessoas afetadas, em geral, não percebem que sofrem do distúrbio, já que não conseguem compreender a própria fala plenamente e com precisão. Foi levantada a hipótese de que a área de Wernicke é onde a sequência de sons que constituem as palavras são armazenadas.

> **"Eu não quero falar certinho, quero falar como uma dama."**
> G. B. Shaw, *Pigmaleão*, 1912

1865 Primeira classificação

1868 Broca identifica a parte do cérebro responsável pela linguagem desviante

2002 Hale, *The Man Who Lost his Language* [O homem que perdeu a língua]

De acordo com um modelo, a linguagem é recebida pelo córtex auditivo e enviada à área de Wernicke para ser compreendida. Se uma resposta for necessária, uma mensagem é enviada para a área de Broca, que envia mensagens ao córtex motor primário, que, por sua vez, organiza os músculos para articular a resposta.

> **"Pense muito, fale pouco, escreva menos."**
> Provérbio

Além de ajudar os psicólogos a compreender a linguagem, a investigação das afasias fundamentou pesquisas modernas sobre o princípio da localização – quais áreas do cérebro são usadas para quais funções específicas.

Tipos de afasia A classificação é o princípio da ciência. O estudo de um problema mental ou físico sempre envolve a identificação de subtipos ou grupos, e o estudo da afasia não é uma exceção a essa regra. Alguns médicos acreditam que existem tantas formas de afasia quanto o número de pacientes afásicos, e que é inútil tentar classificá-las. Outros se impressionam com as surpreendentes semelhanças entre os pacientes e com o fato de que determinados sintomas bastante específicos são compartilhados por subgrupos de pacientes.

Algumas taxonomias se baseiam especificamente nos problemas de fala (semiológicos), outros, nos mecanismos da mente e, ainda outros, no local de uma convulsão cerebral. As melhores taxonomias parecem ser capazes classificar, de forma clara e inequívoca, um terço de todos os casos em um único grupo, deixando dois terços como casos "mistos".

A primeira classificação psicológica ou comportamental considerava a afasia um problema da faculdade global da linguagem, na qual só o discurso oral, e não escrito, era prejudicado. Mais tarde, foi traçada uma distinção entre pacientes que não falavam em oposição àqueles que falavam, mas com muitos erros.

Vários tipos de taxonomia foram criados. As taxonomias associacionistas se voltam a dificuldades linguísticas específicas associadas a áreas específicas do cérebro. As lesões seletivas prejudicam redes neurais que afetam a linguagem específica. Desse modo, os primeiros pesquisadores falavam de afasia *motora* (memórias de sensações de movimento), afasia *sensitiva* (memórias de sensações auditivas para decodificar o discurso articulado) e afasia *condutora* (envolvendo as duas memórias anteriores).

As associacionistas apresentaram muitas distinções e tipos de afasia, inclusive os tipos subcortical, cortical e transcortical. Alguns tipos foram batizados em homenagem aos pesquisadores, como a afasia de Broca e afasia de Wernicke. Outros psicólogos têm traçado uma distinção entre a surdez verbal e a cegueira verbal.

Muitas outras taxonomias foram criadas, algumas baseadas em teorias específicas, outras na observação. Freud criou a própria classificação tripla, enquanto outros tentaram uma abordagem mais estatística, analisando o desempenho dos pacientes em uma série de testes. Algumas taxonomias se baseiam principalmente nos aspectos linguísticos do discurso. No entanto, ainda não se chegou a um consenso na área.

Tratamento Uma afasia que interfere na produção vocal ou na fala passou a ser conhecida como uma patologia fonoaudiológica. Originalmente, as patologias fonoaudiológicas eram consideradas um problema educacional, mas também podem levar a problemas de ajustamento, despertando o interesse não só dos neurologistas voltados a estudar as lesões cerebrais, mas também de psicólogos e psiquiatras. Alguns distúrbios da fala são puramente físicos e resultantes de disfunções nas atividades neuromusculares. As patologias fonoaudiológicas diferem dos distúrbios de linguagem, que são problemas associados à comunicação de símbolos e pensamentos com significado.

Todo tratamento começa com testes de diagnóstico para tentar avaliar operações no idioma nativo como nomear, completar palavras e frases, ler palavras e frases e escrever um ditado. Diferentes tratamentos são oferecidos para diferentes problemas. Alguns neurologistas são céticos quanto à eficácia das terapias de fonoaudiologia, por acreditarem que os fonoaudiólogos não se voltam às verdadeiras causas do problema. Outros notam evidências de recuperação espontânea ou, em outras palavras, da reconstituição total ou parcial das habilidades e do conhecimento linguístico prévio sem qualquer tratamento. Alguns fonoaudiólogos, contudo, passam um bom tempo com pacientes afásicos tentando identificar a causa do problema e tentando ajudá-los a se comunicar com mais eficiência.

> **"Depois de um choque no cérebro, uma pessoa pode ser capaz de falar, mas a palavra errada, muitas vezes vexatória, lhe vem aos lábios, como se as suas prateleiras na área de Broca tivessem sido desordenadas."**
> W. Thompson, 1907

A ideia condensada: a base da linguagem é revelada com a ocorrência de distúrbios.

49 Dislexia

"A capacidade de lidar com as tarefas de leitura e escrita constitui claramente um dos eixos mais importantes de diferenciação social nas sociedades modernas."

J. Goody e J. Watt, 1961

Pais e professores sabem o quanto crianças da mesma idade parecem diferir, não só em termos de preferências e temperamento, mas também de aquisição de habilidades. Algumas parecem ter grande dificuldade com vários aspectos da leitura e ficam para trás em relação aos colegas da mesma idade. Elas parecem ter um nível de inteligência normal, mas não conseguem desenvolver a habilidade. Os disléxicos não demoram a entrar em um círculo vicioso. A leitura é lenta, árdua e frustrante. A atividade não envolve qualquer diversão. Até um enorme esforço rende poucos resultados, de modo que eles evitam a leitura e nunca conseguem acompanhar os colegas na aquisição da habilidade. Desse modo, sistemas primários se associam à leitura, mas fatores secundários se associam à baixa autoestima e aos problemas de ajuste socioemocional.

Definição O termo "dislexia" significa dificuldade com as palavras. O problema também é chamado de cegueira verbal e déficit de leitura ou escrita. O termo é usado por profissionais para se referir a dificuldades substanciais e persistentes de leitura. O problema se refere principalmente à dificuldade de desenvolver uma habilidade normal de leitura, apesar do empenho e de boas técnicas pedagógicas. A dislexia tradicional às vezes é chamada de dislexia *do desenvolvimento*, e se refere à dificuldade de adquirir a habilidade. Já a dislexia *adquirida* em geral resulta de trauma físico que leva a dificuldades de leitura depois de a habilidade ter sido dominada.

Basicamente, as maiores dificuldades do diagnóstico envolvem a decodificação e a escrita de palavras, especialmente em virtude do sistema fonológico do paciente. É importante se assegurar de que o problema não resulta de oportunidades educacionais inadequadas, deficiência auditiva ou visual, problemas neurológicos ou grandes dificuldades socioemocionais. A dislexia se manifesta quando a leitura e/ou a escrita precisa e fluente das palavras se desenvolve com lentidão, imperícia e dificuldade excessiva. A dislexia tende a ser hereditária e os meninos são mais vulneráveis que as meninas. Isso sugere que os fatores genéticos podem ser importantes.

linha do tempo

1887
O termo é utilizado pela primeira vez por um oftalmologista alemão

1896
Primeira descrição de dislexia na infância

> ## História
>
> No início dos anos 1960, três causas principais foram propostas para explicar o atraso no desenvolvimento da leitura em geral: fatores ambientais como a educação formal/ensino insatisfatório e privações em casa; desajuste emocional; ou algum fator orgânico e constitucional.
>
> Os pesquisadores discutiam se fazia mais sentido pensar em uma curva de distribuição normal simples ou em uma escala progressiva da habilidade normal de leitura, com os leitores acima da média no topo e os leitores abaixo da média na parte inferior da escala. Alguns insistem que as dificuldades de leitura não representam um fator distinto e independente, mas sim um ponto de corte em uma escala progressiva. Outros argumentam que as dificuldades de leitura constituem um cluster ou padrão de habilidades cognitivas bastante distinto.

Decodificação e compreensão   A leitura envolve dois processos básicos. O primeiro é reconhecer uma sequência de letras e decifrar o código para formar uma palavra. Para tanto, é preciso conhecer as letras: como elas "soam" e como as sílabas são formadas. Trata-se de uma tarefa lenta e trabalhosa, que em geral resulta em uma leitura instantânea e automática.

O segundo processo é mais abstrato e envolve dar sentido ao texto e associá-lo à experiência. É possível decodificar sem entender, como acontece quando lemos distraidamente, sem entender nada do que lemos. Os disléxicos podem ter dificuldades bastante específicas, como, por exemplo, o modo como as palavras são escritas (ortografia), o que as palavras significam (semântica), como as sentenças são formadas (sintática) e como as palavras são construídas com raízes, prefixos e sufixos (morfologia).

Psicólogos criaram testes de decodificação de palavras para avaliar o desempenho de uma pessoa em relação à média. As pessoas são solicitadas a decodificar palavras e pseudopalavras. Pesquisas indicam que o maior problema parece envolver habilidades fonológicas. Os disléxicos, aparentemente, têm dificuldades específicas com a estrutura sonora das palavras e com a retenção de palavras novas, em especial nomes, na memória. Eles têm dificuldade de repetir palavras complexas e não palavras. Outro teste avalia a compreensão de leitura em comparação com a compreensão auditiva da pessoa.

Subgrupos   Como acontece com quase todos os problemas psicológicos, especialistas observam que as pessoas que sofrem do problema estão longe de formar um grupo homogêneo, e geralmente se enquadram em subgrupos reconhecíveis. Esse processo de delineamento de subgrupos ajuda a chegar a

1920
Primeira teoria das causas

1949
Fundação da Sociedade Internacional de Dislexia

1967
Primeira proposta de subgrupos

um diagnóstico preciso e a desenvolver teorias. O problema dessas distinções sutis é que os especialistas têm mais dificuldade de chegar a um consenso em relação aos grupos e à terminologia. A primeira distinção, proposta na década de 1960, foi traçada entre a dislexia auditiva (dificuldade de diferenciar fonemas e associá-los/combiná-los em uma palavra) e a dislexia visual (dificuldade de interpretar, lembrar e compreender as letras e imagens de palavras). Os disléxicos auditivos têm dificuldade de distinguir letras com som parecido, "b" ou "p"; "d" ou "t". Já os disléxicos visuais muitas vezes confundem letras com formatos semelhantes, como "b" e "d", "b" e "q", "n" e "u" etc. ou palavras com semelhança visual, lendo "bobagem" em vez de "bandagem", por exemplo. Eles também podem inverter palavras e letras, escrevendo, por exemplo, "ovóv" em vez de "vovó".

Posteriormente, foi feita uma distinção entre a dislexia disfonética (problemas fonológicos); a dislexia diseidética (dificuldade de perceber palavras como sendo unidades); e a alexia (um tipo misto, envolvendo problemas de processamento fonológicos e visuais). Acreditava-se que cerca de dois terços dos disléxicos eram disfonéticos, um décimo era diseidético e um quarto era aléxico.

Verificou-se que as pessoas usam diferentes estratégias para ler. A estratégia fonológica codifica grupos comuns de letras – como *ão*, *ente* –, em grupos e depois em sílabas. As pessoas que adotam essa estratégia leem as palavras em voz alta. Outros usam a leitura ortográfica ou de palavra inteira. Com base nisso, foi proposta uma classificação diferenciando a alexia, a alexia ortográfica e uma mistura das duas. As crianças são testadas lendo em voz alta pseudopalavras como "fonha" ou "vato", por exemplo. Ainda assim, a melhor maneira de diagnosticar as dificuldades de leitura de uma pessoa é observar atentamente os processos que ela utiliza para ler e o que ela consegue e não consegue fazer com facilidade e correção.

Autodiagnóstico e diagnóstico profissional Curiosamente, um diagnóstico de dislexia pode até deixar muitos pais e filhos aliviados. Muitos adultos até chegam a se vangloriar disso, observando que não foram "diagnosticados" corretamente e foram considerados atrasados ou inábeis. Isso acontece porque o diagnóstico de dislexia não indica pouca inteligência (na verdade, pode até indicar o contrário), mas sim uma falha funcional bastante específica. Volta e meia, trabalhos acadêmicos sérios chegam a questionar a própria existência da dislexia, o que normalmente provoca protestos de pesquisadores das deficiências de leitura, afrontados com a sugestão. Os defensores observam que os disléxicos diferem dos leitores deficientes devido a erros peculiares e específicos ao ler ou escrever, apesar de evidências de um nível normal, se não alto, de inteligência e, apesar de eles não terem sido submetidos a algum regime não convencional de ensino.

Os críticos afirmam que a dislexia é um modismo da classe média, com pais abastados incapazes de admitir que seus filhos não são muito inteligentes e que tentam manipular o sistema de ensino em benefício próprio. Outros consideram esse tipo de ataque danoso, prejudicial e profundamente injus-

> **Pesquisa**
>
> Os psicólogos da área usam todo tipo de métodos. Alguns são estudos de caso intensos e aprofundados de indivíduos específicos. No método comparativo, dois grupos grandes e tanto quanto possível idênticos (em termos de idade, QI, origem social) são avaliados com muitos testes. Estudos longitudinais analisam o desenvolvimento de problemas e dificuldades de leitura ao longo do tempo. Em estudos experimentais, as pessoas são testadas em condições especiais. Os estudos de função cerebral envolvem mapeamento cerebral em tempo real em determinadas condições.

tificado, possivelmente relacionado com alguns pais que esperam demais dos filhos.

A questão crucial é a relação entre a dislexia e o QI. Pelo que parece, muita gente acredita na existência do disléxico brilhante erroneamente tachado de burro, preguiçoso, desatento ou mal ajustado. A noção fundamental da dislexia envolve um nível de leitura inesperadamente baixo em comparação com a capacidade de aprender outras habilidades. Dessa forma, verifica-se uma discrepância entre o desempenho em testes de leitura em comparação com muitos outros subtestes de QI.

> **"A ortografia da língua inglesa é arcaica, inconveniente e ineficaz. Sua aquisição consome muito tempo e esforço. É fácil detectar falhas de aquisição."**
>
> **Thorstein Veblen, 1899**

A ideia condensada: existem muitos tipos de dislexia

50 Quem é essa pessoa?

Você já foi confundido com alguém que, na sua opinião, não tem nada a ver com você? Acontece muito de você saber que conhece uma pessoa, mas não conseguir lembrar o nome dela? Você sabe que a pessoa é um ator ou um político, mas simplesmente não consegue lembrar o nome dela. Também pode acontecer de você reconhecer a pessoa, mas não conseguir lembrar nada sobre ela.

Algumas pessoas afirmam que "nunca esquecem um rosto", mas tudo indica que isso acontece o tempo todo. Pesquisadores demonstraram que não há relação entre a expectativa de desempenho das pessoas em testes de reconhecimento facial e seu desempenho real. Algumas evidências sugerem que as pessoas que se lembram melhor de rostos só têm uma memória visual melhor do que as outras. Ou seja, elas também são mais capazes de se lembrar de pinturas, mapas e roteiros escritos. Elas parecem ter uma facilidade especial com fotos e imagens.

> **"O rosto e a expressão facial determinam o que temos de único e individual e atuam para ocultar e não só revelar."**
> J. Cole, 1977

Prosopagnosia É importantíssimo ser capaz de reconhecer e identificar as pessoas no nosso dia a dia. Imagine como seria não conseguir reconhecer o seu namorado ou a sua namorada em meio a uma multidão ou não conseguir identificar os seus pais em uma festa ou o seu chefe no escritório. A importância da memória para rostos se revela da maneira mais dramática em um distúrbio chamado *prosopagnosia*. As pessoas que sofrem desse problema são incapazes de reconhecer rostos conhecidos e até, por vezes, o próprio rosto refletido no espelho. Surpreendentemente, muitos pacientes de prosopagnosia são capazes de distinguir, com relativa facilidade, entre outros tipos de objetos similares – como carros, livros e até óculos diferentes –, mas não rostos.

A questão central para a psicologia é saber se existem mecanismos especiais e específicos de processamento de rostos que diferem dos mecanismos de identificação de outros objetos. Isso implicaria identificar e investigar dois tipos de pessoas bastante especiais e (por sorte) raros: pessoas que têm meca-

linha do tempo

1510	Séculos XVIII a XIX
Leonardo da Vinci faz esboços de vários formatos de nariz	Os caricaturistas e cartunistas atingem o auge de popularidade

> "Homens com testas pequenas são inconstantes, ao passo que homens com testas arredondadas ou abauladas são irascíveis. Sobrancelhas retas indicam temperamento gentil e sobrancelhas curvadas na direção das têmporas indicam excentricidade e dissimulação. O olhar fixo sugere atrevimento e piscar demais indica indecisão. Orelhas grandes e proeminentes indicam uma tendência à conversa irrelevante ou tagarelice."
>
> Aristóteles, 350 a. C.

nismos normais de reconhecimento facial, mas mecanismos insatisfatórios de reconhecimento de objetos (*agnosia visual*) e o contrário, que é o problema da prosopagnosia. Os neuropsicólogos cognitivos buscam identificar mecanismos e regiões cerebrais distintas responsáveis pelo reconhecimento facial e pelo reconhecimento de objetos.

Evidências coletadas até o momento de pacientes com e sem lesões cerebrais sofrendo de prosopagnosia sugerem que algumas regiões cerebrais bastante específicas (giro fusiforme medial e giro occipital) podem ser responsáveis pelo processamento facial.

O todo e suas partes Um modelo envolvendo dois processos foi proposto para diferenciar entre o reconhecimento de rostos e de objetos. Um processo é chamado de *análise holística* e envolve o processamento do "quadro geral" ou, em outras palavras, a configuração total, a estrutura global. O segundo processo é a *análise por partes*, que se concentra nos detalhes e depois tenta juntá-los. A ideia é que o reconhecimento facial envolve uma análise muito mais holística do que o reconhecimento de objetos.

Isso pode ser demonstrado muito bem com a tecnologia de retratos falados. Na década de 1970, foi criado o sistema *photo-fit*, que envolvia "construir um rosto" a partir de uma grande variedade de partes. Assim, o kit incluía uma grande variedade de narizes representando todos os formatos mais comuns. O mesmo podia ser dito de bocas, olhos, cabelos etc. Essa inovação inspirou um grande número de experimentos para testar a precisão do reconhecimento facial. As pessoas seriam capazes de construir uma boa e reconhecível imagem do parceiro; de um político famoso; ou até de si mesmas? Para fazer isso, elas precisariam reconhecer e escolher um formato específico de boca, olhos etc. Os resultados revelaram que as pessoas em geral têm um desempenho sofrível na tarefa de montar um padrão geral com as diferentes partes.

1971
Advento do sistema *photo-fit*

1976
Lord Devlin argumenta que o reconhecimento facial por testemunhas oculares não é confiável a ponto de levar a uma condenação

1988
V. Bruce, *Recognising Faces* [Reconhecimento facial]

> **"Mentes diferem mais do que rostos."**
> Voltaire, 1750

Estudos também demonstraram como disfarçar um aspecto do rosto de uma pessoa pode facilmente levar a uma enorme deterioração do reconhecimento. Usar uma peruca, barba ou óculos leva o desempenho das pessoas no reconhecimento facial a despencar, como todo bom criminoso sabe. Até mostrar às pessoas um rosto de perfil ou somente três quartos de um rosto em vez de uma imagem "frontal completa" tem um enorme efeito sobre o desempenho. Parece que as pessoas processam o rosto/padrão todo de uma só vez e não em partes. Além disso, as pessoas parecem processar rostos em termos de características de personalidade. É por isso que se fala de um rosto honesto, rude, delicado ou desonesto. Pense em como você descreveria o rosto de Winston Churchill ou de Nelson Mandela. Você o faria em termos do tamanho da boca ou do formato dos olhos? Normalmente não.

Muitos estudos interessantes nessa área envolvem imagens distorcidas. Alguns estudos incluem as chamadas distorções configurais, como mudar a posição dos olhos e da boca e até inverter o rosto inteiro. Outros envolvem distorções componenciais, distorcendo um fator, como escurecer os dentes. Estudos revelam que as distorções componenciais são quase sempre detectadas, mas isso não acontece com as distorções configurais. Em consequência, alguns estudiosos presumem que a prosopagnosia envolve uma deficiência no processamento holístico ou configural enquanto a agnosia visual envolve uma deficiência no processamento holístico e analítico.

Os componentes do processo Para desvendar o complexo processo de reconhecimento facial, os psicólogos têm sugerido a existência de componentes distintos que atuam juntos para produzir o sistema como um todo. Esses componentes incluem habilidades como *análise de expressões*, que é a capacidade de inferir estados emocionais internos com base em aspectos e

---

Fatores que influenciam o processo

Os estudos para investigar esse processo chegaram a alguns resultados interessantes, sendo que uns são mais esperados do que outros.

- Quanto mais tempo você passa vendo um rosto, mais facilmente o reconhece.
- Quanto menos similar o rosto for em relação ao rosto da testemunha, menos ele é reconhecido.
- O reconhecimento facial não entra muito em declínio ao longo do tempo: o efeito da passagem do tempo é mínimo.
- Não faz muita diferença se a pessoa vê um rosto "ao vivo", em um vídeo ou em uma foto; o grau de reconhecimento é praticamente o mesmo.
- Fotos de cabeça para baixo são desproporcionalmente difíceis de reconhecer.
- Um rosto "distintivo" (incomum, atípico) é mais fácil de reconhecer.

expressões do rosto. Outra habilidade é a *análise do discurso facial*, que é a capacidade de "ler os lábios" para entender melhor o discurso. Outro componente, como seria de se esperar, é o *processamento visual* direto, que é a capacidade de processar aspectos selecionados do rosto, especialmente as expressões dos olhos e expressões faciais distintas. Também temos as *unidades de reconhecimento facial*, que contêm informações sobre a estrutura (rosto comprido, arredondado, triste) dos rostos que a pessoa conhece.

> **"Vosso rosto, meu thane, é um livro aberto em que podemos ler coisas estranhas."**
>
> Shakespeare, *Macbeth*, 1606

Além disso, temos os *processos de geração de nomes*, que demonstram que armazenamos (na memória) o nome de uma pessoa, assim como os *nodos de identidade pessoal*, que nos ajudam a armazenar detalhes sobre pessoas específicas – sua idade, seus passatempos, seu emprego e assim por diante. Por fim, temos um *sistema de conhecimento* ou *cognitivo geral*, que é um repositório de conhecimentos sobre as pessoas (por exemplo, atletas tendem a estar sempre em forma, atrizes tendem a ser atraentes, alcoólatras tendem ter o rosto ruborizado etc.).

Um colapso em qualquer um desses sistemas afeta o processo como um todo. Os componentes que parecem ser mais importantes para o reconhecimento facial no dia a dia são:

- a codificação estrutural: o registro na memória do que as pessoas notam em um determinado rosto e seus nodos distintivos; e
- a geração de nomes.

O reconhecimento facial constitui uma área ativa e importante de pesquisas da psicologia aplicada que tem atraído o interesse do setor de sistemas de segurança. Com efeito, uma aplicação natural dos resultados dessas pesquisas é ensinar os computadores a reconhecer e a lembrar das pessoas.

A ideia condensada: a memória para os rostos pode nos ensinar muito sobre o funcionamento do cérebro

Glossário

afasia: Um distúrbio da fala (produção de linguagem), geralmente causada por lesões corticais. O problema pode revelar-se como uma incapacidade de usar ou produzir a fala com clareza ou precisão ou de entender o que os outros dizem.

behaviorismo: Uma teoria que enfatiza a proeminência do comportamento observável como um critério de estudo e salienta a importância do ambiente social na determinação da maior parte do comportamento humano.

condicionamento clássico: Um tipo de aprendizagem no qual um estímulo neutro, chamado de estímulo condicionado é associado a um estímulo incondicionado.

condicionamento operante: Também chamado de condicionamento instrumental. Uma forma de aprendizagem na qual um reforço (comida, elogios, dinheiro etc.) é apresentado somente depois de uma pessoa ou um animal executar um ato bastante específico.

curva de distribuição normal: Também conhecida como curva de sino, é o gráfico das pontuações de um grande número de indivíduos que resulta em uma forma de sino, com a maioria das pessoas apresentando uma pontuação média/intermediária e relativamente poucas pessoas em cada extremo.

curva S: Uma curva com o formato de um S, tecnicamente chamada de curva sigmoide. O crescimento inicial começa acentuadamente exponencial, a curva é nivelada, a saturação ocorre e o "crescimento" é interrompido. A curva tem propriedades estatísticas interessantes.

delírio: Uma opinião ou crença persistente e falsa ao mesmo tempo sem substância e fechada a qualquer tipo de alteração sensata, muitas vezes relacionada a ideias de ser perseguido, amado, enganado, infectado ou envenenado.

dislexia: Um distúrbio complexo e ainda polêmico, que se refere especificamente à habilidade de leitura.

dissonância cognitiva: Uma inconsistência ou incongruência percebida e incômoda entre atitudes, crenças, experiências e sentimentos.

efeito Flynn: Evidência de que as pontuações de QI da população de muitos países estão subindo.

ego: A parte racional, voltada ao princípio da realidade e consciente do *self*. Às vezes visto como o gerente geral da personalidade e do processo decisório racional que faz a mediação entre o *id* egoísta e o *superego* moral.

eletroconvulsoterapia (ECT): Um tratamento psiquiátrico somático utilizado principalmente para tratar a depressão crônica. Envolve uma corrente elétrica breve, porém intensa, passando pelo cérebro para produzir uma rápida crise convulsiva.

escala F: Uma medida de crenças e atitudes fascistas concebida mais de cinquenta anos atrás por um grupo de sociólogos que tentavam entender o autoritarismo e a origem do nazismo.

esquemas: Um quadro de referência mental organizador, ou uma estrutura de conhecimento para classificar e sintetizar informações sobre pessoas, lugares ou coisas.

esquizofrenia: Um transtorno caracterizado por delírios, alucinações, fala e comportamento desorganizados e invariabilidade emocional bem como disfunções sociais e ocupacionais.

estresse: Uma complexa reação comportamental, cognitiva e fisiológica de uma pessoa a uma situação real ou imaginada (estímulo, pessoa, evento) que é percebida como um perigo ou uma ameaça ao bem-estar.

frenologia: A "ciência", hoje em dia praticamente extinta, do cérebro e da mente segundo a qual o crânio revela com precisão a estrutura do cérebro da pessoa.

Gestalt: Um todo integrado que é mais que a soma de suas partes. Uma configuração, uma forma, um padrão ou uma estrutura ou um estímulo visual ou auditivo.

heurística: Regra prática, procedimento ou fórmula que funcionou no passado e que pode orientar a resolução de problemas no futuro.

id: Demandas instintivas inconscientes (libido e energia psíquica), especialmente no que diz respeito ao sexo e à violência, que atuam exclusivamente pelo princípio do prazer.

inteligência emocional: Envolve ser perspicaz e altamente consciente do próprio estado emocional, assim como dos outros, e a capacidade de gerir ou alterar o próprio estado emocional ou o dos outros.

inteligência espacial: A capacidade de pensar visualmente em termos de formas geométricas, entender representações pictóricas de objetos sólidos e reconhecer as relações resultantes de movimentos de objetos no espaço.

inteligências múltiplas: A ideia, não corroborada por evidências, de que existem várias capacidades mentais independentes e não relacionadas.

placebo: Uma substância ou procedimento clínico ou quimicamente inerte que uma pessoa (geralmente o paciente, mas também o terapeuta) acredita que vai ajudar na recuperação e que é utilizada em pesquisas científicas para avaliar a verdadeira eficácia do tratamento.

polígrafo: Um aparelho, comumente chamado de detector de mentiras, que mensura várias reações fisiológicas a perguntas.

psicopata: Uma pessoa com um padrão persistente de descaso e violação, completamente isentos de culpa, no que se refere aos direitos e sentimentos dos outros.

psicopatologia: O estudo de uma ampla gama de distúrbios psicológicos.

psicose: Uma ampla categoria de sérios distúrbios psicológicos que implicam a perda do funcionamento mental normal e nos quais os pensamentos e comportamentos da pessoa são claramente desatrelados da realidade.

quociente de inteligência (QI): Uma escala de razão que reflete se a idade mental da pessoa está adiantada ou atrasada em relação à sua idade cronológica.

quociente de inteligência emocional (QE): Uma pontuação como o quociente de inteligência (QI). Uma medida comparativa, confiável e válida da inteligência emocional de uma pessoa.

raciocínio verbal: Uma faculdade mental que diz respeito à habilidade específica de compreender o significado das palavras e das ideias que lhes são associadas e de expressar com clareza ideias e informações aos outros.

sociopata: Outro termo para se referir a um psicopata ou uma pessoa que sofre de um transtorno de personalidade antissocial.

sono REM: Também chamado de movimento rápido dos olhos ou sono ativo, é um estágio do sono no qual as pessoas parecem sonhar e no qual a atividade cerebral é bastante similar à atividade desperta, que ocorre quando as pessoas estão acordadas.

superego: O repositório dos valores morais de uma pessoa, constituído e composto da consciência, que são as regras morais, sanções e exigências da sociedade, e dos ideais do *ego*, que são a interiorização individual e idiossincrática de metas pessoais.

tabula rasa: Literalmente uma tábua em branco usada para descrever a mente do bebê antes de ser marcada pelas experiências.

TDAH: Ou transtorno de déficit de atenção com hiperatividade. Associado a dificuldades de atenção ao se concentrar, ouvir os outros, seguir instruções e também associado à impulsividade e a mover-se nervosamente.

terapia cognitivo-comportamental: Um método de "cura pela fala" moderno e bastante popular que se concentra em tentar mudar o modo como as pessoas pensam sobre os acontecimentos de sua vida, como se referem a eles e como os percebem.

transtorno de personalidade paranoide: Uma desconfiança e suspeita generalizada em relação aos comportamentos e às motivações dos outros que são sempre interpretados como malévolos.

transtorno obsessivo-compulsivo (TOC): Um transtorno caracterizado por pensamentos, imagens e impulsos excessivos e irracionais, porém recorrentes e persistentes, além de comportamentos repetitivos.

transtorno por uso de substâncias: A dependência química é caracterizada pela tolerância (uma dose cada vez maior é necessária para obter efeitos similares), sintomas de abstinência, grande empenho direcionado à obtenção da substância, redução de atividades sociais, ocupacionais e de lazer e tentativas infrutíferas de reduzir o consumo.

transtornos de ansiedade: Uma gama de problemas relacionados caracterizados por reações de angústia, ansiedade e estresse que incluem ataques de pânico; fobias de todos os tipos; transtorno de estresse agudo, generalizado e pós-traumático; ansiedade induzida por substância.

transtornos do humor: Incluem transtornos depressivos caracterizados por humor deprimido, inatividade, insônia, fadiga, perda de peso, sentimentos de inutilidade e culpa; e o transtorno bipolar, que se caracteriza por fases depressivas e maníacas.

Índice

abuso 16-18, 148-49
Adorno, Theodore 96
   Personalidade autoritária, A 96-7
afasia 196-99, 208
   condutora 198
   de Broca 198
   de Wernicke 198
   motora 198
   sensitiva 198
altruísmo 30, 108-11, 169
alucinações 20-1, 44-7, 49
   auditivas 45
   cromatopsia 45
   guliverianas 45
   gustativas 46
   hipnagógicas 44
   hipnopômpicas 44
   liliputianas 45
   olfativas 46
   visuais 45-6
amnésia infantil 133
anorexia 9
aposta em jogos de azar 30
aprendizagem 101-2, 140-42, 157, 167, 172-87
   em fases ou estágios 167
Asch, Solomon 104
assimetria corporal 195
autoengano 51, 89
autoritarismo 96-9
aversão à perda 124-26, 131
Bandura, Albert 178
bebidas alcoólicas 16, 19, 46
Beck, Aaron 68
   Depressão: causas e tratamento 68
   Terapia cognitiva para os transtornos de ansiedade 68
Beecher, Henry 12
behaviorismo 53, 176-79, 208
   fisiológico 177
   metodológico 177
   radical 177-78
Belsky, Gary 119
Bentham, Jeremy 169
Binet, Alfred 73
biodata 134-35

bloqueio de memória 152
brainstorming 122
Buffett, Warren 129
bulimia 9
cães de Pavlov 172
capacidade de julgamento 30, 120-23
cérebro dividido 192-95
Chomsky, Noam 186-87
Cícero, Marco Túlio 116
Cleckley, Hervey 28
complexo de Édipo 159
comportamento pró-social 108
comportamento típico do sexo 84-5
condicionamento clássico 13, 174, 208
condicionamento operante 13, 184, 208
conformidade 80, 100, 102, 104-7
consciência 52-5, 148-50
Cooper, David 25
córtex cerebral 147
craniometria 188
curva de distribuição normal 10, 74, 76, 86, 201, 208
curva S 129, 208
Darwin, Charles 65
delírio 48-51
   ciúme patológico 50
   erotomaníaco 50
   gustativo 48
   megalomania 50
   olfativo 48
   persecutório 50-1
   somático 50
   tátil 48
   termorreceptivo 48
demência 46
dependência 16-19
dependência química 16, 18, 210
Descartes, René 53
desenvolvimento cognitivo 160-63
detector de mentiras 92-5, 209
diferença minimamente perceptível 40
diferenças cognitivas 84-7
dislexia 200-3, 208

adquirida 200
alexia 202
  auditiva 202
  diseidética 202
  disfonética 202
  do desenvolvimento 200
  prosopagnosia 204-6
  tradicional 200
  visual 202
dissimulação 51, 89, 92
dissonância cognitiva 112-15, 208
economia comportamental 119, 121
ECT *veja* eletroconvulsoterapia
  efeito Concorde 126
  efeito do espectador 110-11
  efeito Flynn 76-9, 208
ego 149-50, 157, 208
Eichmann, Adolf 100
eletroconvulsoterapia 26, 208
Ellis, Albert 68
empirismo britânico 176
enfrentamento 34, 54, 62, 68
eros 156
escala F 97, 208
escalas psicofísicas 41
especulações freudianas 109-10
esquemas 69, 87, 160-61, 208
esquizofrenia 20-3, 25, 208
estágios cognitivos 160-63
  operatório concreto 162
  operatório formal 162
  pré-operacional 161
  sensório-motor 161
estágios psicossexuais 156-59
  anal 158-59
  fálico 159
  oral 157-58
estresse 32-5, 209
estudos controlados 13-14
ética 142
falácia de Monte Carlo 116
falácia do apostador 116-19
falácia do custo irrecuperável 124-26
Fechner, Gustav 40-1
felicidade 56-9
felinofobia 175
fenômeno ponta da língua 152-55
filosofia 176, 193
Flynn, James 76

Foucault, Michael 25
Frenologia 188-91, 209
Freud, Sigmund 145-46, 149-50, 157-60
Gall, Franz 188
Galton, Sir Francis 72
Gardner, Howard 81
  Inteligência: um conceito reformulado 82
gerenciamento de impressão 51, 89
Gestalt 37-8, 209
Gilovich, Thomas 119
Goffman, Erving 25
Goleman, Daniel 60
gramática transformacional 187
Herrnstein, Richard 74
  Bell Curve, The 74
heurística 117-18, 120-21, 209
  da representatividade 117, 121
  de ancoragem 121
  de disponibilidade 121
hipnose 54
hipocondria 49-50
hipótese do alívio do estado negativo 109
Hobbes, Thomas 169
Holocausto 96, 100
id 149, 157, 209
identidade de gênero 84, 168
identidade de sexo 84
ilusões 36-55
  cubo de Necker 36
  Escher 36
  Müller-Lyer 38-9
  Poggendorf 36
  Ponzo 38-9
Imprinting 164-67
inconsciente freudiano 55
inteligência 72-9, 209
  artificial 140-43
  corporal cinestésica
  cristalizada 77, 81
  diferença entre os sexos 85-7
  emocional 60-3
  espacial 72, 80-1, 86
  fluida 77, 81
  geral ("g") 80-1
  interpessoal 82
  intrapessoal 82
  linguística 81

lógica/matemática 81
múltipla 80-3, 209
musical 81
naturalista 82
prática 82
inveja do pênis 146, 156
Jung, Carl 146
Kahneman, Daniel 117, 128
Kohn, Alfie 183
Kraepelin, Emil 20
Laing, R. D. 25
lateralidade 192, 194
Le Bon, Gustave 169
Locke, John 53, 168
Lorenz, Konrad 164-66
McClelland, David 90
medicamentos neurolépticos 22
medo 64-6, 174-75
memória 132-38, 148-55
   recuperada 148-49
metacognição 47, 154
Meyer, Adolph 21
Milgram, Stanley 101-3
modificação do comportamento 68, 70
Morris, Desmond 66
   macaco nu, O 66
motivação 33, 42-3, 64, 108, 115, 150, 156, 179, 183
   extrínseca 183
   intrínseca 183
MSCEIT (teste de inteligência emocional de Mayer-Salovey-Caruso) 62
Murray, Charles 74
   Bell Curve, The 74
nazismo 96
neologismos 196
neurose 13, 26, 159
norma da reciprocidade 110
obediência 97, 100-3
obsessão anal 156
papéis sexuais 84
paralisia da decisão 131
paranoia 48-9
Pavlov, Ivan 172
Piaget, Jean 160-63
placebo 12-5, 209
polarização de grupo 122-23
polígrafo 92-3, 209

positivismo lógico 176
Prêmio Nobel 7, 77, 117, 128, 164, 172
probabilidade 116-19, 129
psicofísica 40-3
psicolinguística 154
psicologia cognitiva 150
psicologia evolucionista 110, 146, 170
psicopata 28-31, 209
psicopatologia 8, 209
psicose 44, 209
punição 98, 101, 181-82
quociente de inteligência (QI) 72-83, 86, 209
   de negócios 83
   de rede 83
   organizacional 83
   político 83
   sociocultural 83
quociente de inteligência emocional (QE) 61-2, 209
raciocínio verbal 80, 209
raiva 65-6
reflexo condicionado 172-73
reforço 173, 177-83
   esquemas de 180-83
   negativo 181-82
   positivo 19, 181-82
repressão 148-51, 194
repressores 150
resolução de problemas 72, 77-8, 81, 120-35, 142
risco 118-19, 123, 127-31
Rorschach, Hermann 88-91
Rousseau, Jean Jaques 169
seleção de parentesco 110
sensação de saber 153
sensibilizador 150
sessão de identificação de suspeitos 137-39
Sherif, Muzafer 104
símbolo fálico 156
Skinner, Burrhus Frederic 176-78
   Para além da liberdade e da dignidade 178
sobrecarga urbana 110
sociopata 28, 209
sonhos 55, 144-47
   interpretação 144-46

sono REM 144, 209
Sternberg, Robert 82
superego 150, 157, 210
Szasz, Thomas 25
tabula rasa 168-71, 210
TDAH *veja* transtorno de déficit de atenção com hiperatividade
teoria da aprendizagem social 87, 178-79
teoria das perspectivas 128-29, 131
teoria de detecção de sinais 42-3
teoria dos esquemas de gênero 87
teoria normativa 128
teoria social-cognitiva 178
terapia cognitiva 68-71
terapia cognitivo-comportamental 70-1, 210
terapia comportamental 68, 178
terapia racional emotiva comportamental 68, 70
teste da mancha de tinta 88-91
teste de Turing 143
testemunha 136-39, 206

thanatos 156
TOC *veja* transtorno obsessivo-compulsivo
tomada de decisões 34, 98, 125, 127
tortura 101-2
transtorno de déficit de atenção com hiperatividade 26, 210
transtorno de personalidade paranoide 49, 210
transtorno dismórfico corporal 49
transtorno obsessivo-compulsivo 49, 70, 210
transtorno por uso de substâncias 16-9, 210
transtornos de ansiedade 8, 210
transtornos do humor 8, 210
tristeza 65, 158
Turing, Alan 143
Tversky, Amos 117, 128
universais linguísticos 187
Watson, John 176
Weber, Ernst Heinrich 41
Wolpe, Joseph 175

Dedicatória

Para Alison e Benedict, sempre cheios de boas ideias...
principalmente para me reformar.

**Acreditamos
nos livros**

Este livro foi composto em Goudy Old Style e
impresso pela Gráfica Santa Marta para a Editora
Planeta do Brasil em março de 2020.